大雅叢刊

近代中法關係史論

陳

三

井

著／三民書局印行

國立中央圖書館出版品預行編目資料

近代中法關係史論／陳三井著.--初版.
--臺北市：三民，民82
面；　　公分.--（大雅叢刊）
ISBN 957-14-2028-X（精裝）
ISBN 957-14-2029-8（平裝）

1.中國-外交關係-法國

578.242　　　　　　　　　82009065

© 近代中法關係史論

著　者　陳三井
發行人　劉振強
著作財
產權人　三民書局股份有限公司
印刷所　三民書局股份有限公司
　　　　復興店／臺北市復興北路三八六號五樓
　　　　重慶店／臺北市重慶南路一段六十一號
　　　　郵撥／〇〇〇九九九八一五號
初版　中華民國八十三年一月
編　號　S 57050
基本定價　柒元叁角叁分
行政院新聞局登記證局版臺業字第〇二〇〇號

ISBN 957-14-2029-8（平裝）

自　序

　　在人生初航的旅途中，或學術生涯的若干重要階段，若能得著一、二位恩師的啓迪、鼓勵、提携，甚至隨時指點迷津，當是畢生最令人永誌難忘的美事。個人之所以有幸走上近代史研究的道路，並且以研究中法關係史做為終生職志，無疑地是深受郭師廷以（量宇）的薰陶和影響的。

　　猶憶民國五十一年仲秋，我因量宇師之召，勇敢地放棄了中學教職，抱著學習的心情踏進了中央研究院的門牆，在最高學術殿堂裏充當一名小兵。五十三年一月，當我意外地考上一項公費留學，決定赴法深造時，量宇師見報不但不生氣，反而為我高興，而且多方鼓勵，認為年輕人有機會便該出去走走。同年九月，臨別辭行，郭師又殷殷叮囑，要我多學習西人治史的方法，注意搜集有關中法關係的材料，尤其要多讀法國漢學家高第 (Henri Cordier, 1849-1925) 的著作。其後，在異國孤寂的生活中，也常收到量宇師簡短有力、充滿鼓勵的手書，其中一封曾說「近史所通曉法國文史者甚鮮，今後一切均伏吾弟補其缺陷」，令我頗受感動而不敢稍懈，以免辜負老師的一番期望。及至在法的學業告一段落，量宇師又特別向院方爭取名額，並滙來了返國旅費，才讓我能順利的舉家回所服務。

　　從民國五十三年九月初次踏上法國開始，至今已將屆滿三十年，其間又曾因緣際會，前後三次重履斯土，而每次幾乎都是為了搜集新的研究資料而去，所以呈現在讀者面前的這些論文，最早發表於民國六十年，最遲係民國八十一年之作，前後相距逾二十年，這代表的是個人一

段漫長的學術歷程，其間有「踏破鐵鞋無覓處，得來全不費工夫」的喜悅，也有「上窮碧落下黃泉」，動手動腳都找不到材料的苦惱，真是得失寸心知！而最難遺忘的，該是長年累月，早出晚歸，在法國國家圖書館、外交部、殖民部、陸軍部、現代中國資料中心等處辛勤工作時，中午啃乾麵包、喝礦泉水那段煎熬苦撐的日子。

收在本集的十三篇文章，都以論述中法關係為重心，大致可分為四部分：第一部分論述法人殖民思想之根源、特徵及其對華政策；第二部分則探討法國在辛亥革命歷程中所扮演的角色，包括與孫中山的關係；第三部分闡明中國一度有意派兵參加歐戰，其後改遣華工「以工代兵」參戰的經過、貢獻及戰後在巴黎和會所受的不平等待遇；第四部分剖析從民初到一九六四年中法斷交時，雙方的文化交流活動和外交起落關係。另附錄二篇，對中法雙方檔案資料略加介紹，並對歷來中法關係史的研究成果作一全盤的回顧與檢討。

繼《勤工儉學的發展》一書之後，衷心感謝劉董事長振強先生的厚愛，讓這些舊作得以更有系統更完整的面貌重現，藉便檢索或留傳。

明年（一九九四）一月，恰逢量宇師的九十歲冥誕，三井不材，無力為先師的學術業績踵事增華，發揚光大，謹以此「輕、薄、短、小」的敝帚自珍之作，做為卑微但誠摯的獻禮，聊表孺慕之思，並永誌師恩難忘之深意！

陳三井 謹識於 南港中央研究院
近代史研究所

民國八十二年十一月十二日

近代中法關係史論

目　　錄

肆、中法文化、外交關係

伍、附錄

壹

法國殖民遠東
與
對華政策

安鄴與中國

一、引　言

安鄴 (Francis Garnier) 是一位法國海軍軍官，自小憧憬帶給法蘭西以光榮和偉大，幻想在遠東為法國建立一個大英帝國式的殖民王國，因此他是十九世紀七十年代法國出兵越南、企圖佔領北圻的急先鋒。安鄴是個殖民主義者，他的思想足以代表當時法國積極對外擴張的一面；從他的一生，大致也可看出十九世紀末法國殖民遠東的情形。

安鄴也是個地理學家，他不僅探測過湄公河，也溯航過長江多次，足跡深入中國腹地。他學習過中文，對中國的歷史、民情、風俗等均有相當的瞭解，對中國的民族性尤有精闢的見解。「他山之石，可以攻錯」，一位法國人在一百年前對中國的所論所見，今天似仍有其值得參考之處。

二、家世與教育

安鄴❶，一譯晃西士加尼，一八三九年七月十五日生於法國東南部羅瓦 (Loire) 省的聖迭天 (Saint-Etienne) 市。七歲時，因家道中

---

❶　關於安鄴的生平，請參閱 Leon Garnier, Notice sur Francis Gar-nier (收於 *De Paris au Tibet*); Albert de Pouvourville, *Francis Garnier*; Hippolyte Gautier, *Les Français au Tonkin*。

衰，舉家南遷至蒙貝利葉（Montpellier）城，寄居其外祖母家；安鄴的父親是位不折不扣的皇黨，爲波旁（Bourbons）王室而傾家蕩產。安鄴的長兄列翁（Léon Garnier）曾獲文學士學位，爲使其弟在蒙貝利葉中學安心向學，亦入該校任教，以便在精神上和物質上就近照顧。安鄴自小喜愛幻想，但成績一向名列前茅；由於個子矮小，被同學戲稱爲「大拇指」（Tom Pouce）。在十六歲那年，他僅用六個月的準備工夫，即以優異成績考進海軍軍官學校（L'Ecole Navale）。在軍校就讀期間，因一次意外事件——從實習船的旗桿上垂直的摔到甲板上——而跌斷三根肋骨，爲此健康受了損害，也大爲影響他的畢業成績。

一八五七年軍校畢業後，安鄴即登上「伯爾達」（Borda）號任二等見習員，隨船航行至巴西暨阿根廷沿岸附近。由於他身材纖細，相貌清秀，所以同伴加給他一個綽號叫「邦那帕特小姐」（Mademoiselle Bonaparte）；但這位舉止斯文的青年卻在從南美返航途中，勇敢的跳進海裏救起一位失足落水的軍官。安鄴的英勇表現不僅獲得當事人的終生感激，也使在場的同事對他刮目相看，洗刷了「小姐」的恥辱。

三、堤岸的黃昏

一八六〇年，安鄴晉升爲海軍中尉（Enseigne de Vaisseau），並隨夏爾內上將（Amiral Charner）參加英法聯軍之役，遠征中國。事畢，旋隨艦駐防交趾，落腳於堤岸（Cholon）。安鄴很欣賞這個城市，開始學習安南的語言，瞭解當地的民情風俗，並經常與當地的官員來往，而以幫忙肅清盜匪來博得他們的信任。安鄴自小憧憬帶給法國一個像英國在印度那樣的殖民帝國❷，現在無疑是年輕時夢想的逐步具象

---

❷ E. Luro, Le Pays d'Annam, Précédée d'une notice sur l'auteur Par H. de Bizement.

化。

　　堤岸的黃昏，對安鄴而言是值得懷念的。他經常伴同兩位好友——艦長畢茲蒙 (Henri de Bizement) 與殖民事務督察盧何 (Eliacin Luro) 或漫步海邊，或聚首讌談，彼此交換實地考察心得並共商未來大計。他們的具體構想是要探航中南半島的大川巨流，將北圻 (Tonkin) 開放以利法國貿易，其最終的目的是想把法國勢力引進遠東來。

　　一八六三年，安鄴任殖民事務督察 (inspecteur des affaires indigénes)，以二十四歲之英年，掌理堤岸城及其近郊的一切行政大權。一八六四年，安鄴用筆名「弗蘭西斯」(G. Francis) 發表《一八六四年的法屬交趾支那》(*La Cochinchine Françaiseen, 1864*) 一書，在海軍中引起極大的反響。作者在書中除介紹交趾支那自法人接手以來的各種進步外，並提出探航中南半島內部以開闢中國西南商道的構想。實際上，安鄴在未出任殖民事務督察前，便極力鼓吹探航之事，一面透過在巴黎的朋友於海軍部長夏士魯‧羅拔 (Chasseloup-Laubat) 面前大肆活動。海長本身對於小冊子所提的計畫亦表興趣，進而鼎力支持，遂有科學探航團之組成與探航湄公河之舉。

四、探航湄公河

　　科學探航團能夠成立，得力於安鄴的鼓吹最大；但安鄴時年僅二十四歲，以如此年輕之軍官而負責如此重要之任務，勢必招引他人之嫉妒與不合作，海軍部遂以德拉格雷 (Doudart de Lagrée) 中校充任團長，而以安鄴副之。根據章程，安鄴的任務是「專司測量天文、風雨、寒暑各器，其所過地方，天時氣候，赤道經緯，地理險易，水路淺深，船隻之可通與否，土人駛船各法之是巧是拙，幹支各河商路往來之盛衰

迁便，詳記勿失。❸」此外，探航團由一位負責食物與財務的軍官，兩位主持人種、礦物和植物方面研究的醫官，一位外交部隨員，和若干繙譯及一些護衛人員組織而成。

探航團的任務爲何？可由法國駐西貢總督給團長德拉格雷的訓令窺其梗概，其書曰：

> 探訪湄江一役，前經尚書奏准，奉派閣下總理其事。此役將來大有益於新藩各地格致學問，沿途一切應守規模，閣下當能知之，無煩多囑。惟此番游歷，實有要旨，務望閣下深心體會，轉達於各員，俾不致負僕心意。
>
> 前識湄江，祇自江口至省排桑袍（Sambor）而止，其外悉憑土俗謠傳，舊誌泛載不全。且古麻好（Henri Mouhot）游探以郎瀲拉彭（Luang-Prabang）爲限，以上悉屬渺茫，因其並未實測也。總之，不得其源，所知仍如未知。然此乃遠印度至大之江，關係非淺。其間壤地旣廣，古蹟亦多，雜二十種方言。據亞細亞各人種相傳，此中古時曾立富強之國。我人有志，豈不能淺試深嘗，重拓古有之商務？況中國中境土產鐃腴，實與該地相接非遙，誠能就近誘通，功利莫可勝言。此事旣關政敎，亦涉新藩部利害機宜，察勢揆情，存真滅惑，俾將來漸有設措，僕之願也。
>
> 閣下總理此役，責任匪輕，深入詳探，愈遠愈好。先溯幹流，必及其源；次究沿途各方門戶，如何能使腹裏商務貫通於柬、安兩國，是爲至要。閣下非他員可比，故特諄諄囑告，務必專心着眼。至隨地考察事宜，就各員所長，擇要記載，不必貪泥細事，久稽時日；若天陰及人事阻隔之時，或可細考雜學也。❹

---

❸ 安鄴撰，《柬埔寨以北探航記》，《中法戰爭》，第一冊，頁 446。
❹ 同上，頁 445。

　　觀此訓令，可知探航團之主要目的，爲探測湄公河（瀾滄江）源流，以謀促進法國與中國西南之貿易。

　　探航團於一八六六年六月五日自西貢出發，對安鄴來說，這是一個激動而難忘的日子，也是他在遠東探險生涯的開始。團長德拉格雷與安鄴分乘兩艘砲艇，溯湄公河而上，先至大湖區，勘查安哥石窟遺址，續達巴沙格（Bassac），發現穆何（Mouhot）遺蹟，再橫越寮國熱帶叢林，抵達緬境，而後入中國南部，直趨雲南省。德拉格雷團長因不勝旅程勞累，中途病逝於東村，探航團逐由安鄴繼續率領前進，終抵長江，至漢口，而於上海結束最後航程。探航團自出發到結束，前後歷時兩載，共航行九千九百六十公里，沿途所遇險阻與所遭困難，實無法勝計。探航團此行之最大收穫，一爲證明湄公河之不適於航行，一爲證實紅江爲華越交通之要道❺。

　　安鄴率團探航湄公河之行，所穿越國家之多，所經幅員之廣與收穫之豐，極受地理學界的重視，故巴黎地理學會獎以金質大勳章一枚。一八七〇年五月，倫敦地理學會並特別頒給維多利亞女皇大金質獎章一座。一八七一年八月在比利時安特衞普舉行的第一屆國際地理學會，也頒發兩枚榮譽獎章，一給李文斯頓（David Livingstone），一給安鄴。一八七二年，法國政府並提名安鄴爲「榮譽勛位軍官」（Officier de la Légion d'honneur），做爲他探航湄公河的酬報。光榮集於安鄴一身，無以復加。

五、安鄴與紅江

　　當一八七〇年普法之戰爆發時，安鄴正在法國埋首撰寫《柬埔寨以

---

❺　邵循正，《中法越南關係始末》，頁 26。

北探航記》(*Voyage d'exploration en Indo-Chine*)。國家有難，匹夫有責，何況他是一位現役軍官。先是，安鄴被任命爲萊因河上一艘砲艇的艇長，繼調任爲塞納河上一艘哨艇的艇長。雖然他年輕，職位不高，但因精力充沛，組織能力強與充滿愛國熱誠，故很快成爲巴黎附近戰區司令麥凱 (Contre-amiral Méquet) 的得力助手。在一次轟炸有優異表現後，安鄴一度被提名爲海軍中校 (Capitaine de frégate) 候選人，但又因他一封反對將若干要塞與軍品交予敵人的信件，而被一筆勾消。經此挫折，安鄴決定出馬參加一八七一年二月八日的國會議員選舉，但僅得二萬七千二百六十二票而告落選。

經此雙重打擊，安鄴又回到科學研究室，與地圖、儀器重新爲伍，致力於探航記的整理工作。當堵布益 (Jean Dupuis) 試航紅江時，安鄴也認爲利用紅江的時機已經成熟，這是法國覓取新原料，開闢對外貿易的最佳機會。一八七二年二月，他在《地理學會會刊》(*Bulletin de la Société de Géographie*) 發表專文，討論與中國通商新道問題時指出，由海（東京灣）與中國南部各省通商的最短捷而輕便的路線，乃是紅江 (Fleuve Rouge)，而非長而險阻，又耗財銀的長江。安鄴並進而建議，再組一個科學探航團，由曾參與湄公河探路的德拉波爾特 (Delaporte) 率領，探航紅江。

經數載之辛勤工作，《柬埔寨以北探航記》一書終於大功告成，此爲四開大本，頁數逾千，印刷精美，並附有極珍貴之圖片，堪稱爲地理學上的偉大傑作。由於此一巨著之問世，安鄴被提名爲法國研究院 (Institut de France) 院士候選人，一八七三年維也納世界博覽會則頒給功勳獎章。就在此時，安鄴再度出發前往中國，欲入西藏，以勘察印支半島河川的源流。

六、安鄴在中國

一八七二年十一月十八日，安鄴抵達上海。翌年一月九日到了漢口。爲取得清廷當局的探航許可，安鄴在法國駐北京公使邀請下，於一八七三年三月十一日至北京。事畢，安鄴卽折返上海，並於五月一日溯航長江，五月八日重抵漢口。五月十六日到達洞庭湖邊，安鄴贊嘆道：「此地何其富饒和美麗！此生有幸得見法國人所不曾見，法國若知所擁有，前途將何其燦爛！兩世紀後，法國的子孫們將比我們對黃種人有更多的尊敬，但我懷疑他們是否足夠堅強與之相抗。」❻

安鄴續行至姚州，深爲當地的靜止之美所吸引，他認爲這是人們長生不老的憑藉。一八七三年六月二十九日，安鄴抵重慶，有意以重慶爲根據地，做爲將來探勘西藏的出發點。安鄴探航西藏的建議，由於法國內閣的更迭而遭擱置，安鄴苦候無消息，不得已於八月五日返至漢口，九日回到上海，結束了這次中國內陸的航行。

在上海，安鄴收到交趾支那總督杜丕（Amiral Dupré）的一封急信，措詞簡單含混，安鄴以爲是要他率領探航隊探航紅江的事，內心極爲興奮，遂急忙趕去西貢。這一去，是安鄴一生的轉捩點，對他而言，乃是多年宿願 —— 探航紅江 —— 的實現，但也是悲劇的由來。

七、北圻問題的由來

緣法國軍火商人堵布益說動雲南提督馬如龍，轉商總督劉嶽昭，巡撫岑毓英，委以通航紅江，運送軍火之權，使向越廷交涉通行事宜。此

---

❻ Francis Garnier, *De Paris au Tibet*, p. 172.

事本與法政府無關，但堵布益別具用心，欲藉此引伸法國之勢力於北圻❼，以自爲功。惟法政府以普法新敗，創傷未復，不表積極，僅允派軍艦隨行。堵布益自恃其兵力，及滇粵官吏之公文，私謀大宗運鹽入滇，越政府不能坐視，一面聚集大軍於河內附近阻之，一面將情呈報中國當局；時中國雖許堵布益航行紅江，但僅爲運輸軍械之便利計，並非遂欲開放紅江，故聞堵之放縱不法，遂不承認其一切舉動。堵布益見中國方面之關係已絕，乃悉去華旗，易法幟，並遣米樂 (Millot) 求援於西貢總督杜丕。越將阮知方見法旗幟，亦取愼重，越廷遂亦遣人赴西貢控堵布益侵犯越南主權，請派人逐之，於是北圻問題乃起❽。

西貢總督杜丕覬覦北圻已久，早在一八七三年二月卽上書巴黎當局道：「我們在交趾支那的政策，遲早將引致必要的擴張。我們應該預見將來一個已沒有任何因素存在的政權的併吞。或許早日解決此一無法拖延的問題，更具聰明些。」❾

事實上，杜丕早有佔領北圻之意，他建議說：

> 依我之見，談判與講理的時代已經過去，以一種我們從未使用的更堅定方法來壓迫我們的鄰居，已變成不可避免。執行的方法很簡單，卽佔領北圻首府與源出雲南省，貫穿首府的主要河流——紅江的河口。❿

杜丕係軍人出身，一向主張採取實力政策，以強硬行動對付越廷。一八七三年三月十七日，他致書海軍部長道：「我們於安南事務的武裝

---

❼ Jean Dupuis, *Les Origines de la Question du Tongkin,* p. 105.

❽ 邵循正，頁30-31。

❾ E. Chassigneux, l'Histoire des Colonies Françaises, *Tome V. L'Indochine,* pp. 411-412.

❿ 《殖民部檔案》(以下同)，Dépêches de l'Amiral Dupré au Ministre de la Marine du 22 dec. 1872。

干預，將是交趾支那保護國的第一步。沒有比延長我們的佔領期限與確保在紅江的自由航行來得更容易。……總之，我們將在北圻獲得第一個佔領者的權利，而後我們對於一切可能產生的藉口或要求一概饗以閉門羹。」[11]

堵布益在北圻的糾紛，顯示法國干預的時機已至，迫使杜丕必須立刻採取行動，因此他一面於七月二十二日函告安鄴，說有重要事情相商，請儘快趕來西貢，一面於七月二十八日致書海軍部，表明對此一事件的態度。後一信全文甚長，茲錄其重要部分如下：

> 堵布益與米樂探航之結果，已使北圻問題進入一新而決定性之步驟……尊處熟知，越廷兩度遣使來此請我勸誘堵君使離北圻他去。堵君之在北圻，實為違背條約，故已陽許越人，勸之速離該地。然結果將如何乎？越南當局其敢恃我命驅堵乎？抑將泄沓逡巡而仍俟我之自行干涉乎？如出於前者，則當續告越廷，稱得兩法籍人報告，與越廷所述事實經過相反。越廷既不肯具正式外交文件說明情形，法方惟有出於就地調查一舉。如出於後者，則當語越廷以堵拒不受命，決派軍赴北圻以武力迫使他去。[12]

最後，杜丕附加一段關鍵話如下：「我已準備承擔遠征的一切後果和責任。假如在你或在政府心目中仍存有絲毫懷疑的話，我願承受拒絕、召回或降級之處分。我既不要求您的贊同，也不請求您的援助，我只希望您讓我放手做去。假使我所得的結果與我的臆測不相符合時，我請您否認我的一切。」[13]足見杜丕孤注一擲的決心。

---

[11]　Dépêche du 17 mars 1873.

[12]　Dépêche du 28 juillet 1873，譯文係參考邵循正書並略加修正。

[13]　Ibid.

海軍部接到此信的同一日，又收到杜丕一封電報，上面加重語氣說：「北圻因堵布益事業的成功，已呈事實開放。……這是個偉大的成果；面對歐洲與中國人的雙重威脅和侵略，佔領北圻有其絕對必要。爲法國確保此唯一通道，不需任何援助！自力進行，成功保證。」[14]

八、安鄴在北圻

杜丕原想派遣一個由數千人組成，配備有若干砲艦，以特倫蒂尼安上校（Colonel de Trentinian）率領的眞正遠征隊前往北圻。但經過幾次討論，安鄴終於說服了杜丕，使其打消原來計畫，改爲派遣一支精選的六十人隊伍，由安鄴率領，在盡可能與越廷協議下，親赴現場考察實情。

安鄴與杜丕均不願第三國干預此事，更不希望中國插手其間。他們認爲，中國當時的回亂已告肅清，可能轉用其多餘的軍備來佔領紅江。因此，安鄴力勸杜丕「與北京談判以撤回中國軍隊，與雲南當局磋商以保證新道的開放，並建立適當的關稅，與順化談判指出關閉紅江所冒之險和開放貿易所得之利。」[15] 根據此原則，遂由安鄴起草了兩封極爲技巧的信，分致雲貴和兩廣總督，請求彼等不干涉北圻的事務，並把保護紅江商務利益的重擔交予法國。其致兩廣總督函云：

> 敝國人堵布益，現在雲南當局服務，聞執事待之恩遇有加，至爲
> 銘感。執事對堵布益曲加保護，同時廣西軍隊協助越南平定匪
> 寇，此皆僕所應向執事道謝者。蓋法國之利益與越南關係綦切，
> 執事之加惠於越南無殊加惠法國也。

---

[14]　Ibid., P.S.
[15]　Lettre de Garnier à son frère datée du 8 sep. 1873.

今聞敝國人發現入滇新路，使中法間友好商業關係得以促進，不勝欣忭。惟鄙意以為北圻地與西貢亦屬密邇，若將在該地保護商業利益之責，完全諉諸執事，殊非公允之道。蓋相互之責任所以增進友誼，投桃報李，理所當然。故已決與越廷協力，於越南諸省恢復和平，使北圻雲南間之商業，得有圓滿之基礎，如是則中國駐越之軍隊不亦可稍息仔肩，無復長戍之必要乎？路長途艱，烟瘴害人，戍軍費用浩繁，此皆執事所深知者，故敢勸執事將粵西軍隊，以及滇省所派遣軍隊，悉行撤退，使免久戍之勞，跋涉之苦也。僕願與越南政府戮力，保護商業，視中國之利益與法國同。夫如是則將來不至再有混亂發生，而中法兩國間之友誼，亦日益鞏固矣！❶⑥

其致雲貴總督書云：

執事可不必關心堵布益與越廷之輵轕，此問題當由僕負責解決，亦不必派兵前往助堵。今已遣安鄴前赴北圻處理此事，同時冀望建立平等商業，使兩國之人民均沾其利。

安鄴如向執事有所建白，乞惠加注意，執事有何高見，盼能垂告。僕願與執事協力商定商業問題以及軍事問題，恐雲南亂黨或有不時騷動也。⑰

同時，杜丕亦致書越廷云：

⑯　Lettre de l'Amiral Dupré au Vice-roi de Canton du ler sep. 1873; 邵循正，頁33-34。
⑰　Ibid.

對貴部之意見，惟一辦法，只有派遣官吏一員攜衆若干前赴河內，使堵布益遵命離境。如堵不受命則以武力强制執行。❶⑧

杜丕擬藉派遣安鄴驅逐堵布益爲名，造成旣成事實，一旦進入北圻，不達開放紅江或建立北圻保護國之目的，絕不撤退。此種居心，可由杜丕致安鄴之訓令獲得證明。訓令說：

> 至於你到河內，係基於安南政府向我之請求，以攆走堵布益，使之離開已停留達十一個月之久的河內城。安南政府與堵布益雙方的控訴是相對的，你卽着手調查，以期找出眞象。
>
> 無論結果如何，你應堅持堵君的迅速離去，因其出現河內乃違肯條約，除非你考量他的請求合乎公正。
>
> 你的任務將不止於此，由於交通雲南之便利與安南政府之無能，若不採取有效之措施，同樣的無秩序將由堵布益或其他冒險家再度發生。因此，你在河內的居留延至堵君離開之後，並採取措施以防止類似冒險之再起，實爲絕對必要。
>
> 最有益者，莫過於將紅江自海至雲南，儘快儘可能地暫時開放給越南、法國和中國之航行。……這個措施不能一延再延，你應盡力勸告越廷速爲採納，並要求將海關權利的部分收入交予你手，做爲我們遠征的補償費用。❶⑨

綜合此訓令，安鄴的主要任務有五：（一）一面調查安南政府對堵所作之指責，一面探究堵所作之要求；（二）使用一切影響力勸告堵與其他冒險家離去北圻，若遭拒絕，則與安南政府協調強制執行之；（三）選擇

---

⑱ Dépêche de l'Amiral Dupré à Hué du 5 sep. 1873.
⑲ Lettre de l'Amiral Dupré à Garnier du 10 oct. 1873.

並堅固地建立起據點，以完成其任務；（四）挑選一合適港口於必要時供做來日的作戰根據地；（五）盡量使遠征拖延直至被召回之時，亦卽直至強迫安南使節簽訂一項有利於法國之條約爲止❷。

　　當時的法國新敗於普魯士，國力未復，寧取消極觀望的態度，不願也不敢從事於糜耗財力與人力的遠征，所以巴黎當局屢次告誡杜丕不可輕舉妄動，更不同意其武力佔領北圻的計畫，以免引發國際爭端。面對法國內閣此種訓令，杜丕自不敢公然違抗，但在口頭上他卻給予安鄴便宜行事的全權。此可由安鄴致其長兄信中得證，信內云：

　　　我的小型遠征準備妥當，星期六出發。訓令是全權處理（Carte Blanche）。（杜丕）上將信任我。向古老的法國前進吧！ ❷

　　安鄴所率領的遠征隊在「戴斯推」（d'Estrées）號軍艦護送下，於十月十一日離開西貢，十一月一日到北圻，同月五日抵達河內。

　　安南方面認爲安鄴一行乃應越廷之請，奉杜丕之命前來驅逐塔布益。然而，事情的發展卻大出乎越人意表。蓋安鄴之來臨，不僅受到堵與其扈從的盛大歡迎，其盛況直如迎接法國欽命代表一般，甚且安鄴處處表示與堵相互勾結，狼狽爲奸。安鄴一到，卽致書堵對其遭遇表示同情，並作某種保證，書云：

　　　我之前來係帶有一項正式任務，卽調查你與安南政府間的異見，和越廷對你的訴怨。但我的任務不止於此，上將希望把北圻對外貿易的曖昧情勢作一了斷。我對你在地方上的經驗，可助我解決此一棘手問題，使其明朗化，頗表期待。至少我可提請你注意，

❷　參見 Le Rapport de M. Bouchet à la Chambre des Députés。
❷　H. Gautier, *Les Français au Tonkin*, p. 132.

安南人對我此行動機係故作誇張之揣測，我可以最積極的態度向你保證，上將絕不允許放棄任何已締結成約的商務利益。此外，他對你的遭遇深表同情。㉒

一方面，安鄴在對河內的佈告中，否認係應越廷之邀前來驅逐堵，而自稱「代表法國的利益與文明，以西貢總督之名義前來商討平定騷亂的辦法，使商務正常化，預防類似堵君事件的再起」㉓，至此安鄴的本來面目昭然若揭，安南人也始恍然這不啻是個引狼入室的作法。

安鄴逼河內總督議約開放紅江不果，終於揮軍攻城，法艦則以砲火掩護軍隊前進。安鄴既取河內，更謀盡據紅江三角洲，遂於十二月四日（陰曆十月十五日）佔海陽，五日取寧平，十日佔南定。越廷起用黑旗，十二月二十一日（陰曆十一月二日）黑旗軍突至河內城外，法軍大駭，謀嬰城守，又恐城廣兵單勢力分散，安鄴乃定計使其部將以一軍突門出當黑旗軍前衝，而自以一軍攻其側面，以謀背城一戰，結果法兩軍均大敗，安鄴及其部將俱陣亡。

西貢總督杜丕原幻想以武力逼越廷與之訂約，以使法國在交趾地位之合法化，並達開放紅江、竊據北圻之目的。觀安鄴在北圻行動之猖狂，顯然得自杜丕之示意與鼓勵，但安鄴一陣亡，杜丕即將一切諉罪於安鄴，責其「自信太過，恃勇無謀」㉔。安鄴的不幸結局，不僅粉碎了杜丕的美夢，甚至幾乎將他送交軍法審判。由於安鄴之死，中法之間的正面衝突無形中延緩了十年始告爆發，越南之成為法國殖民地也因此後延了十載，足見其關係甚大。

㉒ Lettre de Garnier à Dupuis, le 26 oct .1873.
㉓ Albert de Pouvourville, *Francis Garnier*, p. 207.
㉔ 邵循正，頁35。

九、安鄴對中國的認識

1.安鄴的中文程度

安鄴在中國的活動時間甚長，範圍也廣，與中國官府民間的接觸也多，其中文程度如何頗值得注意。

安鄴自一八六九年開始認眞學習中國的語言文字，在他探航長江上游期間，身邊曾請有一位中國老師，定時教他識字，畫畫與吟唱㉕。

中文的艱澀難學，從安鄴的探航日記中，也可找出若干線索。他記載說：

> 在佈置完畢船上的居所後，我埋頭於中文的學習；這些奇形怪狀的象形文字從我眼前晃過，但只能留給我很模糊的印象。㉖
>
> 我一看到我的中文老師來上課便發抖，一想到他又要用那尖銳而帶鼻音的聲調，向我推銷數以千計的中國文字，心裏便煩得要命。㉗

安鄴雖明知到中國來，不用繙譯，不請白種傭人，是瞭解中國、學習中文的最佳方法，但他的學習成績顯然並不十分理想。他的中文程度如何，似也可從他的自述中看出一、二。他說：

> 在這一羣（中國）人當中，我好感到孤獨；他們無人懂得我

㉕　Francis Garnier, *De Paris au Tibet*, p. 189.
㉖　Ibid., p. 167.
㉗　Ibid., p. 205.

的話， 大多把我看成敵人， 而我對他們的所說所講也是一知半
解。㉘

由於我講中國話不是很容易， 所以講時最需要有從容不迫的時
間。㉙

　　總之，安鄴雖然有心學中文、講中國話，但由於中國語文本身的艱
深難學，兼以未得良師指引，故使他時萌知難而退之意。此外，安鄴的
探航工作本身便是一種動態性的工作，沒有更多時間，也無法定下心情
來學習，再加他以一個洋人身分貿然投入中國廣大而閉塞的社會中，所
造成的無寧是彼此距離、隔膜的加深加大，而非學習環境的有利。基於
此，安鄴的中文程度不可能太好，似屬必然。據其日記推測，他的閱讀
能力，尤其看古典作品，至多僅有一知半解的程度，至於聽講方面，也
只能應付普通淺顯對話，稍涉專門，似也力有未逮。

2.安鄴論中國

　　由於安鄴認眞學過中文，並深受其苦，所以他認爲「中國的象形
文字(écriture pictographique) 是窒息中國文化發展的一項重要因
素」㉚，也爲中國「接受西方科學與觀念的最大障礙」㉛，因此他曾提
出改革中國文字的主張。

　　安鄴喜歡用比較法來論中國。首先，他從中日兩國民族性的不同，
進而比較兩國現代化的差異。好奇心與模仿力是日本民族的兩大特性，
安鄴認爲此兩大特性在一向敵視改變的中國人比較少有。安鄴指出，兩
世紀以來比中國更閉關自守的日本，卻能敞開門戶，採取西洋的鐵路、

㉘　Ibid., p. 168.
㉙　Ibid., p. 194.
㉚　Francis Garnier, *Voyage en Indo-Chine*, p. 556.
㉛　*De Paris au Tibet*, p. 381.

電報、陽曆，甚至西服等物，而中國對於西方文明的這些長處便沒有日本人那麼熱衷，甚至加以排斥，而只一味追求船堅砲利，期以夷制夷。他說：

> 中國武裝起來，却沒有變文明。中國向西方請來工程師，是爲了造軍艦，請來敎習是爲了訓練軍隊，其他還有購買大砲、建築要塞等，總之一句話，中國向我們所要的，沒有一樣是結合兩種文明的東西，而毋寧是使兩種文明分離越遠之物。㉜

面對西方各種勢力的挑戰，中國所作的反應，無非是另一次戰鬥的準備，目的在避免改變，統治者甚至不惜一切代價求之。布類克敎授 (C. E. Black) 認爲中國現代化是一種「防禦性地現代化」(defensive modernization) ㉝，安鄴早在一百年前便有同樣看法了。

安鄴又從另一個角度 —— 法國，來與中國作比較。他說：「我們提供世界以最傑出的發明家，一如中國人首先發明印刷術、羅盤、火藥一般，但其實際應用則往往取之他人。中國文明曾獨力征服整個遠東，其法律、習俗與文字爲二十個不同的民族所採用；同樣的，法國曾是長時期西方文明與科學的策源地，但像中國人一樣，我們在優越感中自我孤立了。我們忽視了圍繞着我們四週的變化，當外界一切都在進步的時候，我們卻仍然靜止不變。對於別的民族不屑研究，不願一顧，我們終因陶醉於計算往日的光榮與強盛而落後了。」㉞

敎育是國家富強之本，安鄴對此也有極深的感慨。他說：「法國與

㉜ F. Garnier, Le Rôle de la France dans l'Extrême-Orient, recueilli dans *"De Paris au Tibet"*, p. 404.

㉝ C. E. Black, *The Dynamics of Modernization; a Study in Comparative History*.

㉞ *De Paris au Tibet*, pp. 69-70.

中國如出一轍，人們看輕或根本無視於外在世界。教育的內容很少注意現代社會的進步情形， 其範圍僅局限於過去那狹窄的圈子； 爲忠於墨守成規的傳統，完全取材於古代作家的作品和敎條作爲年輕人欣賞的對象。當然，在文學和哲學方面有取之不盡，用之不竭的題材，但歷經長久挖掘，雖可能造就作家，特別是修飾文人（rhéteurs），但能否從中啓發一點新意，實大有疑問。」[35]

此外，安鄴對於中國士大夫面對西方挑戰所做的反應，中國人的尚武精神等均有論列，以篇幅關係，不擬在此贅述。

一〇、結　　語

一般研究十九世紀法國殖民動機的學者，從 Cady[36]，Chesneaux[37]，Brunschwig[38]，Ganiage[39]，到 Banno[40]，Eastman[41] 等人大都認爲法國所追求者，主要是法蘭西的光榮和偉大，經濟的利益尙在其次。 政治虛榮心多於經濟的目的， 這是法國殖民與英國不同的根本所在。安鄴素來以英國爲競爭對象，蓄志爲法國建立一個東方帝國，雖然其中也含有若干的商業利益在內，但其根本動力主要仍是政治的。

安鄴是法國殖民越南的先驅之一，他在法國歷史上被當做是「一個

[35] Ibid., pp. 66-67.

[36] John F. Cady, *The Roots of French Imperialism in Eastern Asia.*

[37] Jean Chesneaux, *Contribution à l'Histoire de la Nation vietna-mienne.*

[38] Henri Brunschwig, *Mythes et Réalités de l'Impérialisme Colonial Français, 1871~1914.*

[39] Jean Ganiage, *L'Expansion Coloniale et les Rivalités Internationales de 1871 à 1914.*

[40] Masataka Banno, *China and the West, 1858~1861, The Origins of the Tsungli-Yamen.*

[41] Lloyd Eastman, *Throne and Mandarins, China's Search for a Policy during the Sino-French Controversy, 1880~1885.*

傳奇式的英雄，一個孤獨而難以瞭解的征服者」❷。「安鄴事件」雖然一直是個爭論不休的問題，但以當時法國的處境而言，巴黎海軍當局既不支持杜丕的實力政策，也不贊同安鄴的遠征冒險，應該是可以理解的。

原載《思與言》八卷六期（民國六十年三月）

❷ Jacques Valette, *L'Expédition de Francis Garnier au Tonkin, Revue d'Histire Moderne et Contemporaine, avril-juin 1969,* p. 13.

十九世紀法國的殖民主張

一、引　言

　　大體而言，鴉片戰爭以前兩、三百年間的中法關係，主要是一種文化層面的關係，可以稱之爲傳教爲體，學術交流爲用的一種對等關係。透過來華耶穌會 (The Society of Jesus) 教士，如義大利人利瑪竇 (Matteo Ricci, 1556~1610)、艾儒略 (Jules Aleni, 1582~1649)、熊三拔 (Sabathinus de Ursis, 1575~1620)、龍華民 (Nicolas Longobardi, 1559~1654)、畢方濟 (Francesco Sambiasi, 1649卒)、日耳曼人湯若望(Johann Adam Schall Von Bell, 1591~1666)、鄧玉函 (Jean Terrenz, 1576~1630)，比利時人南懷仁 (Ferdinand Verbiest, 1623~1688)，西班牙人龐迪我(Diego de Pantoza, 1571~1618)，法國人洪若翰 (Joan de Fontaney)、張誠 (Joan Franciscus Gerbillon)、白晉(Joachim Bouvet)、李明 (Louis le Comte)、馬若瑟 (Joseph Marie de Premare) 等的介紹和影響❶，一般法國學者文人對中國文化具有好感，並推崇備至。最顯著的例子是十八世紀

---

❶　張蔭麟，<明清之際西學輸入中國考略>，《清華學報》，第一卷第一期（民國13年 6 月），頁 38-69; 王德昭，< 服爾德著作中所見之中國 >，《新亞學報》，第九卷第二期，頁171-206。
　　根據張蔭麟氏之統計，耶穌會士之來華者，明末以義大利人爲最多，清初以法蘭西人爲最多。茲列表如下:

法國啓蒙時代的巨靈——伏爾泰（Voltaire, 原名 Francois-Marie Arouet, 1694～1778），在其著作中不厭其詳的提及中國歷史的悠久，幅員的廣大，以及制度的完善，把中國當作是鞭策歐洲「舊制度」（Ancien Régime）的巨杖。當法國人的祖先尚在阿爾登森林（Massif de l'Ardenne）❷ 茹毛飲血，到處覓食流浪時，中國已經是一個高度文明的國家❸。

鴉片戰爭以後的中法關係，在本質上有了很大的改變。法國素有「教會的長女」（fille aînée de l'Eglise）之稱，由於她堅持以實力保護天主教的政策，所以教案不斷在華發生❹。法國當十六、七世紀之交，卽從事海外殖民探險，在普法戰敗後，因爲她想重振昔日聲威，要與英國在遠東一爭雄長，所以不惜與中國之間一再以兵戎相見，從過去的仰慕推崇中華文化一變而爲與中國的武力對抗鬥爭，特別是中法越南

國　　　籍	明末來華者	清初來華者	共　　計
葡 萄 牙	6	4	10
義 大 利	8	1	9
法 蘭 西	1	7	8
日 耳 曼	2	2	4
西 班 牙	1	1	2
比 利 時	0	1	1
未　　詳	1	9	10
共　　計	19	25	44

參閱張蔭麟前引文，頁68。

❷ 阿爾登森林位於盧、比、法三國交界處，係法國人的祖先——法蘭克人的最早活動場所。

❸ 王德昭，<服爾德著作中所見之中國>，《新亞學報》，第九卷第二期，頁172。

❹ 參閱龔政定，《法國在華之保教權》，國立政治大學外交研究所碩士論文，民國52年。

之役，這是中法關係史上十分不幸的一頁！

　　談近代中法關係，不能無視於法國當時所處的環境。十九世紀的後半葉，尤其自一八七八年柏林會議之後，係西方帝國主義對外殖民擴張的極盛時代，殖民成為歐洲政治的主角，外交的重心❺。列強在非洲的瓜分，英法在中南半島的角逐，均是此一事實的反映。

　　殖民既成為十九世紀歐洲政治的主角，外交的重心，因此談近代中法關係自不能不先探討殖民問題。而法國殖民之再興，除了茹費理（Jules　Ferry）❻其人關係重大外，輿論本身也扮演了舉足輕重的地位，因此我們有必要先對此作一背景式的瞭解。

二、法國地理學會的影響

　　政府在決策過程中，受到某種「壓力團體」（pressure　group）或利益團體的影響，因而制定或修改其政策，這是政治學者所常強調的理論。法國地理學會對於殖民政策的影響，不僅是有目共睹的事實，也正是壓力團體影響決策的典型。

　　地理學會（Societé de Géographie）之在法國，正如在其他國家一樣，是旅行探航的最佳喉舌。在法國第三共和的前三年，它在殖民擴張方面尤其扮演了舉足輕重的角色。探航的原始創意往往由這個學會所孕育，且第一次探航也多由它所策動。而當旅行家或探險者旅行探航歸

❺ 是即所謂「殖民政策的一股浪潮」(une rafale de politique coloniale), Jean Ganiage, *L'Expansion Coloniale et les Rivalite's Internationales de 1871 a 1914* (les cours de Sorbonne. Centre de Documentation Universitaire). Vol, I. p. 1.

❻ 茹費理(Jules Ferry, 1832~1893) 是一位性格專橫，意志堅毅的法國政治家，被認為是第三共和的三大締建者之一。曾任法國教育部長，內閣總理，是法國併吞突尼西亞，出兵北圻的主謀者。有關茹費理的生平，殖民思想以及對華政策，容撰文另述。

來時，也常在學會中受到最熱烈、最具同情的歡迎。例如安鄴(Francis Garnier) 探航湄公河歸來，即曾接受巴黎地理學會所頒發的金質大勳章一枚❼。

法國地理學會 (La Societé de Géographie de France) 創立於西元一八二一年，一八七三年有會員七百八十人，至一八八一年會員已達兩千人。自一八七一年至一八八一年的十年間，法國在巴黎以外的地區又陸續成立了十一個類似的地理學會。一八八一年，全法國地理學會共有會員九千五百名，約占全世界該項會員總數三萬人中的三分之一，高居世界第一位。由地理學會會員人數之衆，足見法國當時風氣之盛❽。

自一八七一年起，地理學會在法國掀起一項廣泛的鼓吹對外殖民運動。誠如巴黎地理學會秘書長莫諾瓦（Charles Maunoir）在一八七三年的一項報告中所指出：「對於其他民族的情況漠不關心，對於可能透過商務或殖民活動而發生關聯的僻遠國家之資源語焉不詳，於我們民族是危險有害的！」❾

同樣的思想，可從安鄴的《印度支那探航記》(*Voyage d'Exploration en Indochine*) 一書中獲得印證。安鄴對於法國自普法戰後從世界政治舞臺上黯然退隱，表示無限的傷感。他語重心長的說：

當一個人經過長期的海外居留，驟然回到本（法）國時，……他無法不因為大衆對於「民族偉大」(la grandeur nationale) 的冷漠表現，而感慨良深！他將幡然醒悟，他一向在海外所從事

❼ 參閱＜安鄴與中國＞。
❽ A. Murphy, *The Ideology of French Imerialism*, (Washington, 1948), p. 8; H. Brunschwig, *Mythes et Réalit'é de l'Impérialisme Colonial Français*, 1871~1914 (Paris, A. Colin, 1960), p. 23,
❾ H. Brunschwig, op. cit., p. 23.

的奮鬪，他為國家利益所做的一切防衛，似乎全然與此無關。這個過去喜好開拓冒險的國家，現在竟如此的自我退卻，甚至不想在外面為他的自然活動（activité naturelle）尋找一點食糧。⑩

地理學會創立的宗旨之一，即在鼓吹旅行。隨著地理學會的蓬勃發展，其會員的觀念也逐漸由旅行而與殖民相結合。一八八一年，瓦倫西亞（Valenciennes）地理學會秘書長丕賓（Bebin）鑒於法國在歐洲之退縮，主張應轉向對外殖民。他大聲疾呼說：

> 為了保持一個大國或成為一個大國，一個民族必須對外殖民。那兒，是國家生機活力的源泉。……一旦我們所期待的事件完全實現，即是我們海軍軍旗停止向前之時⑪。

地理學會對於法國殖民思想，有首開風氣的影響，但大體而言，其影響仍偏限於團體之內。法國殖民思想的廣泛傳佈，則有待經濟學家的大力鼓吹及各界的隨聲附和。

三、經濟學家的鼓吹

當第三共和初期，法國鼓吹對外殖民的刊物，如雨後春筍般出現，除《論辯日報》（*Le Journal des Débats*）外，期刊有《法國經濟學人》（*L'Economiste Français,* 一八七三年創刊）、《地理評論》（*La*

---

⑩ Francis Garnier, *Voyage d'Exploration en Indochine effectué pendant les années 1866, 1867 et 1868, par une commission française présidée par M. Doudart de Lagrée* (Paris, Hachette, 1873), conclusion génerale, p. 534.

⑪ A. Murphy, op. cit., p. 19.

Revue Géographique, 一八七七年創刊）、《雙世界雜誌》(*La Revue des Deux Mondes*) 等，它們宣傳的共同思想，不外是挫敗的法國需要東山再起，文明的使命(mission civilisatrice)以及商務發展三項。

然而，談殖民擴張最具說服力的理論家，當首推一位年輕的經濟學者 —— 列霍華・伯利俄 (Paul Leroy-Beaulieu)。當其大著《論現代民族的殖民》(*De la Colonisation chez les Peuples Modernes*) 於一八七四年獲得法國政治及人文科學院 (L'Academie des Sciences Morales et Politiques) 頒以最佳學術著作獎時，這位才華橫溢、鋒芒畢露的得獎人只不過三十一歲。這位未來的科學院院士，法蘭西學院 (College de France) 政治及人文科學教授，才是鼓吹法國對外殖民擴張的最有力代言人。

列霍華・伯利俄討論殖民的書，初版於一八七四年問世，正當法國普法戰爭新敗，不得不採取「退隱政策」(La politique de recueillement)，以韜光養晦之際。根據列霍華氏的看法，法國雖遭挫敗，但並未懷憂喪志，挫敗也絲毫沒有窒息國人對外擴張的天才。法國有一個挽回此一不可彌補失勢 (déchéance) 的辦法，那就是殖民。因此，列霍華氏在其書中鄭重呼籲:

> 如果我們不殖民，在兩三世紀內，我們的國勢將遠落於西班牙人或葡萄牙人之後。殖民對於法國而言，將是一個生死存亡的問題，要就是法國變成擁有非洲的強國霸權，不然便是在一、二世紀內淪為歐洲的二流國家。❷

列霍華氏的成名之作，被譽為兼具歷史學家、經濟學家以及社會學

---

❷ P. Leroy-Beaulieu, *De la Colonisation chez les Peuples Modernes*, Préface de la Ⅱ édition.

家智慧的經典之作，我們可以從書中找到一個國家必須向外殖民的一切理由。就法國而言，這位殖民的第一號鼓吹者說：「唯有在歐洲以外，我們始可滿足正統的擴張本能。我們應該致力於一個非洲大帝國與一個較前者略小的亞洲帝國之建立。」[13] 可見政治的因素 —— 法蘭西的光榮和偉大，仍是法國對外殖民的主要考慮。

我們特別發現，在《論現代民族的殖民》一書的封面並加印有穆勒 (Stuart Mill)[14] 的一段「名言」：「以目前的世界情勢，我們可以肯定，殖民地的建立乃是最佳之事，可供一個古老而富庶的國家投資之用。」[15] 而列霍華氏補充道：「殖民的真正關鍵，在於資金而不在移民。法國擁有充足的資金，可以任其自由流通，法國的卓著信用可以使其散佈到世界各個角落。」[16]

就作者身分分析，列霍華·伯利俄是一位新聞從業員、教授、出版商，同時是研究院院士。他的文章從一八六六年起出現於《雙世界雜誌》，一八七一年起刊載於《論辯日報》。他也是《法國經濟學人》雜誌社社長，該刊物係於一八七三年四月十九日問世。然而列霍華氏對殖民問題的興趣，可以遠溯到他的青年時期。他曾於一八九七年撰文回憶說：

> 從年輕喜歡作夢的時代開始，殖民問題即深深地誘惑著我們，好似個人實踐的唯一理想。而自一八七○年起，殖民除了是個人的理想外，復顯現成為國家的理想。[17]

---

[13]　Ibid.

[14]　John Stuart Mill (1806~1873)，英國哲學家及經濟學家，著有《歸納與演繹的邏輯》(Logique inductive et déductive, 1843)，《政治經濟的原理》(Principes d'économie politique, 1848) 等名作。

[15]　語出 Stuart Mill, Principes déconomie Politique, liv. V, Ch.×1, §14。

[16]　Leroy-Beaulieu, loc. cit.

[17]　Leroy-Beaulieu, L'Algérie et la Tunisie, Préface à la II édition, P.V.

一、二十年來，列霍華氏所寫的眾多著作中，一再告訴讀者，殖民一直是他魂牽夢縈，耿耿於懷，始終無法分割之物。他自述說：

> 隨著歲月的飛逝，我越來越相信，殖民的重要性，特別是對法國的重要性。每當機會來臨，我們就毫不遲疑的趕緊抓住它，透過言語和筆端向國家宣示它偉大的殖民使命。我們利用各種方式，例如報紙的專欄，或經典式的書籍，或聚會中的簡短致詞，乃至課堂的公開演講，再三的提醒法國，她曾經是一個偉大的殖民強國，她可以也應該再成為一個偉大的殖民強國。❶⑧

列霍華氏雖然抓住每一個機會，透過各種方式，鼓吹殖民不貽遺力，但在法國第三共和初奠，亦即一八七〇年代的前期，無論在法國或在歐洲大陸，殖民擴張的觀念尚未普遍流行。這裏請看列霍華氏的有力見證：

> 當一八七四年本書（指《論現代民族的殖民》）第一版問世之際，殖民僅只不過是西歐一小撮人所關懷的問題。有的幾乎完全加以忽視，認為是時代錯誤（Anachronism）；有的乾脆放棄，默認大不列顛是個天賦獨一無二的島國強權。出版家很坦率的告訴我們，討論殖民的著作銷路並不理想！⑲

四、其他護衛者的聲援

---

⑱ *De la Colonisation chez les Peuples Modernes*, Préface de la II édition.
⑲ Ibid., Préface de la 4 édition.

如果說法國在一八七〇年代初期，在殖民鼓吹方面只有列霍華氏這樣一位「大師」型的強而有力代言人，那它的護衞者卻爲數極多。

論法國殖民，根據墨斐（Agnes Murphy）[20]的看法，夏爾姆（Gabriel Charmes）是學院派護衞者中的翹楚，他對殖民思想的傳佈居功甚偉，更是支持殖民政策的忠實信徒。

夏爾姆寫過一本討論殖民的書，名叫《外交政策與殖民政策》（*Politique Extérieure et Coloniale*），一八八五年出版。這是他從一八八二年到一八八三年陸續發表於《雙世界雜誌》的文章的結集。

像其他所有的殖民護衞者一樣，夏爾姆在論及殖民擴張時，把法國的政治聲望擺在考慮的首位。他無限感慨的說：

> 我經常在想，法國如果對周遭國家在全球各地的角逐競雄一事，仍然保持漠不關心的態度，那她將很快的淪爲二流次等國家。時間緊迫，因爲不但角逐者衆多，而且競爭的程度將越來越激烈。競爭的對手防備著我們，嫉妒我們；他們想盡辦法要超越我們。所幸，我們仍然領先超前甚多。今後全仗我們自己的努力，一方面不要輕易被那些高明的對手趕過超前，一方面還要在亞洲或非洲創建一個並不遜於我們在十八世紀所曾擁有的殖民帝國，可惜的是我們讓它如此悲哀的衰頹。[21]

此外，夏爾姆曾於一八八〇年十月十九日的「論辯日報」這樣寫道：「我們不應該忘記，法國還有列·臥茲山（Les Vosges）以外的邊界，同樣的事件可能發生在地中海，而帶來比發生在阿爾薩斯、洛林

[20] A. Murphy, *The Ideology of French Imperialism*, p. 176。
[21] G. Charmes, *Politique Extérieure et Coloniale* (Paris, C. Lévy, 1885), p. 306。

（Alsace-Lorraine指普法戰敗割地一事）更加嚴重的災難。」[22]

　　據夏爾姆的看法，法國由於得天獨厚的海洋地理位置，她應該從事像殖民那種遠征的事業。談到越南的北圻（Tonkin），他態度堅定的表示：「把高棉、北圻，乃至整個安南置於我們的統治下，是一件輕而易舉的事情，我們所擔心的只是本身的畏縮不前。強而有力的佔領北圻，對於我們乃是絕對必須的。因為，如其不然，我們早晚將被迫放棄交趾支那（Cochin Chine）。」[23]

　　其次，迪松大學（Université de Dizon）教授葛發雷（Paul Gaffarel）也是一位殖民擴張的熱情辯護人。葛發雷生於一八四三年，與列霍華氏同庚，出身法國有名的高等師範專校（Ecole Normale Supérieure），是巴黎地理學會的會員，也是迪松（Dizon）地理學會的創始人及首任秘書長（1881）。這位名地理學家兼歷史學家對於殖民的看法，旨在為他的祖國帶來光榮和聲望。他如此主張：

　　　　應該殖民，不惜一切代價的殖民；殖民非但不會危害國家，反倒是愛國的，並且是第一需要的。職是之故，應該用各種可能的方法鼓勵殖民。立刻重新開始這樣的偉大事業。圍繞著我們國家播下新法國（Frances Nouvelles）的種子。[24]

　　在其著作——《法蘭西的殖民地》（*Les Colonies Françaises*）一書的導論中，葛發雷教授如此結論說：

　　　　自一八一五年以來，這是我們真正參加了一次殖民再興。不論政

---

[22] A. Murphy, op. cit., p. 188, Brunschwig, op. cit., p. 27.

[23] G. Charmes, *La Colonisation chez les Reuples Modernes*, Extrait du Journal des Débats du 10 septembre, 1822.

[24] P. Gaffarel, *Les Colonies Françaises*, Introduction, p. 4, et., p. 8.

治意見是同情亦或憎惡，公道自在人心！我們應該替那些願將法國的部分資源轉移到殖民這樣一種有用而光榮的事業的政府，講幾句公道話。

或許有人會問，自一八一五年以來，我們為那些失去理智的戰爭或笨拙的事業所損耗的人力、物力，於今安在？但如果我們拿為殖民地所耗費的極微代價，與收穫做一比較，結果正恰得其反！㉕

天主教傳教士，如拉布瓦頌神父（L'Abbé Raboisson），也是法國對外殖民的鼓吹者。他所強調的，除了法蘭西的強盛、偉大和聲望之外，特別包含了天主教信仰的宣揚。

拉布瓦頌神父著有《關於法國殖民與殖民地的比較研究》（*Etudes sur les Colonies et la Colonisation au Regard de la France*）一書，他這樣認為：

> 法國該不該是一個殖民強權（puissance coloniale）？歷史上從未存在過沒有殖民地的強國。帝國的鼎盛往往與其殖民擴張的極限互為表裏；而帝國的衰落又常與其殖民地的喪失不謀而合。殖民的結果，使弱國的領土愈來愈狹小，強國的版圖愈來愈寬廣。㉖

五、結　語

㉕ Ibid., p. 16.
㉖ Raboisson, *Etudes sur les Colonies et la Colonisation au Regard de la France*, p. 2.

我們沒有必要，也無法將法國殖民的鼓吹者與護衞者一一列舉，詳述其主張。但由上面所引例證，吾人大致可以瞭解，法國從地理學家、經濟學家到傳敎士，他們所鼓吹的殖民政策，首先不外是一種聲望政策（politique de prestige），主要是爲法國的將來而打算，不願意法國淪爲二流國家，希望法國仍然保持殖民的一等強國。至於經濟的因素或戰略方面的考慮，尚在其次㉗。根據前述這些殖民黨徒的說法，法蘭西民族是優秀的殖民者，沒有別的民族堪與相提並論。職是之故，法蘭西很明顯的應該成爲一個殖民強國。

十九世紀七、八十年代的法國，雖有這些殖民代言人的鼓吹宣傳，但不論就一般法國民意，或政界而言，大部分的法國人並不眞正希望對外殖民擴張，其理由有三：第一，殖民遠征將轉移法國的復仇目標（德國），而這個目標一直是法國十年生聚敎訓，臥薪嘗膽，所不敢須臾或忘者；第二，在一般法國人的心目中，對於第二帝國時代的若干次遠征冒險，特別是拿破崙第三之遠征墨西哥，大家不但記憶猶新，而且餘悸仍存；第三，最後也是最具決定性的因素，因爲殖民遠征勢將引發國際

㉗ 研究十九世紀法國殖民動機的學者甚多，請參閱下列主要著作：
John F. Cady, *The Roots of French Imperialism in Eastern Asia*, Cornell University Press, Ithaca, New York, 1954.
Jean Chesneaux, *Contribution à l'Histoire de la Nation Vietnamienne*, Paris, Sociales, 1955.
Henri Brunschwig, *Mythes et Re'alités de l'Impérialisme Colonial Français, 1871~1914*, Paris, A. Colin, 1960.
Jean Ganiage, *L'Expansion Coloniale et les Rivalités Internationales de 1871 a 1914*. Les cours de sorbonne, centre de Documentation Universitaire, Paris.
Masataka Banno (坂野正高), *China and the West, 1858~1861, The Origins of the Tsungli-Yamen*, Harvard University Press, Cambridge, 1964.
Lloyd Eastman, *Throne and Mandarins, China's search for a Policy during the Sino-French Controversy, 1880~1885*. Harvard University Press, Cambridge, 1967.

爭端，以當時法國的處境，這是她所不能不戒愼恐懼，引以爲慮者。

　　基於上述三點理由，法國有其不能對外殖民的苦衷。故一旦茹費理內閣把殖民思想眞正付諸實際行動時，便遭遇法國國會的杯葛與輿論的反對了。

　　　　　　　　　　原載臺灣師大《歷史學報》第七期（民國六十八年五月）

茹費理的殖民思想及其對華政策

(1880~1885)

一、引 言

十九世紀七十年代，法國地理學家、經濟學家、大學教授以及傳教士所鼓吹宣揚的對外殖民擴張思想❶，只有在政治家拳拳服膺，把理論付諸實際行動之後，始能對一般羣衆產生激盪，對廣大社會發生實質的影響。而法國秉政者將此一理論變成實際行動，並產生極大反響者，乃是曾在一八八〇年至一八八五年間兩次擔任內閣總理，並一度兼長外交部的茹費理（Jules Ferry）其人。

談近代法國的對外殖民，茹費理確是一個十分重要的人物。據法國殖民史家的論斷，他在殖民事業上的建樹，可與英國政治家狄斯累利（Benjamin Disraeli, 1804~1881）、比利時國王利奧波二世（Leopold II, 1835~1909）、義大利首相克里斯比（Francesco Crispi, 1819-1901）等人相提並論，先後輝映❷。

在探討茹費理個人的殖民思想及其內閣的對華政策之前，先就費理個人的家世、所受教育、從政經歷作一概述，藉以明瞭環境是否對歷史人物構成影響？其影響幅度又若何？似乎是有必要的。

---

❶ 請參閱＜十九世紀法國的殖民主張＞。

❷ Jean Ganiage, *L'Expansion Coloniale et les Rivalitès Internationale de 1871 à 1914* (Les Cours de Sorbonne, Centre de Documentation Universitaire, 5, Place de la Sorbonne, Paris V.), Vol. 1, pp. 30-55.

二、茹費理的家世、教育及生平略歷

一八三二年四月五日茹費理出生於法國東部的臥茲（Vosges）省聖帝葉(Saint-Dié)市，家道小康。父親查理‧愛德華‧費理（Charles Edouard Ferry）業律師，母親則是伍繼耶（Vauziers）鎮地方法庭庭長的獨生女，稱得上法律世家。費理在就讀聖帝葉中學時，就是一個成績優異，表現傑出的學生，「他的聰明好學與果敢堅毅，乃同學心目中的楷模」❸。一八四六年秋天，當其母親過世後十年，費理全家由聖帝葉市遷居史特拉斯堡（Strasburg），並於一八四八年二月革命動盪之際，以優異的成績完成中學學業。

通過中學畢業會考之後，費理立即著手準備法學的研究。在這段時間，費理首先閱讀當時巴黎大報之一的《世紀報》（*Le Siècle*）❹，與同學討論政治，並熱切關心時局的發展。一八五〇年夏天，費理因為不上教堂做禮拜，受到姊姊的嚴厲指責，遂跟隨父親定居巴黎，繼續他的學業。這位年輕的未來律師，除了定時到巴黎大學法學院上課外，比從前更對政治有興趣，也經常跋涉於學校與波旁宮（Palais-Bourbon, 眾議院所在地）之間，為的是聆聽當時名國會議員德布茲（Michel de Bourges）或貝利葉（Berryer）的演說，事後並將國會與麗榭宮（指內閣）之間的一切公開辯論紀錄全部飽覽無遺❺。

一八五一年十二月二日，路易‧拿破崙（Louis-Napoléon Bon-

---

❸ Maurice Reclus, *Jules Ferry,* 1832~1893 (Paris, Flammarion, 1947), p. 13.

❹ 《世紀報》(*Le Siècle*)，係民主派的喉舌報，一八三六年七月為杜塔克（Armand Dutacq）所創刊，其後，訂戶迅速增加，成為當時巴黎大報之一。參閱Charle Ledre, *Histoire de La Presse* (Paris, Fayard, 1958), pp. 216-217。

❺ Maurice Reclus, p. 16.

aparte）所一手導演的政變 ❻，予茹費理極大的感觸。不久，學業結束，費理向巴黎律師公會註冊，由此開始了他的律師生涯。一八五四年，他出任律師年會的秘書。在開幕典禮上，以「論哲學思想對十八世紀律師職務的影響」(De l'influence des idées philosophiques sur le barreau de dix-huitieme siècle) 爲題，發表專題演講，博得一致好評，從此被視爲「立法會議」(Corps Législatif)的候補人選之一 ❼。一八五六年當其父親逝世後，他們在馬薩林街 (Rue Mazarine) 的故居，遂成爲年輕共和黨人的俱樂部，其中大部分爲律師。這也是反對第二帝國者的避難所。

一八六五年年底，費理進入法國當時最負盛譽的《時報》（ *Le Temps* ）工作，定期撰寫有關政治方面的專欄。此外，他又與有激進傾向的《論壇報》(*La Tribune*) 以及查拉梅拉庫 (Challemel-Lacour)、布里松 (Brisson) 等人所辦的《政治評論》(*Revue Politique*) 合作，激烈抨擊當時的帝政，這些活動引導他走向政壇，也奠定他日從政的基礎。一八六八年九月，他因律師事務（爲保護一位客戶利益）而到土耳其的君士坦丁堡一行，在此不期而與當時以反對第二帝國著名的共和人物甘貝達（Gambetta）邂逅，從此這兩位政治人物卽「心連心」的結合起來，其後無論在政壇上或選舉活動上，兩人皆搭檔合作，愉快無間。

自君士坦丁堡回國後，爲他在議會裏爭得一席之地的時機已經到臨。一八六九年，當他獲選進入「立法會議」之際，費理時年不過三十七歲。第二帝國瓦解後，他出任甘貝達所領導的國防政府的秘書，負責德軍圍

---

❻ 路易·拿破崙雖然當選爲第二共和的總統，但時時以修改憲法中有關總統任期的規定爲念，由於運用議會合法的手段不能達到目的，他只好採取激烈的行動，宣佈解散立法會議，占領議場，逮捕了重要的議員（包括王黨與共和派）。參閱王曾才，《西洋近世史》(國立編譯館出版)，頁530。

❼ Alfred Rambaud, *Jules Ferry* (Paris, Plon-Nourrit, 1903), p. 3.

城期間的糧食供應工作；雖多著勞績，但由於所採取的分配方法不當，使他極不得人望，一般百姓諷稱壞麵包為「費理麵包」（Le Pain Ferry），以示對他的責難。

在巴黎圍城期間的歷練既不得意，費理乃返回故鄉，投身競選，卒於一八七一年二月八日當選為臥茲省的眾議員。一八七二年三月十二日，奉派出使雅典，擔任法國駐希臘的全權公使，以保衛法國在近東方面的利益；但隨著蒂葉（Thiers）政府的垮臺，他不久也被解職。雅典的出使，羅馬的短暫停留，都使他獲得一種深刻印象，認為法國的聲望幾乎在歐洲有如旭日東昇，所以他在報告中特別提到，深以國內一羣保守人士與教皇至上論者的瘋狂行為為憂，因為這些均未能對法國的聲望提供有效的幫助與可貴的同情。大致而言，費理一切未來的擴張政策，就在這種憂慮中萌芽生根❽。

一八七三年五月，費理回到巴黎執行議員的職務，積極參予國會中的辯論工作，厠身反動的多數派。一八七七年，費理當選連任，並被瓦丁敦（Waddington）內閣延攬，於一八七九年二月四日出任公共教育（Instruction Publique）部長。一八八〇年費理第一次受命組閣，仍自兼公共教育部長，而畀外交部長予桑廸里（Barthelemy Saint-Hilaire）。在第一次擔任閣揆期間（自 1880 年 9 月 23 日至 1882 年 11 月 10 日）費理有突尼斯之遠征。費理於一八八三年二月二十一日第二次組閣，仍自掌公共教育部，而以查拉梅拉庫為外長，九個月後，查氏因意見不合，遂以健康理由辭官不幹，費理乃自兼外長，而將公共教育與美術部長一職交弗意葉（Fallières）負責。

茹費理，這位有「法國第三共和的三大締造者」之譽的法國人，是一位性格專橫，意志百折不撓的政治家。他的外甥女 —— 皮桑妮・費理（Mme Pisani-Ferry）在一本書中對他有這樣的描繪：「一位偉大的

❽　Maurice Reclus, p. 100.

中產階級，一位健碩的臥茲省人。有人說，他外表粗獷、冷漠，有如家
鄉的花崗岩；骨子裏，他是個溫柔者，不過柔性只表現在家庭中，只對
家人有笑容。對外在的毀謗、不得人望與偶發事件等無動於衷，仍像山
地人一般邁著均勻而沉重的步伐前進。是一個外表不具吸引力的人，但
對於這個甫告誕生，而不能聽其自生自滅，希望有一番作爲的共和國，
卻是一個不可或缺的人。」⑨

三、茹費理的殖民思想

　　無論後世史家對茹費理其人如何描繪，綜其一生，他的名字與第三
共和的教育與內政均有密不可分的關係。但這並非本文的研究範圍，我
們最感興趣的乃是他一生事業中的最後階段,也即有關對外殖民的部分。
　　首先，我們來研究費理的殖民思想。
　　當我們研究一位政治人物的事功時，不禁要問，他在從事這件工作
時,是否早已有一種「成竹在胸」的先見引導激勵著他？根據文獻記載，
費理在早期的政治生涯中，似乎與殖民問題扯不上任何關聯。更明白言
之，他在一八八一年突尼斯之役前，素與海外事務沒有發生任何接觸。
既然如此，如何解釋後來的發展或轉變呢？阿爾島 (Martin Aldao)
認爲，這毋寧是事件逐步發展，漸漸引導他走向這一事業⑩。波蒂謝
(Maurice Pottecher) 分析得更透澈，他這樣說:「這是環境一步步
決定他從事這個最初覺得有點膽怯的征服；其後因事件的發展而逐步擴
大。在他身上，就像在其他偉大藝術家一樣，理論與實際是同時編織而

---

⑨　Mme Pisani-Ferry, *Jules Ferry et Le Partage du Monde* (Paris,
　　Grasset, 1962), p. 2.
⑩　Martin Aldao, *Les Idées Coloniales de Jules Ferry, Thèse de
　　Droit,* Paris, 1933.

成的；計畫、實施方法均隨事功的逐步建立而漸趨成熟確定。當行動成型，思想觀念亦跟著明朗化。」[11] 皮桑妮‧費理亦持相同的看法，她認為「隨著法國海外事業的逐步建立，茹費理的殖民思想乃次第孕育成熟。」[12]

綜合前述史家的說法，並非完全為費理洗刷辯護。吾人大致可以肯定，環境對於他確有重大的影響，由於人與事的雙重激勵，茹費理始逐步醞釀成熟他的殖民思想。

其次，我們要更進一步探究，茹費理的思想從何而來？受到何人的影響？無疑的，當時英法兩國的殖民鼓吹者，如英國哲學家穆勒（John Stuart Mill, 1806～1873），法國經濟學者列霍華‧伯利俄（Paul Leroy-Beaulieu）曾特別引起費理的注意。據朱里安（Ch. André Julien）的研究，費理受到當時英國文學，尤其是牛津大學教授席勒（Seeley）所著《英國的擴張》（*The Expansion of England*）一書的影響最大[13]。席勒的書出版於一八八三年，一八八五年有法文譯本；該書對於英法兩國的殖民政策作了相當有趣的比較，費理從書中借用了不少例子作為自己思想體系的註腳。

有「近代法國殖民擴張使徒」之稱的茹費理，吾人若欲分析其殖民思想，可從兩篇文獻中求之。其一為一八八五年七月二十八日，茹費理卸任內閣總理後在眾議院的一次長篇演說；其二為一八九〇年，他為《北圻與祖國》（*Le Tonkin et la Mère-Patrie*）一書作序[14]，題為〈五年之後〉，共達五十五頁之多。

論茹費理的殖民思想，正如其他大多數的法國殖民主義者一般，無

---

[11] Maurice Pottecher, *Jules Ferry* (Paris, Gallimard, 1930), p. 184.
[12] Mme Pisani-Ferry, p. 5.
[13] Ch. André Julien, Jules Ferry (in *Les Politiques d'Expansion Impérialiste*, Paris, P. U. F., 1949), p. 70.
[14] 編者為 Léon Sentupery, 1890 年 Victon-Harard 書店出版。

可否認的，首先有一層虛榮心的動機。他認為法國不該「沉湎於對流血不止的傷口的沉思」，不能永遠想著阿爾薩斯、洛林的問題，而應該從「臥茲山翠綠的邊界」（ligne bleue des Vosges）轉移目標到別處。

因此，法國應該重振聲威，試圖恢復她在世界上的地位。七月二十八日，費理對議會這樣說：

> 僅放射光芒而不採取行動，不介入國際事務，對歐洲各式各樣的組合變化袖手旁觀，視對非洲或東方的一切擴展為一種陷阱，一種探險，這樣的生活方式，對於一個大國而言，無寧是自暴自棄！而且，在你無法相信的短短期間，這個國家就會從第一等強國，一降而為三等或四等國家。[15]

費理進一步認為，法國如果要維持她的大國地位，那就應該「把她的語言、風俗、國旗、武器、天才，帶到世界各地，無遠弗屆。」[16]

茹費理是個老成持重的政治人物，他當然考慮到，殖民是一樁千秋萬世的事業，非一朝一夕，個人獨力所能完成。因此，他在《突尼斯事件》（*Les Affaires de Tunisie*）一書的序言中這樣強調：「殖民政策特別是一種長程的政策」[17]。一八八三年十月三十一日，他對議會宣稱：「殖民政策對於現代法國而言，是過去的支柱與未來的貯藏庫。問題不是為明天的未來，而是為五十年或一百年後的將來，甚至母國的將來；那牽涉到我們萬代子孫的將來……還有我們工人的麵包問題。」[18]

---

[15] 1885年7月28日茹費理在國會演講詞。

[16] 同上。

[17] Alfred Rambaud, *Les Affaires de Tunisie*, p. 7. 這本小書包含有五十七頁的文獻與一篇序言，簽名人雖是 A. Rambaud，實則序言出於 Jules Ferry 之手。

[18] Paul Robiquet, *Discours et Opinions de Jules Ferry*, Tome V. p. 282.

根據茹費理的看法，殖民政策是一種謹慎而又謹慎的政策。「它自限活動的範圍，它不會把你導入滅亡境地。它不可能在北圻問題解決的次日即手到擒來。不，殖民事業是一種長程的計畫，我不會告訴你們，在短暫的將來，我們就能收割採摘所有偉大而貴重的果實。」[19]

其次，茹費理為自己的政策下了這樣的定義。一八八三年十二月二十日，他對參議院說：「我們的殖民政策，是一種殖民保存的政策，而不是一種殖民瘋狂的政策。」在《北圻與祖國》一書的序言中，他繼續引申道：「殖民政策不僅僅是一種保存殖民的政策，正如我們所已經做的，在突尼斯是為了保存阿爾及利亞，在北圻是為了挽救交趾支那，在馬達加斯卡是為了照顧百年的利權；而且是一種大膽而有系統的擴張政策。也即在義大利所稱的『妄自尊大』政策（politique mégalemance）。」[20]

論茹費理的殖民政策，大抵可歸納為經濟、人道和政治三層動機。

就經濟的觀點而言，造成對外殖民的重要因素，首先是人口的移民，其次為資本與生產品的輸出。茹費理說：「對於人口過剩的國家，不管因為這種過剩的人口是貧窮的，或是繁殖過剩，殖民的第一個型式，乃是提供給貧窮的國家或人口過剩國家以庇護所或工作。除此之外，還有另一種型式的殖民，那就是為資本或產品過剩的國家提供出路。這就是最現代、最實在、最流行、最豐收的一種型式。」[21]

根據費理的看法，法國是個富庶的國家，而「殖民地正是給富庶國家投資最有利的地方」。穆勒在其專著中曾有一章特別闡明此義，而費理將之歸納說：「對於古老而富庶的國家，殖民是他們所能醉心的最好事業之一。」[22]

---

[19] Ibid., p. 303.
[20] Jules Ferry, *Le Tonkin et la Mère-Patrie,* pp. 38-39.
[21] 同[15]。
[22] 同[15]。

五年之後，費理強調說：

> 殖民政策是工業政策的女兒。對於富庶的國家，或資本充裕，累積快速的國家，其製造制度正不斷繼續擴展，可吸引部分，雖不是最多，至少最活躍，最清醒，全靠雙手工作維生的工人。……輸出乃是促成社會繁榮的一個特別因素，也是資本活用的場所，工作的需求，全視海外市場的幅度大小而定。㉓

其次出口問題也頗為重要。茹費理在七月二十八日對議會宣稱：「殖民的問題，像我國這種注定他們的工業需要大量輸出的國家，是一個出口的問題。從這個觀點看，殖民地的建立，亦即是出口的開關。……那兒，即是政治優勢、生產優勢、經濟優勢之所寄。」

從人道的立場觀之，茹費理正如其他殖民論者的動機一般，他認為白色人種對於土著民族有一種教化的義務。他這樣說：「較高等的種族面對較次等的種族有一種權利。……因為對他們而言有一種義務存在。他們有一種教化次等種族的義務。我贊成歐洲國家以誠實、寬厚、偉大的胸懷來完成這種文明的高級義務。」㉔

就政治觀點而言，茹費理一再指出，「所謂『隱退政策』(politique de recueillement) 或『自棄政策』(politique d'abstention)，一言以蔽之，即是走向敗亡的康莊大道。處今日之世，國家唯有活動發展，始能偉大，而非透過機構的和平影響足以致之。」㉕費理繼續認為：「她（指法國）不該以做為一個自由國家為滿足，她應該也是一個對歐洲命運施展其應有的影響力的大國；她更應該擴大此種影響力於全世界。」㉖

㉓ *Le Tonkin et la Mère-Patrie,* pp. 40-41.
㉔ 同⑮。
㉕ 同⑮。
㉖ 同⑮。

　　除上述政治、經濟與人道三種動機外，茹費理的殖民思想尚可增加一項戰略的目的，此即獲得補給站的需要。他說：「一艘軍艦通常無法裝載超過十四天用量的煤炭，而一艘煤炭用盡的軍艦無異是個漂流物。就是爲這個緣故，我們必須攻取突尼斯；就因爲這層關係，我們非佔領西貢與交趾支那不可；正因爲如此，我們才要馬達加斯卡。」㉗

　　一八八五年七月二十八日，茹費理登上議壇，爲遠征馬達加斯卡的軍費而大聲疾呼，一方面闡明他的殖民思想體系，一方面爲他的殖民政策究竟是隨意而動，或爲擴張的唯一樂趣而辯護。據史家朱里安認爲費理的這次報告，乃在議壇公然發表的第一次帝國主義宣言㉘。

　　總而言之，法蘭西的虛榮與偉大，商業與財政方面的利益，英法的角逐競爭，東方日漸增濃的吸引力，慈善性的人道之憂等，凡此都構成茹費理孕育殖民政策的主要動機。

·四、茹費理的對華政策

　　在茹費理主政期間所從事的所有殖民事業，以越南事件最稱重要，因其耗時最久，費力最鉅。

　　法國史家藍波（Alfred Rambaud）曾任公共教育部主事，在其所著《茹費理傳》（*Jules Ferry*）一書中論及安南問題時，有以下一段發人深省的話，他說：

　　　在茹費理的所有殖民事業當中，此事所遭遇的困難最大，因其在僻遠地區進行，又冒可能挑起國際爭端之險；代價最昂，所喪失的衆多生命與數百萬經費，並非過甚之詞；耗時最長，最富有驚

㉗　同⑮。
㉘　Ch. André Julien, *Jules Ferry,* p. 70.

奇性，予主事者的人緣以最致命的打擊；但也可能是收穫最豐碩
的，由於法國的介入北圻，結果乃得擴展勢力於安南，而席捲了
印支半島的大半。㉙」

　　在探討茹費理內閣的對華政策或整個遠東殖民政策之前，吾人首先
應分析法國對外殖民擴張時的主要外交顧慮所在。

　　「歐洲控制世界，而俾斯麥又控制歐洲」㉚，這是當時法國茹費理
內閣所面臨的國際情勢。普奧、普法兩次戰役，使德國一躍而為歐陸第
一等強國，其首相俾斯麥亦成為外交界無法匹敵的主宰者。至於海外殖
民的角逐，仍以英國執世界之牛耳。因此，法國若欲向外擴張，首先將
遭遇英國的頑強競爭；若想實行大陸政策，則勢必與德國發生嚴重之衝
突。

　　自普法戰後，德國因恐法國尋仇報復，故俾斯麥竭盡心機以轉移法
國的目標，使其視線不停留在「臥茲山翠綠的邊界」（ligne bleue
des Vosges)上。早在一八八〇年四月八日，俾斯麥致德國駐巴黎大使
荷漢洛親王 (Prince de Hohenlohe) 的訓令上即說：

　　　只要法國放棄征服德國，我們便可以對她表示善意。……如果法
　　　國認為，擴大其政治運作基地是其利益所在，她不僅可以信賴我
　　　們的持重態度，同時在某種情況下，也可以得到我們的支援，
　　　只要我們在德國的地位，我們獨立自主的地位沒有遭到威脅的危
　　　險。㉛

㉙　A. Rambaud, *Jules Ferry*, p. 324.
㉚　Pisani-Ferry, *Jules Ferry et le Partage du Monde*, p. 9.
㉛　*Politique Extérieure de L'Allemagne*, T. III. n° 538, 引自Pisani-
　　Ferry, p. 51.

另一方面，法國駐柏林大使聖華蓮（de Saint-Vallier）於一八八
〇年六月六日也接到俾斯麥相同的保證。俾斯麥對他說：「只要法國不
把視線轉移到她古老的阿爾薩斯、洛林兩省，我隨時準備支持援助法國
的政策行動。我把幫助法國在我們不致引起衝突的遙遠地區尋求補償，
獲得利益，看做是一種義務。特別是在非洲南部，我認為這些地區已然
置於法國的正統勢力範圍下。」❸❷

當一八八三年，茹費理再度組閣時，德國方面所表現的這種友善態
度更趨明顯。一八八三年二月二十三日，法國駐柏林大使顧賽爾（M.
de Courcel）向外長查拉梅拉庫（Challemel-Lacour）報告說：「當
我向哈茲費爾德伯爵（Comte de Hatzfeld，德國主管外交事務的國
務大臣）宣稱您新掌外部時，他對於您在法國議會發表新閣就職演說所
透露的和平口吻表示滿意。他還告訴我，荷漢洛親王已經把對內閣總理
和你有關外交政策聲明的好評轉達。最後，他向我保證，德國皇家政府
願意向法國共和政府證明一切的善意和友善。」❸❸

法國政壇耆宿瓦丁敦（Waddington），以參議員、前任閣揆暨外
長身分，被任命為全權特使前往莫斯科參加俄皇亞歷山大的加冕典禮。
歸途路經柏林，於一八八三年五月十三日與俾斯麥首相曾有過一次面
談，後者如此對他表示：

> 我對法國的感情沒有改變；我在五年前對您說的話，今天還可以
> 重複一遍。我們既沒有戰爭的任何野心，也沒有擴張的意圖。在
> 這方面，我們已經心滿意足。將來要逼我們打仗，除非你們先對
> 我們開火。我個人曾經反對佔領阿爾薩斯，但軍方的影響力後來
> 佔了上風；現在木已成舟，事實很難改變。至於其他任何地區，

---

❸❷ 同上，p. 52。
❸❸ *Documents Diplomatiques Francais*, Tome V. N°2.

我們可以彼此諒解、商定，甚至我們可以在彼此利益不相衝突的
許多方面，向你們提供協助。❸

　　顯然的，俾斯麥爲了轉移法國的目標，不惜降尊紆貴，試圖與法國
親近。這位睥睨羣雄的風雲人物，不僅一再表示對法國的好感，而且
頻頻向法國政治家投送秋波。他曾經對法國駐柏林大使顧賽爾這樣說：
「我個人不認識費理先生；但請轉告他，我對他的一番善意是眞摯的，
我對他的行動方針不會改變；我希望他對我的態度也不會改變！」❸

　　俾斯麥並不以甜言蜜語博得法國的好感爲已足，他還進一步有所行
動，以有利於法國的實際行動來討好法國。當法將李維業（Comman-
dant Rivière）在北圻陣亡的消息傳抵德國時，俾斯麥爲了表示德國
的親善誠意，以及對法國的支持，特下令阻止中國政府向德國軍火商人
所訂購的海軍驅逐艦的出發❸。

　　其後，中法戰雲密佈，戰端一觸卽發，據荷漢洛親王一八八四年二
月二十四日的日記所載，俾斯麥曾委託他在巴黎公開宣稱，「德國對法
國的政策始終一貫，沒有任何因素可以讓我們不採中立；法國可以自由
行動，無論在海上或陸地均可放手一戰。」❸

　　由前述可知，在中法越南衝突期間，俾斯麥不僅在外交上採取愼重
的措施，以免招惹法國政府的不快，甚且在態度上極其鼓勵法國在北圻
的行動。事實上，正像茹費理自己毫不掩飾的承認：「俾斯麥很技巧地把
我們推向北圻和馬達加斯卡的遠征；這是一位前任大使所可肯定的。」❸
這位前任大使卽是法國駐柏林大使顧賽爾，他在俾斯麥與茹費理之間

---

❸　Ibid., N°35 Waddington 致 Challemel-Lacour, 柏林，1883 年 5
　　月14日。
❸　Ibid., N°170. Courcel 致 Ferry 私函，1883年12月16日。
❸　Ibid., N°42. Courcel 致 Challemel-Lacour, 1883年 5 月19日。
❸　*Prince de Hohenlohe Schillinsfurst*, Memoires, T. II, p. 123.
❸　Jules Ferry, *Le Tonkin et La Mère-Patrie*, p. 31.

扮演中間人（intermédiaire）的角色，地位極其重要。在北圻事件結束後五年，即一八九○年，茹費理更坦白地作這樣的見證：

> 德國無論在北圻、在中國海、在臺灣、在馬達加斯卡，均未以任何藉口阻礙或限制法國的軍事行動，這是完全正確的。這期間的殖民政策，法國最不必顧慮他在歐陸的安全，這也是千真萬確的。自然，有許多人說，俾斯麥最高興看到我們陷入僵局。……當我們想從北京政府的最後反抗下取得勝利，不得不乞靈於食米的封鎖時……，第一個附和我們主張的是俾斯麥。❸❾

如果說法國在 殖民方面獲 得了德國的 大力支持（精神上或行動方面），但卻在另一方面遭到英國極大的阻撓。英國當時以殖民第一強國地位，似乎不願看到法國也成為一個海軍的、商業的、殖民的強國。因此，從一八七四年到一八八五年期間，無論在印支半島、在馬達加斯卡、或在埃及，法國勢必處處面對英國強而有力的挑釁。

英國的輿論界對法國的海外擴張，與政界同樣充滿敵視的語調。一八八三年四月十五日，法駐英大使狄索（Tissot）在其致外長查拉梅拉庫的報告中，有如下一段細微而深入的分析：

> 目前英國在遠東這一地區的利益等於零，既無法激起英國本身的利益，英國報紙在表面上不發表反對我們擴張的計畫。……但當事涉贊同時，語意含糊，憤恨之情即暴露無遺。她對我們的計畫可以贊同，但有一特別條件，那即是我們的行動必須果斷而富決定性。然則，英國報紙絕對懷疑這個條件可以履行完成。猶豫、

---

❸❾　Ibid, p. 32.

延宕、衰退，這是長久以來我們外交政策的特徵，此一特徵令英
國報紙擔心我們只能採取不澈底的手段，而不澈底的手段將導致
全面失敗。基於這種友誼性的先見之明，英國報紙善意的建議我
們，最好不要從事一件超越我們力量或毅力的殖民事業。
至於這個國家的政壇人物所持的論調並無二致，他們對於現在我
們所進行的種種計畫瞭解更為透澈。英國內閣中一位最具影響力
的閣員明白暗示說，英國對於我們的行動勢必與中國發生一場嚴
重的戰爭，而且以目前狀況而論，其結局將是法軍的全面失敗，
不能不感到不安。甚且，此一失敗對於英國之在印度以及俄國邊
界必有其反響，因而法國面對倫敦與聖彼得堡政府，勢難推卸令
人惱火的責任問題。❹

　　英國政府對印支半島的態度，令法國難堪，並構成威脅。特別當法
國於北圻進行一項「戰而不宣」的戰爭時，英國首先宣佈中立。事實
上，英國此舉無異宣示中國與法國雙方正處於戰爭狀態中，而將中立港
口關閉，不准法艦使用。當法國政府決定對臺灣實行米的封鎖時，英國
立即抗議。由上述一連串行動而論，我們不便公然指出英國處處與法國
作對，但至少可以斷言，法國在遠東的擴張政策，與英國利益相衝突，
故不為英國所歡迎，此與俾斯麥的友善態度恰成一鮮明對比。當然，這
是德英兩國此時基本外交政策的不同，而非主其事者在感情上對中國有
所嫌惡或偏愛。

　　由於在北圻的軍事行動進展並不順利，法國不得不另謀增兵遣將支
援。一八八三年四月九日，茹費理內閣乘國會復會之際，提出一筆五百
三十萬法郎的撥款請求，做為海軍部在北圻軍事用途的專款。這個增兵

❹　*Documents Diplomatiques Français*, Tome V. N°21.

所需的專款先於五月十五日經衆議院表決通過，復於二十四日獲參議院
同意贊成。五月二十六日，一封來自西貢的電報透露法國在北圻軍事失
利與統帥李維業陣亡的消息。李維業的陣亡在法國引起極大的反響，政
府在悲悼之餘，立卽致電西貢當局，表示復仇之意，語氣堅決而肯定，
其電文如下：「國會已一致投票通過北圻軍費專款，法國將爲她的光榮
子孫雪恥復仇！」❹ 這封充滿窮兵黷武思想的電文，沒有收在北圻事件
結束後卽印行的《黃皮書》（*Livres Jaunes*）內，也未在稍後出版的
《法國外交文書》（*Document Diplomatique Français*）中發現，
倒是兩位軍人出身的作者在其書中很自然的把它引用。以當時法國興情
的激昂，這封電文的存在是可信其有的。

　　李維業的死，對於熱衷法蘭西光榮偉大的法國人而言，自是一項很
大的打擊，同時也領受到「退卻政策」的敎訓。因此，法國政府立刻採
取果斷措施，以前駐曼谷領事哈爾芒醫生 (docteur Harmand) 爲民
政長官（Commissaire Général Civil）、布義葉將軍（Général
Bouët）爲交趾軍區司令，指揮北圻軍隊；孤拔少將(Contre Amiral
Courbet) 出任新置的北圻海軍分區司令。

　　民政長官的設立，在法國的北圻殖民政策上是一項創舉。其任務如
此規定：「民政長官代表政府旨意，駐紮前線軍事當局，負責監督，不
使軍事行動超越政府訓令。民政長官本身卽爲交涉大員，同時也是行政
官與組織專才；他將運用本身所能支配的一切方法，防患中國的干預，
重新拉攏安南政府，並切斷順化與北京之間旣存的聯繫，最後如有可
能，爭取爲安南政府所雇用的黑旗軍。」❹

　　民政長官的設置，顯然隱含有以政監軍的味道。經過安鄴 (Francis

---

❹　Boninais et Paulus, *L'Indochine Française Contemporaine,*
　　Tome II., p. 121.
❹　Livre Jaune, *L'Affarie du Tonkin,* 2ᵉᵐᵉ Partie, p. 122.

Garnier）與李維業兩次軍人蠻幹作風事件後，法國吸取敎訓，不得不另設代表政府的高級文官，就近監督，以防英雄式悲劇的重演! 此外值得注意的是，由於安鄴與李維業均喪身於黑旗軍之手，法國軍隊提起黑旗軍，不無戒愼恐懼之心，法國政府也認爲黑旗軍乃其殖民安南的一大障礙，故不惜運用一切手段以爲對付，如能收爲己用，更屬上策。

　　研究法國的對華政策或安南政策，由於直接史料得來不易，一般甚難下手。一八八三年七月十日，由於李維業的意外陣亡，在法國國會中引發一次關於茹費理內閣殖民政策的大辯論。從這次國會議員的質詢和主其事者的答辯，　可以幫助我們對於法國的遠東殖民政策，　乃至對中國的態度，　有一輪廓性的瞭解。　這場辯論由國會議員葛蘭奈（Felix Granet）與德拉霍斯（Jules Delafosse）的質詢所引發，代表政府答辯的是外交部長查拉梅拉庫（Challemel-Lacour）。根據外長的答辯，我們可以多少獲悉法國對於北圻、安南與中國的一個明確立場。

　　就北圻而言，法國的目的在於「穩固而堅牢的建立據點於紅河三角洲」。法國政府給哈爾芒民政長官的訓令中如此說：「我們擬議佔領北圻的唯一部分是紅河三角洲；我們不超越毗鄰明江支流的北寧與興化，除非沿海據點呈現有佔領的必要。」[43]

　　至於北圻的其他部分，法國政府的目標，在於「肅淸北圻的盜匪，重建該地的秩序與安全」；外長認爲這是一件長程的工作，一旦秩序重建，組織重整時，那是政府當局責無旁貸的工作，也正因爲了建立這種權威與鞏固這項權威，才引導法國走向北圻[44]。

　　對安南，法國政府並不構思征服的計畫。其唯一的目的僅在促使安南承認一八七四年條約所載的保護權，並確保法國佔領紅河三角洲新條件下利權的履行。關於這一部分，法國政府給民政長官的訓令中有如下

----

[43]　Ibid., p. 123.

[44]　1883年7月10日，《衆議院辯論紀錄》。

一段說明：

> 我們對安南帝國沒有領土的野心。既不想鯨吞，也無意蠶食，我
> 們隨時準備向順德王（Roi Tu-Duc）保證其國家的完整。一八
> 七四年的條約帶給我們在北圻某些利權，同時也課責我們以若干
> 義務。由於安南方面的一再違約，使我們無法履行條約，不得不
> 於紅河三角洲建立據點，以執行暨保衛我們的利權。從我們侷限
> 於佔領三角洲若干必要的據點這一事實，明白顯示我們並無意併
> 吞安南。❹

關於法國在遠東的政策，查拉梅拉庫外長繼續說明，法國的目的，
「在使已訂的條約獲得履行；鞏固並加強與這些國家的商務關係，特別
是與日本政府友善關係的持續；保持與暹羅王與暹羅國的最融洽關係」。
查外長指出，「法國與這些國家均有條約關係，法國只要求繼續維持或改
善雙方的關係，而不要他們的自主權、宗教信仰權或風俗習慣的改變。
法國樂意看到這些國家的工商業發達，欣欣向榮，如果法國對他們的進
步能有棉薄的貢獻，對我們來說更是與有榮焉！」❹

最後，查外長談到法國與中國關於北圻問題的關係時，作這樣表
示，他說：「我們所要求於中國者，乃是不希望中國政府從事任何有礙
我們在北圻軍事或民事的行動，不做任何有損我們在安南地位的行動。
我們向中國回報的是，當時機來臨，雙方訂立一解決兩國商務關係暨保
護中國在北圻居民利益的協定。法國本身將尊重，同時也讓人尊重中國
的疆界，正如中國來尊重並叫人尊重北圻的邊界一樣。」❹

---

❹ 同上。
❹ 同上。
❹ 同上。

綜上所述，法國基於將來在遠東發展的需要及商務利益，擬議永久佔領紅河三角洲，而於安南與北圻其他地區則欲建立一有效控制的保護國，蓋以當時法國國力及國際處境而言，法國實無力，亦不敢以武力征服整個安南。對中國而言，時中法尚未明白決裂，法國一方面儘量避免激怒中國，不使其有干涉的藉口，一方面也希望中國不做任何阻礙，俾使其在北圻能放手爲所欲爲。

然而，從中國方面言之，帝國主義的野心是得寸進尺，永無止境的，故有認爲北圻的佔領、安南的鯨吞，乃是繼續征服西南中國的起點。在此，吾人順便探討當時的法國是否也有征服中國的念頭？一八八三年十月三十一日，茹費理在一次議會的演說中，否認有征服中國的想法，他說：「請注意瞧⋯⋯在尚未開發的世界，在非洲，在充滿豐富資源的亞洲，特別是在這幅員廣大的中華帝國。顯然的，問題不在於想征服它，也沒有人想征服這個龐大帝國。貝蘭先生 (Monsieur Perin) 說得很對，歐洲國家自古以來即承認，要征服中國這個擁有四億消費人口的國家，應該純粹出之於歐洲的產品與生產者。但必須以和平征服的方式到達此一富庶地區。」⑱

茹費理在議會的種種答辯，稱得上別具一番苦心，爲了軍事行動的秘密，基於外交政策的考慮，他有時不得不對議會有所隱瞞。由此可知，政府官員在議會的發言或答辯，並不能代表實際的決策與行動，其中恐怕仍有一段相當的距離，不可盡信，也難於完全採信！

五、議會輿論的反響

茹費理第二次組閣期間所奉行的殖民政策，在法國國會，無論參議

---

⑱　P. Robiquet, *Discours et Opinions de Jules Ferry*, T. V., p. 283.

院或衆議院，均遭到熱烈的批評。同樣的，一般輿論也對之責難有加，這是茹費理政策窒礙難行之所在。法國一般輿論所以反對殖民，其主要理由，不外三點：第一，殖民遠征將轉移法國的復仇目標(德國)，而這個目標一直是法國十年生聚敎訓，臥薪嘗膽，所不敢須臾或忘者；第二，在一般法國人的心目中，對於第二帝國時代的若干次遠征冒險，特別是拿破崙第三之遠征墨西哥，大家不但記憶猶新，而且餘悸仍存；第三，最後也是最具決定性的因素，因爲殖民遠征勢將引發國際爭端，以當時法國的處境，這是她所不能不戒愼恐懼，引以爲慮者❹。當時法國政治上以克雷孟梭 (Clemenceau) 爲首的大陸派 (復仇派)，不贊成因殖民而引發與英國間的衝突，或與德國間緊張關係的鬆弛。對於大多數仍抱有復仇之念的法國人而言，與德國關係的改善，乃是與他們私衷心願相違背的事。

在國會，反對殖民最激烈者，來自保守派與激進共和黨 (republicains radicaux)，在衆議院以克雷孟梭爲領導，在參議院以蒲洛伊公爵 (duc de Broglie) 爲首。有的議員責備茹費理，將法國引進代價昂貴，旣耗巨款而又傷亡纍纍的不斷遠征中；有的議員指責他轉移了法國的最重要目標 —— 阿爾薩斯與洛林兩省；有的甚至情緒激昂的說出：「我失掉了兩個兒子 (阿、洛兩省)，而你卻回報我二十個僕人 (指殖民地)。」❺最嚴厲的指責莫過於，茹費理沒有把法國在北圻的軍事行動以及對中國的外交談判隨時報告國會，而不斷地要求撥款與增派軍隊，但背地裏卻又以畏縮的方式進行小規模的軍事行動。

中法之間因安南問題所引起的衝突，大抵是明交暗戰，談談打打，其間一度於一八八二年年底由法國公使寶海(Fréderic-Albert Bourée)

❹　參閱<十九世紀法國的殖民主張>。
❺　語出 Paul Déroulède，引自 Mme Pisani-Ferry, p. 262。
　　Déroulède 曾倡組愛國同盟，自任主席，極力鼓吹收復阿、洛兩省。

與李鴻章達成一項協議，是卽寶海草約。此約承認中國有過問法越關係之權， 且規定北圻分界保護， 而與一八七四年的西貢條約某些條款相違。翌年二月，法新閣遂以此藉口將寶海撤回， 另派駐日公使德理固 (Arthur Tricou) 來華續商。寶海的撤職，遂成爲國會攻擊內閣的焦點之一。一八八三年七月十日，衆議院對茹費理內閣在北圻與安南的政策提出第一次質詢。

極左派代言人葛蘭奈 (Felix Granet) 首先登上議壇，以責備的口吻，開始他強而有力的質詢。他說：「我們到北圻去幹什麼？遠征的眞正目的何在？政府對此一事業的明顯極限是什麼？政府本身採取了什麼樣的保證？政府能不能向我們保證，她的行動不致逾越自己的意願，以及預見的犧牲……而爲國人所接受？ 一八七四 年的條約 今天所剩幾何？……」❺

葛蘭奈和他的左派朋友不主張征服，而贊同有限制的佔領。他繼續說：「這個國家（指法國）的眞正傳統，不是征服，而是殖民，透過我們同胞的自由努力、和平宣傳與勇敢創舉，在法國國旗的飄揚下，把我們文明的原則帶到國外。 我們到北圻所追求的眞正利益， 是衆所周知的。那是要開闢一條通往中國的道路。這是法國政策不斷努力之所在。」❺

右派的德拉霍斯 (Jules Delafosse) 要求把寶海 (Bourée) 的「條約」交由衆議院審查，特別堅持先與中國和解的必要。他說：「有人把寶海撤換而代之以德理固 (Tricou)，而外長告訴我們談判繼續。無疑的談判會繼續，因爲雙方還沒有公開決裂。……請注意中國公然或潛在的敵對， 因爲我們在北圻殖民地的安全， 絕對仰仗與她之間的關係。如果這種關係良好，法國的保護權將是一個能致豐收的事業；假使

❺ 1883年7月10日，《衆議院辯論記錄》。
❺ 同上。

關係惡劣，那麼你們所將從事的工作，只會帶給我們以無限的犧牲與無盡的痛苦！」⑬

面對上述的質詢，查拉梅拉庫外長答覆時指出，法國的行動將侷限於紅河三角洲的保有，不從事安南的征服，只求中國尊重北圻的邊界。最後他結論說：

> 我們與中國之間並無任何問題；在談判之前，我們沒有與中國商議的任何必要。照我們的看法，我們的代理在十一月與中國的談判是不合時宜的。我們將繼續從事在北圻的事業，我們將在我們的脚下建立起據點；我們知道尋求掩護，不讓一切邪惡企圖得逞。這一步完成，中國政府對我們所提的合適、合理與光榮的安排，經過愛多長時間，即多長時間的考慮之後，將會嚴肅的與我們討論其中的條件，她將發現我們，如同今日一樣，沒有絲毫不耐或怒火。屆時，我們將不拒絕尋求可以保證所有利權之實施及做為和平關係堅實基礎的東西。⑭

一八八三年十月三十日，衆議院以克雷孟梭爲首，加上葛蘭奈與喬治貝蘭 (George Perin)，再度向茹費理內閣的北圻政策施予猛烈的抨擊。克雷孟梭認爲，國會從未授予政府，即使含蓄性的，在安南建立保護國的權利。這純出於政府的創意與行動，因此政府不但未履行它的承諾，甚且違反憲法。此外，政府又輕易放過與中國政府和解的大好機會，正因如此，它才拒斥寶海所訂的條約，而稍後又試圖在相似的基礎上重啓談判之門。這位極左派的領袖更指控外長，以僞裝一個與中國眞正交戰的狀態來欺騙國會。這位滔滔雄辯的政治家，最後在論及政府的

---

⑬ 同上。
⑭ 同上。

交涉時，這樣說：「真正的情形是，你們不知彼，對敵人的武力消息不靈通，你們以為應該態度強硬，語氣高亢，一切談判應該擱置！事實上，當你們還有交涉餘地時，你們卻視而不見，你們交涉無方，談判不力！」⑤

這次的質詢予內閣總理茹費理一次解釋其殖民政策的機會。翌日，費理對自己的立場作了很長的答辯，茲擇要敍述如下：

> 我們不是和中國交戰中，我一點也不認為，我們是處於類似情形的前夕。理由很簡單，我相信中國不致和我們開戰；而我們也無意向她宣戰。……有人會問：「那你們想怎麼辦？」諸位先生，我們只不過向國會要求准許我們去做，除此再沒有別的！我們想牢固地立足於三角洲，攻佔山西（Sontay）與北寧（Bac-Ninh）兩處要塞，這是我們唯一所缺的。我可以向你們保證，一旦我們在那兒，沒有人可以把我們趕走，我們在那兒將是難以攻破的！在我們四週有人會這樣說：不應該採取這種方式的行動，倒不如乾脆派遣二到三萬人到那兒，必要時對中國說：「你得承認我們在北圻的權利，否則我們對你宣戰！「諸位先生，我們不採取這種政策，我們是屬於忍耐與冷靜派。我們深信，以我們向國會所請求的兵力，假以時間，我們必可以牢固地立足於紅河三角洲。……因此，各位知道，當我們從事一件殖民事業時，此地沒有人提議放棄；我們以耐性和冷靜武裝自己；我們以最大的謹慎來做這件偉大的事情，隨著時間的消逝，成功將更為可期。就某種方面來說，我們是為未來的世代，為我們的子子孫孫而工作，我們是會計師，做的是家庭好父親放款生息的工作！⑥

---

⑤　1883年10月31日，《衆議院辯論記錄》。
⑥　同上。

一八八三年十一月二十一日，由於查外長以健康理由請辭，茹費理乃自掌外部職務。在十月質詢過後，內閣復提出九百萬法郎額外款項的請求以供北圻軍費之用。爲此內閣與國會又重開北圻問題的辯論。

十二月七日議會辯論開始，爲期三天，首先發難的是李偉葉（Armand Rivière），他認爲一八七四年的條約不構成對安南的保護權；中國自十年來卽已明白表示，她不會忘懷北圻，而我們不考慮她的警告是錯誤的。法國政府旣不知道如何引導事件的發展，亦沒有坦誠向全國招認此事所挑起的危險[57]。

夏姆（Francis Charmes）特別責難政府，拒斥了寶海草約。他說：「我一再指出，如果我們回溯到北圻問題的起源，則寶海的條約與我們的利益，甚至傳統是相符合的；再者，此約構成一種義務，對於中國政府而言，具有難以抗辯的嚴重性。然而，卻有人撕毀這個條約！這是法國政府，這是我們的外長說出他應該負責的話：『條約是可憎的，我們不能夠接受它』」。

爲求亡羊補牢，夏姆最後結論說：

> 因此，我要求政府，在向我們澄清它所要運用的軍事方法，它所希望運用的外交手段之餘，能够明確有所主張。也就是說，當它要作戰時，就要以足够的方法來作戰；當它談判時，就應該擁有各種外交方式，而且它的條件不致於不被接受，這一點是過去所沒有充分做到的！[58]

德拉霍斯以皇黨（Parti Bonapartiste）代言人身分，拒絕對請款投票贊成，因爲他認爲，對請款投票，就等於對內閣投信任票。根據

[57] 1883年12月7日，《衆議院辯論記錄》。
[58] 同上。

他的看法，殖民擴張政策註定讓法國走向無止境的冒險。北圻對於法國的用處一向不很大，而由於政府的輕舉妄動，把法國導向與中國的一場潛伏性或公開化的戰爭。最後，他加重語氣反問道：

> 你們認為，從事這樣一種冒險的時間是正確的選擇嗎？我們在歐陸的情勢足可讓你們高枕無憂嗎？難道今日我們所處的孤立狀態（這種孤立狀態也是你們部長們所承認的），不夠讓你們反覆三思嗎？那整天叫嚷反對我們的盟國，不是一再勸告我們要謹慎與多所瞻顧嗎？難道你們不知道，難道你們沒有感覺出來，險惡恐怖的傳聞目前已遍佈世界嗎？難道你們沒有察覺到，戰爭到處醞釀著，而最令人擔心的是歐洲的激盪，只要星星之火就可以燎原，就可以把我們必然的捲進去？此時此刻，正是所有人民，所有政府集中全力，默默準備以應付未來的打擊，面對即將來臨的禍害，而你們卻選擇此時此刻，徒耗我們的國力，從事無謂的遠征冒險！❺⁹

激烈反對派的要角貝勒丹（Camille Pelletan），與德拉霍斯同樣，反對一切的殖民擴張政策。他認為，殖民政策只是一種冒險政策，不過是一種遠征政策，應該受到鳴鼓而攻，而且停止進行。他這樣說：「我們所面對的政策，不是殖民政策，而是遠征政策。……遠征政策通常是一種導致軍事解體，陷各方面於危險的政策。其所以危險，乃是它帶給民心士氣一種不真實的興奮與無謂的激動；其所以危險，乃因為每當法國被牽引到遙遠的地方行動，她就在歐洲缺席；而第二帝國的經驗告訴我們，像法國這樣一個國家，是否可以在歐洲缺席而不遭惡果。是

---

❺⁹　同上。

的，軍事遠征與民主精神相違背，而我所不瞭解的，這竟是共和黨人所倡議和支持的！」[60]

安德利奧（Andrieux）的論調大致與極左派和右派相彷彿。他在議壇上宣稱，政府沒有徵得國會的同意，而從事這項遠征，並可能挑起對外戰爭，這是有罪的。在投票贊成撥款之前，他籲請大家注意，嚴防類似的權力濫用再度重演，不使議會政治淪為個人權力的擋箭牌！

輪到李波（Ribot）發言時，他不厭其詳的列舉內閣的所有過失。首先他指責內閣玩弄議會，沒有適時提供必要的資料；其次，他指斥政府否定寶海條約，然後卻又回到這位外交官的原來安排上；最後，他指出政府的行動，狂妄自大，執迷不悟。

聽完李波的譴責，克雷孟梭打蛇隨棍上，緊跟著表示，如果內閣真正犯了李波先生所指的嚴重錯失，則議會應該把它推翻。克雷孟梭臨下議壇前，再三強調，今日本案的投票，即是意味與中國的開戰。

最後，茹費理以內閣總理兼外長的身分答覆說，就北圻事件而言，他所追求的不過是一種殖民保存的政策。事實上，北圻保護權與遠征乃是征服交趾支那的必然結果，正如突尼斯的保護權乃是征服阿爾及利亞的必然結果。自一八七四年以來，歷任內閣的安南政策並無異更。他從來沒有把中國視為「一個可以忽視的分量」（une quantité négligeable）。相反地，他在與中國的談判過程中，曾一再表示和解的意願，且不斷尋求一個可以轉圜的餘地。

在軍事行動方面，費理也指出它的界限與意圖。他說：

> 這是一種有限制的局部性行動，而不牽涉別的。我們要在三角洲強而有力的挺立，我們要在那兒擁有幾個戰略據點，何以故？因

---

[60] 1883年12月 8 日，《眾議院辯論記錄》。

為當我們強大時，我們才有談判的後盾；因為要和中國帝國政府談判，似乎該向她顯示法國並不決定在她面前不斷的退縮。我們認為，此種性質的示威，乃是此後一切嚴肅談判的必要前提，我們並且深信，談判的恢復可能就是這種示威的立刻效果。

我為那些談判者，向你們要求投票贊成撥款；因為別人只與強者勇者訂約。而讓別人知曉法國旣強且勇，屆時才會聽話於她！ ⑥

在茹費理的有力呼籲下，衆議院先以三百七十三票對一百三十九票通過九百萬法郎的撥款案，參議院繼以三百零八票對二百零一票贊成本案，支持「政府運用一切必要的力量，以衞護法國在北圻的榮耀與利益。」⑥

撥款案雖然終於獲得通過，但由反對票數與贊成票數的相當接近，可以看出，法國殖民政策在國會中並不受歡迎，尤其議會中一股反對遠征的力量與日漸增。因為這種旣耗巨財又損傷人命的勞師遠征，不但其結局令人難以逆料，甚且徒增議會與一般輿論的緊張氣氛。當有名的諒山事件⑥發生後，茹費理就在這種四面楚歌的情形下，於一八八五年三月三十日被迫下臺，就是一個極明顯的例證。

六、結　語

史家有謂，十九世紀是帝國主義向外殖民擴張的世紀。像一陣狂

---

⑥ 1883年12月10日，《衆議院辯論記錄》。
⑥ 同上。
⑥ 諒山事件，一稱北黎事件。乃由於李福草約所引起之一場軍事衝突。法方聲稱據約派兵八百人前往諒山接防，然中國駐防官兵並未接到撤兵命令，雙方乃發生衝突。結果法軍死將校二人卒十七人，傷將校三人，卒七十七人，消息傳至巴黎，頗引起震動。參閱邵循正，《中法越南關係始末》（文海出版社影印本），頁132-133。

風，像一股浪潮，西方重要國家若英法，若意比，莫不爭先恐後將視線投注到地球上沒有主的土地，或雖已有主而尚待開發的國家，而進行那佔領據點，榨取原料，開拓市場，劃分勢力範圍的殖民活動，所以殖民成爲這個時期歐洲政治的主題，外交的重心。

一般研究法國殖民動機的學者，特別是美國和日本的學者，大都認爲法國所追求者，主要是法蘭西的光榮和偉大，經濟的利益尚在其次。例如凱第（John F. Cady）說：「法國在遠東殖民的根源，澈頭澈尾都是民族的驕傲，一種光芒四被的文化傳播力的驕傲。」[64]美國的易勞逸（Lloyd Eastman）[65]與日本的坂野正高（Masataka Banno）[66]均支持此一看法。政治虛榮心（包含文化傳播）多於經濟的利益，不像英國以商務推動政治，這是法國對外殖民與英國不同之根本所在。當然，法國若干史家則持不同的看法，例如瓦雷特（Jacques Valette）以里昂的蠶桑業爲例，證明法國的殖民也含有商業利益在內[67]。不管如何，個人以爲，法國在遠東的殖民，主要以英國爲競爭對象，正如安鄴（Francis Garnier）的夢想一般，想師英國在印度之故智，也在安南爲法國建立一個東方帝國[68]，雖然其中多少含有若干的商務利益在內，但其根本原動力主要仍是政治的。

十九世紀雖是一個殖民擴張的極盛時代，但在法國第三共和初期（1870-79），對內共和基礎不穩，黨爭頻仍，內閣不安於位，險象環

[64] John F. Cady, *The Roots of French Imperialism in Eastern Asia* (Cornell Uni. Press, 1954), p. 294.

[65] Lloyd Eastman, *Throne and Mandarins, China's Search for a Policy during the Sino-French Controversy,* 1880~1885, Harvard Uni. Press, Cambridge, 1967.

[66] Masataka Banno, *China and the West, 1858~1861, The Origins of the Tsungli-Yamen* Harvard Uni. press, Cambridge, 1964.

[67] Jacques Valette, *L'Expedition de Francis Garnier au Tonkin, Ruvued' Histoire Moderne et Contemporaine,* Avril-Juin, 1969.

[68] 參閱＜安鄴與中國＞。

生，對外強敵威脅仍在，危機重重，故是一個遇事觀望，難有作為的時代。到了一八八〇年左右，法國經過十年的休養生息，創傷大致已癒，國力漸告恢復，加上在外交上，德國俾斯麥於此時明白表示，他對北圻沒有任何領土的野心，而且「欣然同意」法國在安南的擴張，使法國沒有後顧之憂。因此，法國政策一變，由過去的保守退卻一變而為積極進取。

　　茹費理固然有「近代法國殖民擴張使徒」之稱，在他兩次組閣期間，他的政策也較前任為積極，但內有議會與輿論的掣肘和責難，外須顧慮國際（英國）干涉，使他無論對北圻問題的處理或對中國態度上，不得不特別謹慎從事，有時甚至呈現猶豫不決，似乎在政策與行動之間，未能渾然一體，也無法做到完全一致。法國史家哈第（Georges Hardy）認為，這種情形，主要因為共和黨人執政不久，有如學徒必須經過一段學習過程，故難免遇事摸索，並偶有猶豫不決，遲疑不進的情形[69]。

原載《近史所集刊》第九期（民國六十九年七月）

---

[69] Georges Hardy, *La Politique Coloniale et Le Partage de la Terre aux XIXe et XXe Siècles* (Paris, A. de Michel, 1937), p. 229.

貳

法國與中國革命

法文資料中所見的孫中山先生

一、引　言

　　法文方面有關孫中山先生的研究資料並不很多，這主要與法人研究近代現代中國史的風氣有密切的關係❶。在寥寥可數的幾本傳記作品中，如果僅僅加以書目式的資料介紹，恐怕難以滿足讀者的要求。爲此，個人願改變方向，擴大視野，就法文方面資料所見，無論專書或檔案，凡有論涉到中山先生和其革命活動者，都擬略加介紹，並分成(一)法人對中山先生的推崇，(二)法人與中山先生的革命活動，(三)中山先生在巴黎的一段外交奮鬥等若干要項作一綜合敍述，一方面可經由法人眼中對中山先生的偉大作一客觀性描繪，一方面也可由此略窺法人與中山先生革命活動的錯綜複雜關係。

二、法人對中山先生的推崇

　　孫中山先生是一個世界性的偉大人物,受到全世界人士的一致推崇,法人自不例外。十九世紀中葉到過中國，擔任「亞洲文會上海支會」(North China Branch Royal Asiatic Society, Shanghai) 圖書館

---

❶　參閱＜法國的近代現代中國史研究＞，《近史所集刊》，第一期。

館員，後來成為著作等身的法國漢學家高第 (Henri Cordier, 1849~ 1925) 推崇說，「孫（中山）是一位沒有個人野心，信仰堅定，有說服力的人物； 也可能是改革陣營裏唯一大公無私的人。」❷ 身為一個在中國有廣大利益的法國人，高第毋寧比較喜歡康有為的作法，而對中山先生抱有無比的敬畏。他認為「孫比康有為更為突出，也更具危險性」。但高第並不否認，「孫是南方各省實際革命運動的靈魂」❸。

前里昂中法大學 (Institut Franco-Chinois) 校長，現為里昂大學近代史教授的杜巴別 (Georges Dubarbier)，推崇孫中山先生是一位不屈不撓的理論家❹。法國研究中國近代史的知名學者，現為巴黎大學教授的謝諾 (Jean Chesneaux) 對於中山先生的偉大之處，有客觀而獨到的分析。他說：「我們可以看到，孫逸仙的歷史性偉大不在於像一般政治人物所謂的『政績』上，……而在於他能正面接觸四個關係近代中國命運的根本問題，即使尚不能完全把它們解決。出身貧苦農家的他，腦筋中不斷的思慮到土地問題，想到土地公平分配給耕種者的迫切。身為清廷堅毅不屈的反抗者，數度冒生命危險的密謀起義者，他是共和的第一個領袖，是第一位廣受擁戴的領導者； 而他之推翻滿清，並不是要為自己利益建立一個新政權。多少年來對西方國家存有幻想的他，其後卻能不斷用毅力去奮鬥，反對外人干涉中國內政。身為受過西方教育的醫生，是中國當代政治人物中唯一能完全駕御現代科學的人，他不斷憧憬着中國的進步。在他的腦海裏還時刻存有一幅藍圖，雖然有時難免帶有烏托邦，例如他一下子要建造幾十萬里鐵路直至邊陲漠地，使中國從傳統的技術和經濟型態中脫穎而出，與列強並肩齊進。」❺

❷ Henri Cordier, *Histoire Cénérale de la Chine*, Tome IV. p. 289.
❸ Henri Coadier, *Histoire des Relations de la Chine avec les Puissances Occidentales*, Tome Ⅲ, pp. 399-400.
❹ Georges Dubarbier, *La Chine Moderne*, Coll, "Que Sais-je?", No. 308, p. 13.
❺ Jean Chesneaux, *Sun Yat-sen*, (Club Français du Lire, Paris, 1959), pp. 44-45.

　　一部孫中山先生的傳記，就是一部中國近代史。謝諾的《孫逸仙》(*Sun Yat-sen*)一書就是這種寫法，由於作者具有中國近代史的淵博知識，故能以較爲廣濶的視野，先就錯綜複雜的歷史背景作一描述，再介紹中山先生在每次歷史事件中所扮演的角色。作者的文學表現技巧，同樣值得稱述，故該書讀來生動，引人入勝。大致而言，謝著《孫逸仙》一書，是法文同類著作中較爲嚴謹詳實的一部。作者除經常引用同時代記者的看法和他人著作的觀點外，也有許多自己的論斷。

　　《孫逸仙》一書共分十章，連書目、人物簡介約二百六十頁。在第九章〈孫逸仙的政績〉中，作者對中山先生有一總評，頗有畫龍點睛之妙。他這樣說：「孫逸仙是近代中國第一號人物。他第一個把中國問題放在國際和星際的觀點看，而不是像井蛙觀天，這當然與他的數度周遊世界有關。他也是第一個知道向廣大民衆說話，獲取他們支持的人；同時也首先知道融合政治、經濟、法律和外交等各種專門學識於一爐，這是管理一個現代大國所必須駕御的。最後，他也是第一個在中國政治上介紹社會進步和變遷的觀念。」❻作者又說：「孫逸仙固有許多熱情的崇拜者，但綜其一生也同樣有誣衊者。不管如何，他有其眞正偉大之處，值得其同胞視爲最偉大的領袖」。根據謝諾的看法，孫中山先生的眞正偉大之處，乃在於「經由他，中國人民歷經四十年尋找到該走的路」；掙脫百年來停滯不進的牢籠，他試驗了新的思想，新的政治體系和革命組織的方法。沒有一條新道路，他沒有試探過；沒有一樁中國所面臨的問題，他沒有嘗試去解決。「孫逸仙，有點類似中國人民的『嘗試集』(Essais)，正如蒙丹 (Michel de Montaigne, 1533～1592) 對此一用詞所下的定義一般。」❼

　　近年以來，法國年輕一代的史學工作者，由於受到中國大陸中共史

---

❻　Ibid., p. 223.
❼　Ibid., pp. 237-238.

學界的影響， 對於辛亥革命要予以重新評價 ❽ ， 對於孫中山先生的地位，因之也有了不同的看法。但大體而言，對於孫中山先生的看法仍是譽多於毀。法國東方現代語專（Ecole Nationale des Langues Orientales Vivantes）教授白爾傑（Marie-Claire Bergère）認為中山先生是個「職業革命家，具有很大的個人魅力。他一方面從秘密社會採取反滿政策與行動方式， 一方面又是一個已經半西化，醉心進步的海外中產階級。」❾ 作者又說:「經過一連串的起義失敗後，孫與同盟會的權威都受到損傷，財源也枯竭。既非政治思想家，也不是機構的組織者，孫是一個充滿理想的人，具有超越常人的氣質。對於辛亥以前的革命運動方向，孫應負重大責任。」❿

另一位後起之秀，現執教於高等研究實踐學院（Ecole Pratique des Hautes Etudes）的畢仰高（Lucien Bianco），他的觀點雖與前人稍有出入，但仍不能不對中山先生加以應有的推崇。他認為: 時勢加上個人的特點，以及革命經驗的豐富，使孫中山先生成為不可或缺的領袖，在他的大名和主義感召下，更成為結合大多數不甘受壓迫的善良民眾的一種象徵⓫。

綜上所述，每位作者由於個人認識的不同，或立場的不一致，甚至着眼點的不一樣，難免對孫中山先生持有不同的看法，這也是學術研究的可貴之處。惟看法雖有不同， 對於中山先生領導革命的貢獻和人格的

❽ M. C. Bergère, *La Revolution de 1911 jugée par les historiens de la Républipue Populaire de Chine: thèmes et controverses,* Revue Historique oct.-déc. 1963.

❾ M. Bastid-M.C. Bergère-J. Chesneaux, *La Chine,* Tome 2, de la Guerre Franco-Chinoise à la Fondation du Parti Communiste Chinois (Collection d'Histoire Contemporaine, Hatier Université, Paris, 1972), p. 110.

❿ Ibid., p. 112.

⓫ Lucien Bianco, *Les Origines de la Revolution Chinoise,* (Collection "Idées", Gallimard, Paris, 1967), pp. 33-34.

偉大，乃至在中國歷史上的地位，卻都是一致推崇和肯定的。

三、法人與中山先生的革命活動

　　法人與中山先生的革命活動，尤其是西貢當局與革命黨人以安南爲基地，在雲南所發動的幾次革命活動的離合關係，涉及到法國的外交政策，在革命史上也極具重要性，但一直爲法方諱莫如深，法文著作中亦殊少談及。

　　法國人士同情革命者甚多，除一般人所熟知的克雷孟梭（George Clemenceau）和漢口領事羅氏（Réau）等人外[12]，尚可再舉出一、二位外交官。德莫洪（Soulié de Morant）曾服務於上海法租界，頗同情中山先生的革命，認爲他是法國大革命思想和一七八九年原則在中國的宣傳人，故曾於一九○三年以執行程序爲藉口，拒絕接受上海道臺的拘捕令，而另發簽證讓中山先生前往河內[13]。

　　在實際行動方面，法國人何以由同情，承諾而終至食言？中山先生與法方接觸的細節又如何？翻遍謝諾、德莫洪[14]、詹生（Marius B. Jansen）[15]等人的書，均有語焉不詳，甚至撲朔迷離之感。這顯然與外交機密有關。格於外交檔案非五十年不得開放之禁例，前述作者當然無法作一完整之交代。最近明尼索達大學（University of Minnesota）美國學者金門荷蘭（Kim Munholland）利用法國外交部、殖民部與軍部史政局（Service Historique de l'Armée）的檔案，對此一問

---

[12]　請參閱＜法國與辛亥革命＞；張玉法，＜外人與辛亥革命＞，《近史所集刊》，第三期，上冊。

[13]　Jean Chesneaux, op. cit., p. 104.

[14]　Soulié de Morant, *Soun Iat-Senn*, Gallimard, Paris, 1932.

[15]　Marius B. Jansen, *The Japanese and Sun Yat-Sen*, Stanford, 1954, pp. 115, 125-126.

題有很好的發現。 ⑯ 這篇文章指出， 法國與革命活動曾有一段短暫的「露水姻緣」，而這種關係多半由下級軍官主動， 在逾越巴黎的訓令下所引導促成的； 但基本上， 中國的革命運動與法國的遠東政策實相違背， 與法國在中國或安南的利益也相衝突， 因此這種合作關係當然不可能有成功的希望。

中山先生與法政府代表的首度接觸在一九〇〇年， 時當拳亂與八國聯軍遠征北京之際。據法國駐日公使何爾芒(Jules Harmand)報告，中山先生在東京請求會見，他沒有拒絕，並且注意傾聽中山先生述說他的計畫， 因而對這位「博聞而聰慧」的中國人留下良好印象。中山先生向法國所尋求的不是財政支援，而是武器或為能訓練其同志的法國軍事顧問。何爾芒表示， 法國政府雖一直對鄰接安南的中國省分之保持優勢感到興趣， 但他警告說， 通常一個政府是不會鼓勵革命在一個與他有友好關係的國家內發生的。他也強調說， 法國的對華政策， 主要在於現狀之保持。假使革命成功的話， 法國將極願與孫政府建立友好關係。此次會晤的結果， 何爾芒同意寫信給西貢總督杜美 (Paul Doumer)， 並向之建議， 當中山先生訪問西貢時候， 給他一次面談的機會⑰。

巴黎外交部於獲悉何爾芒的報告內容後， 對於與中山先生或其他革命領袖的接觸表示極度保留。外長戴萊卡賽 (Théophile Délcassé)雖然覺得知曉中山先生的計畫頗有益處，但認為即使提供些許的援助以助長鄰接法國屬地的中國省分之動亂，對於法國將是很危險的。殖民部長贊同外長的意見，即訓令杜美謂，鼓勵孫將是有害的。無論如何，當中山先生抵達西貢時，杜美已到了河內，兩人無法碰面。不過，杜美仍委派一位代表在總督官邸接見。在這次會談上，孫先生所得到的只是「含混的同情保證」。杜美代表強調說，法國極願見到某種改革引入中

---

⑯ J. Kim Munholland, The French Connection That Failed: France and Sun Yat-sen. 1900~1908. Journal of Asian Studies, Nov. 1972, pp. 77-95.

⑰ J. Kim. Munholland, op. cit., p. 78.

國，但這些改革的到來須不帶任何革命與動亂。由上可知，中山先生最早與法國的接觸，並未產生任何立竿見影的效果。由於外長個人態度的保留，由於他的一再訓令警告，此時的法國並無意與孫中山建立任何關係，也對於用任何方式在華南製造進一步的動亂，不感興趣[18]。

然而中山先生與法國軍官間的接觸，並未因外長的訓令而中止。依據孫中山的自述，杜美邀請他去參加一九〇二年到一九〇三年在河內舉行的工業展覽會，使人聯想到這將是一次會見的良機。杜美的邀請顯然與外長的政策相違背，且無視於殖民部長給他的訓令。在孫抵河內前，杜美已奉召返法，繼任的波（Paul Beau）總督命其私人機要秘書接見孫先生，以便獲取孫所希望達成以及成功可能性的一些觀念。據波總督報告，孫的政治目標仍然是要推翻清廷，或至少在長江流域的華南建立一個聯邦式的共和國。而其立即目標，是要以北圻（Tonkin）作為輸運軍械到華南的通道，因為孫自稱已獲得雲南軍官的同情，只要能從安南供應武器和遣送志願軍，即可獲得他們的響應和贊助。

波總督未為所動。在他對巴黎的報告中指出，任何對孫先生的鼓勵，將招致法國商業利益的困難，特別是雲南的鐵路。法國當然也對清政府的猜疑有所顧忌。波總督進一步說：「我堅信中華帝國的分裂或瓜分，對我們毫無利益可言；這樣一個大動亂可能導致外來的干涉，或將其他競爭對手引進華南，有損於法國現存的影響力」。波總督寧願與現存但已日薄西山的清廷政府打交道，而不希望造成中國的動亂，因為這可能被英國或日本利用為干涉的藉口。為此，他決定禁止輸運軍火通過法國屬地，並指示由秘密警察監視孫先生在安南停留期間的活動[19]。

新總督如此做法，完全是要配合巴黎當局對孫先生的態度。外長戴萊卡賽對波總督報告的結論予以充分贊同，並重申勸告說：法國官員應

---

[18]　Ibid., p. 79.
[19]　Ibid., pp. 79-80.

該避免任何與孫逸仙的直接接觸。但這項禁令並不意味着法國政府已對孫先生的活動失去興趣（也並非如我們即將見到的，防止更進一步的接觸），因外長已訓令法國駐亞洲各地的外交使節，隨時追踪孫先生的活動，並向巴黎報告。不過，至一九○四年，法國官方的立場大致已確定，那就是採取不干涉政策；因爲正如波總督所指出，法國自身的利益迫使他們對於革命黨採取此一態度。法國政府對與北京維持良好關係及保持現狀顯示莫大興趣。在如此背景下，「布加卑 (Boucabeille) 使命所造成的奇特與拙劣插曲，自在意中。」❷ 由於篇幅關係，詳細經過在此不擬贅述。

總之，中山先生與法政府間的關係是撲朔迷離的，法國的亞洲政策一般而言是保守的，旨在保護法屬印支及其在中國南部的現存利益，而在安南邊界上，孫先生卻要推翻滿清政權，並建立一個革命的共和政府。儘管這些目標不同，但有一段短暫時期，法國政府似乎提供若干援助給予孫先生。在一九○○年至一九○八年期間，孫先生和法國官員與軍官不斷接觸，希望從他們獲得對革命運動的支助，並且至少有四次場合他以法屬安南爲基地支援在華南的起義。然而法政府已斷言，任何與中國革命運動的連結，將與法國在亞洲的基本利益相抵觸。就這樣，孫先生與法國間的關係顯出了距離，法國不再同情和支持孫先生所追求的目標了❷。

除上節所述外，法國還有一層顧慮。至十九世紀末葉，法國已成爲在亞洲的一個重要帝國主義強權，安南的佔領奠定了法國遠東政策的基石。但另外一個重要考慮是，法國在中國日漸成長中的金融投資。當十九、二十世紀之交，由於杜美總督的積極，促成了伸入雲南鐵路的構築，他希望由此使北圻成爲進入華南市場的一個跳板。然而，法國政府

❷ Ibid., p. 80.
❷ Ibid., p. 77.

在亞洲政策上也面臨許多變化莫測的因素，其中之一是，他害怕另一個
殖民勁敵——英國，可能在此一地區取得優勢，甚至威脅到安南本身。
法國也害怕日本的意圖，特別是在日俄戰爭之後❷。法國由於以上種種
顧慮，其與中山先生之間所存在的微妙關係，必然可以理解。

四、中山先生在巴黎的一段外交

　　中山先生曾數度環遊世界，並到過法國多次，一生時間多在國外奔
走籌款，聯絡同志，或折衝樽俎。當辛亥武昌起義，中山先生適行抵美
國丹佛（Denver）城，閱報得悉革命黨占領武昌消息，本擬卽由太平
洋返國，親臨革命聖戰，以快生平，繼思此時應先盡力於革命事業者，
「不在疆場之上，而在樽俎之間」❷，故卽由紐約乘船赴英。一九一一
年十月下旬（陰曆九月初），中山先生自美抵達倫敦，由美人荷馬李
（Homer Lea）代約英、法、德、美四國銀行團主幹會談，磋商停止
清款之事，旋委託維加砲廠總理爲代表，與英外務大臣葛雷（E. Grey）
磋商，向英政府要求三事，均得英政府允許，收穫頗豐❷。

　　同年十一月二十一日（陰曆十月初一日）中山先生自倫敦抵巴黎。
據中山先生自述，在巴黎停留期間，曾「往見其朝野之士，皆極表同情
於我，而尤以現任首相克雷孟梭爲最懇摯。」❷寥寥數語，雖已揭露法
國態度，然似未能由此盡窺中山先生在巴黎外交活動之一斑。

　　筆者於一九六四年至一九六八年在法國讀書期間，於外交部檔案中
曾發現有中山先生與法國東方滙理銀行（Banque de l'Indo-Chine）

❷　Ibid., p. 78.
❷　《孫文學說》第八章〈有志竟成篇〉，見《國父全集》第二集，頁96。
❷　同上，頁97。
❷　同上。

總裁西蒙 (Stanislas Simon) 之會談錄 (Entretien) 一件●。中山先生與西蒙之會晤係在十一月二十三日，即抵巴黎後兩日。會談錄由西蒙用第一人稱口吻打字而成，外部存有一份拷貝，所附日期為一九一二年一月十一日，距離會晤時間達五十天之久。何以有此耽誤？據猜想，或為西蒙本人工作繁忙，或為適逢聖誕假期，或西蒙本人已向外長先作口頭報告，由於中山先生在南京就職臨時大總統革命形勢已有變化，故再補一份書面報告留存，亦未可知。會談錄中未提及由何人介紹，據推斷西蒙與中山先生當係舊識。會談係用英語進行，且似無第三者在場，西蒙對中山先生英語的流利備極讚揚。

在彼此交換對一般國際情勢的看法後，中山先生要求 提出幾項問題，並請西蒙率直回答；如果事情窒礙難行，也請西蒙作一明確表示。中山先生共提出四項問題，茲就原文加上標題，並改用問答型式，錄之如下：

1.借款問題與革命展望

　　孫：「閣下能否立即或在最短期間內，貸款予革命臨時政府？」
　　西：「不行，至少目前無法立刻照辦。四國銀行團對此態度完全一致。銀行團和他們政府決定就財政觀點方面，嚴格採取中立，在目前情況下，既不發行貸款，也不預付款額。他們不僅無法予臨時政府以財政援助，即清廷也同樣不會獲得任何支援。相反的，一旦民軍建立一個為全國所接受，為列強所承認之正規政府時，他們對於在財政上之幫助革命黨，將不表反對。」

● A. E. 204/107-111, Compte rendu, *Communiqué par la Banque de l'Indochine, d'un entretien entre son directeur Stanislas Simon et Sun Yat-sen,* à Paris, le 23 novembre 1911.

西蒙表明態度後,進而反問孫先生:「閣下對我肯定表示,民黨必可獲得最後勝利。惟湖北一省所舉共和義旗是否同樣為其他各省所追隨響應? 各省之間的歧見,是否會導致全國的分崩離析?」

孫:「不必擔心這個可能性。由全國各地革命勢力的蓬勃發展及其響應的快速看來,可以顯示這不是一種局部性的叛亂,而為一種事先經過長期準備,且有完善組織,旨在建立一聯邦式共和國的起義。成功是可以確定的。袁世凱的狡猾善變雖可能遲滯革命行動,但決無法阻止革命的勝利。再者,正因袁世凱手腕表現太過靈活,反而自損清望。他在革命開頭的猶豫,他的堅持想維繫清廷於不墜,即使削弱自己的權利至於有名無實的地步亦在所不惜,凡此均使他與中國的開明精神乖離。」

2.庚款問題

孫:「閣下是否同意談判一項借款,藉使中國償還庚子賠款? 因為賠款的償付,除了使我們蒙受兌率的損失外,又令我們回想起一段早想抹掉的屈辱歷史!」

西:「我看不出,從這樣的運用,你們將會得到何種實質上的好處。但無論如何,關於這一點,我們毫無異議願給你們以滿足。當然,問題在於所提供的借款抵押條件必須完全滿意!」

孫:「閣下本人或貴國政府是否反對以其他相當的保證,來取代目前做為借款抵押的關稅?」

西:「你所指者是否為最近用以抵押借款的鹽金?」

孫:「不是,我們想取消鹽金。對於抵押保證的更換,以使我們的債權人充分滿足這一點,我並不認為有何困難! 但我要提

的是海關。為俯順全國輿情的要求，我們想重新掌握海關及
其稅收，並擬以其他抵押品，例如礦權、土地稅等取代關
稅。」

西：「這一點絕對不可能！　即使有約關係之銀行團和他們的政府
同意遵照臨時政府的辦法，但大眾認購債票時係基於某種契
約承諾，此項承諾任何人不得隨意更改。將來一旦中國的信
用穩固建立，足可進行一次與其債務問題有關的談判，屆時
為了償還前述之借款或可貸予新借款，並改用關稅以外的東
西為抵押品，甚而呼籲大眾僅以中國全國預算作為一般性抵
押。但截至目前為止，對於現正進行的貸款條件，實不便做
任何修正。」

西蒙補充指出，孫先生對此一表示極感失望。

3.日俄同盟問題

孫：「假使我能和你們政府中的閣員之一取得連繫，並請你充當
翻譯，我將請求貴國政府盡其一切影響力，勸阻盟友俄國不
與日本沆瀣一氣。我們對這兩個國家之結為親密同盟深具戒
心！相反的，我們深信日本目前不會找中國的麻煩。關於這
一點，我們也已獲得美國某種承諾。我們深信，當我們一旦
與日本有糾葛時，我們可以信賴此種保證。而如果美國所面
對的是一個與俄國結盟的日本，我們就無從獲得類似之保證
了。為此，我們希望法國的行動能够對俄國產生影響，於中
國有益。我們也希望與俄人在充分瞭解下保持友好關係。」

西：「關於這點，我無法做任何答覆，這完全是一件絕對超越我
能力範圍的問題。依個人所知，俄人由於在滿洲和蒙古曾耗
費大批人力與物力，目前宜於在此兩地區維持現狀。」

孫：「對此，我們不表任何異議，問題在於俄人之野心不得逾越
　　目前所已取得之地區。」

西：「在此情況下，你們非得讓俄人深信，你們並無意收回俄人
　　已取得之地位；而我也不懂閣下有何理由可以懷疑俄人的誠
　　意。」

4.列強與中國財政

　　最後，中山先生表示，渠與朋友們均對未來中國借款談判所可能引
起的危險深表關注。他們擔心在各國政府支持下，又出現一個如同四國
銀行團那樣強而有力的財團，而此一財團的目的，只不過想強迫中國接
受某一種已議定的財政政策，而與中國的真正利益相衝突，且可能演變
成為控制中國財政和債務的工具。

　　西蒙回答指出，今後中國為求改善裝備與整理善後所需款額為數將
甚可觀，而需各國相助之處亦大，將來進行的不再是小型借款，而是規
模甚大的大借款。為此，各國政府事先成立一個集團，分攤其重要性，
將不足為奇。

　　孫中山先生聽此解釋，始稍釋懷。臨別，並向西蒙表示，希望法國
政府當局能撤銷渠在法屬安南居留的禁令。

　　從上所述，可以約略窺見中山先生謀國之忠與外交折衝之難。西蒙
表面上以中立為藉口，拒絕貸款，實則對中山先生的財政政策，諸如
取消釐金、重掌海關行政與稅收等，深感不安❷，故拒絕自在意中。
巴黎之行，借款雖然不成，然益堅中山先生革命之信心，故渠甫抵上
海,於回答中外各報訪員時曾曰：「予不名一錢也,所帶回者,革命之精神

---

❷　M. Bastid, La Diplomatie Française et la Revolution Chinoise
　　de 1911, Revue d'Histoire Moderne et Contemporaine, Tome
　　ⅩⅥ, avril-juin 1969, p. 244.

耳。」㉘

<h1 style="text-align:center">五、結　語</h1>

　　綜合前述可知，法文方面有關中山先生的研究資料甚爲貧乏，惟檔
案方面可供開採發掘者則相當豐富。就國人立場言之，參考黨史會所藏
之珍貴革命文獻，再輔以法國外交部等機構之檔案，就中山先生革命活
動與法國間的錯綜複雜關係，作一全盤性之研究，實爲刻不容緩之事。
寄望留法中國學人或研究生，今後撰寫論文多以此範圍取材，充分利用
法國檔案，則嘉惠士林之處必大。這也是筆者不揣疏漏，撰寫本文藉以
抛磚引玉之目的。

　　　　　　　　　　　原載《研究中山先生的史料與史學》(民國六十四年十一月)

㉘　同㉔。
　有關中山先生研究之法文重要書目如下：
1. Wou Saofong (吳秀峯), *Sun Yat-Sen, Sa Vie et Sa Doctrine,*
   Paris, 1929.
2. Georges Soulié de Morant, *Soun Iat-Senn,* Paris, Gallimard,
   1932.
3. Jean Chesneaux, *Sun Yat-Sen,* Paris, Club Français du
   Lire, 1959.
4. Roger Levy, *Trois Chinois: Sun Yat-Sen, Chiang Kai-Shek,
   Mao Tse-Tong.* Paris, Centre d'Etude de Politique Etrang-
   ère, 1961.

法國與辛亥革命

一、引　言

　　一個國家在國際政治上所扮演角色之輕重，除繫於本身國力之強弱外，尚須視當時的國際均勢情形而定。一九一一年前後的歐洲，一方面隨著俾斯麥的退隱，德俄的日漸疏遠，進而形成俄、英、法三國協約與德、奧、義三國同盟的對峙局面；另一方面，德國為考驗三國協約的實力，乘俄新敗於日本之際，兩度出面干預法國在摩洛哥之擴張，因而演成德法之間劍拔弩張的形勢。第二次摩洛哥事件的發生約與川路風潮同時，但其結束則在武昌起義之後。

　　法國是一個情緒紛擾（conflits sentimentaux）頻仍的國家，其政黨之爭與宗敎問題經常糾纏不淸，加上工團主義的盛行與社會黨的興風作浪❶，使內閣不安於位，難有作為。處此外患與內憂之情境，不得不以本土所在之歐洲為重，海外事務，或無暇兼顧，或視為次要，或格於形勢而不願多作主張，是屬自然之趨勢。本文討論法國對辛亥革命之態度在進入本題之前，必須有此說明。明乎此，則法國與辛亥革命之關係，始能有一較為客觀之認識。

　　不過，法國由於在華種種權利關係，對於辛亥革命勢難袖手旁觀。

---

❶　參閱 Pierre Renouvin, *La Crise Européenne et la Prèmière Guerre Mondiale*, pp. 68-77。

以法國在華之經濟利益而言，吾人首應注意兩點：（一）當時的巴黎乃世界僅次於倫敦之最大資本市場，法國銀行家之活躍亦世人共知；（二）法國人樂於儲蓄，資金充裕，可以隨時應付來自世界各國之借款❷。

據估計，第一次世界大戰前法國在華之債權約有一億一千一百萬美金，其中一般借款為六八、二九八、〇〇六美元，鐵路借款為四三、〇七六、一三九美元，若加上庚子賠款，總額已達一億六千萬美元❸，為數驚人。其次，以法資所築之鐵路，在陝西、雲南合共七〇八公里，津浦路為一〇〇九公里，與比國合資建造者，如京漢路一五八四公里。利益之厚亦可想見。再其次便是在華投資所設之工廠，為數一一二家，僅次於日本（一一六三家）、英國（六〇六家）❹，是列強中之第三位。法國在華所設銀行有東方滙理銀行（Banque de l'Indo-Chine），分行遍佈於上海、廣州、漢口、北平、天津、昆明等大城市，是為法國擴張其政治和經濟影響力之據點。

綜合言之，法國在華之經濟利益，約為列強在華經濟利益總和的五分之一❺。

除經濟利益外，法國在華之政治優勢亦不可忽視。

法國為保護其在安南殖民地之既得利益，於一八九八年進而取得中國西南三省為其勢力範圍。再又租借廣州灣，為期九十九年。加上原先在上海、天津、漢口等三處之租界（尤以上海地位最為重要，法人在上海法租界所創設之電車、水力發電廠及學校等均極受重視），其在華政治勢力自不可忽視。

---

❷ Roger Levy, *French Interests and Policies in the Far East*, p. 26.
❸ C. F. Remer, *Foreign Investments in China*, p. 621.
❹ M. Bastid, La Diplomatie Française et la Revolution Chinoise de 1911, *Revue d'Histoire Moderne et Contemporane*, avril-juin 1969, p. 222.
❺ Ibid.

總之，辛亥年法國在華之利益，於列強中僅次於英、日、美、俄，而在德國之上，故無論就政治或經濟言，法國在辛亥革命自必盡其可能加以影響。

二、四川爭路風潮與法國態度

武昌起義未爆發前，一般法人並不曾料到中國會起革命，並由此而推翻滿清政府。但有一位法國將軍尼格利葉 (Général de Negrier) 於一九一〇年訪問中國後，卽意識到滿清危在旦夕，他甚至認爲，英、美、德、法四國財團與滿清政府所訂立之一千萬鎊幣制改革和東三省實業振興借款，不過是滿清的埋葬費而已。尼格利葉將軍所根據的理由是，滿清派遣學生至外國學習軍事，不過徒增革命武力，於清廷並無利益，蓋新軍不免爲革命黨所用之故也。但此種說法未嘗引起一般法國人之注意，無怪武昌起義一聲槍響，震撼法人，認爲是難以想像之事❻。

辛亥革命導因於鐵路國有問題的發生，而鐵路國有問題的發生又與盛宣懷有密切之關係。按清季我國鐵路之建設，以國人集資自辦（或稱商辦）爲主。然而由於國內資本籌措的困難，及管理效率的低落，鐵路商辦的成績甚不理想。因此，滿清政府依照郵傳部大臣盛宣懷等的建議，於宣統三年四月十一日宣佈幹路國有政策，將粵漢、川漢等鐵路收歸國有，稍後復與英、美、德、法四國銀行團簽訂借款合同，借款六百萬鎊作爲官辦鐵路之用。故與此兩路有特別關係之湖北、湖南、廣東及四川等省人民，因先已投資築路，自然大加反對。在反對鐵路國有的各省人民中，四川地主們曾經長期以每年田租收入的百分之三來認購川漢鐵路公司股票，故對鐵路國有政策反對尤爲激烈。同盟會認爲四川民眾

---

❻　張馥蕊，〈辛亥革命時期的法國輿論〉，《中國現代史叢刊》，第三冊，頁 66-67。

的反對鐵路國有，乃是鼓動革命的大好機會，故積極與四川保路同志會合作，使川省的爭路風潮演變得如火如荼，後來更擴大成爲流血戰爭❼。川路風潮發生於宣統三年（1911）七月中旬（陽曆9月初旬），距武昌起義不過一月，實爲革命導因之一。

當時法國在四川成都設有總領事館，該領事館轄區包括甘肅、四川、西藏與新疆，並在重慶設有副領事，襄助一切❽。爭路風潮初起，法國駐四川的外交人員意識到勢態嚴重，咸認爲單純的爭路風潮，將變成一種反清的革命運動❾。重慶副領事何士坤（Hauchecorne）根據輾轉得自英領事之消息，對時局尤抱悲觀態度❿。

當戰火在四川各地蔓延時，清廷下令督辦粵漢、川漢鐵路大臣端方自湖北帶兵入四川鎮壓，豈料湖北軍力的減弱竟予革命黨以可乘之機。當時法駐漢口領事羅氏（Ulysse-Raphaël Réau）卽對湖北派兵入川一事表示憂慮，他認爲兩湖一帶之水災與飢荒已帶來普遍的不安和不時的騷動，此種情勢極可能因鄂軍之入川而益惡化⓫。羅氏進而指出，武昌的清軍久已不滿政府，到處顯露不穩的跡象，紀律廢弛、士兵逃亡，反叛事件時有所聞，凡此均於革命形勢非常有利⓬。羅氏係孫中山先生之好友，素來同情中國革命，其對時局之看法似不無事實之根據。

但是，法駐北京公使之意見則稍有不同。此時法使馬士理（Jacquin de Margerie）適因前往曼谷參加暹羅王之加冕典禮不在任所，館務由一等秘書畢柯（François Georges-Picot）暫代，馬士理與畢

---

❼　全漢昇，<鐵路國有問題與辛亥革命>，《中國現代史叢刊》，第一册，頁 271。

❽　*Annuaire Diplomatique et Consulaire*, 1911.

❾　Bastid, p. 225.

❿　A. E. 27/326（此爲法國外交部新編檔案之縮稱，前一數字表示卷數，後者爲頁數，以下皆同），Rapport de Chongqing à Picot du 11 oct. 1911.

⓫　A. E. 27/238, Rapport de Réau à Picot du 30 sep. 1911.

⓬　A. E. 27/240, Rapport de Réau à Picot du 2 oct. 1911.

柯居中國時間均不甚長，於中國時局欠眞正瞭解[13]。十月九日，畢柯報告外長雪爾維 (De Selves) 稱：「（四川）經過兩週之戰鬥，情勢不僅無明顯之改善，反而愈趨複雜，無人可以預測此種無秩序情狀將持續多久。（北京）皇室與政府同感不安，前途如何似在未定之天。」此種觀察似甚正確。但畢柯又謂，雖然四川爭路風潮尚無任何排外性質，而風潮既因引用外資支持鐵路國有政策而起，外人恐將繼滿淸之後成為受攻擊之目標。因此，他建議巴黎當局，幫助郵傳部大臣盛宣懷，維護外人之利益[14]，他以為無疑地「滿淸這次仍可逃脫傾覆的命運」[15]。

四川方面，法國駐成都、重慶兩地之外交官多認為，只要騷亂的槍口不轉向外人，法人的生命財產不受威脅，只須停泊一艘砲艇於重慶附近便已足夠，不必出面干涉。駐北京署使畢柯雖亦持相同看法，但態度卻是同情盛宣懷的，故主張予淸廷以財力之支持。

關於四川的鐵路風潮，法國國內各報僅刊登極其簡短之消息，且甚少加以評論，足見未曾引起法人之注意。一般輿論咸以為中國資本缺乏，利用外資大興建設為未可厚非之政策，字裏行間多出同情滿淸之詞[16]。至於巴黎當局，一則因德法摩洛哥事件已趨緊張，無暇東顧，再則因巴黎與北京之間通信費時[17]，外部對川亂情況不明，故而未能正視急劇變化中之中國政局。雖然如此，巴黎外交當局仍不忘訓令駐中國使領館，對川事態度宜力求愼重，以免損害法國之旣得利權。

[13]　Bastid, p. 225.
[14]　A. E. 27/258, Rapport de Picot à Selves du 9 oct. 1911.
[15]　Bastid, p. 226.
[16]　張馥蕊，前引文，頁51。
[17]　當時由中國北京或沿海使館發一電報至巴黎，需時二十四小時，普通郵件則需二至三星期；而由中國內陸拍發電報至巴黎則需時兩天以上，通信往往緩至兩三個月。根據 Bastid 統計，武昌起義前，法外部僅收到兩封有關之電報，而於川路風潮之報告，外部遲至十一月始收到。

三、武昌起義後法國對華之外交及軍事佈署

　　武昌革命爆發後，十月十一日晨，當革命軍勝利在握之際，夏口廳同知王國鐸奉鄂督瑞澂之命[18]，一面照會五國領事亂事經過，一面請求各國派艦在武漢江面巡邏以阻止革命軍之渡江攻擊漢口[19]。加以英、法、俄、德、日五國租界遭受革命軍之砲火威脅，列強執何態度，頗值得注意。

　　鄂督瑞澂與英國領事葛福（Herbert Goffe）原先有約，倘革命黨起事，則請英艦開砲轟擊，以助清軍。及武昌事起，瑞澂聞砲，立逃漢口請英領事踐約相助。但按辛丑和約規定，一國行動，必須事先知會其他列強，因此葛福乃於十月十三日約請領事團會議。各國領事多無意見，惟法國領事羅氏係孫中山先生舊交，一向同情中國革命，乃於會議席上力言革命黨之目的在改良政治，決非無意識之暴動，不能以義和團一例看待而橫加干涉。時俄領事敖康夫（Ostroverkhov）為領袖領事，與羅氏取一致之態度，於是各國多贊成不加干涉[20]。

　　羅氏在領事會議席上力主不干涉中國革命之態度，在其正式外交報告中並未提及。原因何在？細加推敲，顯係一種審慎作法。蓋同情孫中山先生之革命，純係羅氏個人私事，決非法國外交當局之授意。苟其明言而與外長本意不相符合，豈不自尋煩惱？羅氏之報告說：「第一次領事會議，各國間自然達成一致協議，即各國保持中立不加干涉，不作任何敵對之行動。除非被迫，否則，各國之職責應僅限於確保租界之安

---

[18] 一說受命者係漢口關監督齊耀珊，見C. T. Liang, *The Chinese Revolution of 1911*, p. 19。

[19] A. E. 27/309, Rapport de Réau à Picot du 13 oct. 1911.

[20] 《孫文學說》第八章＜有志竟成＞篇。

全而已。」㉑ 所言正足以證明他的態度。

及鄂省軍政府成立，革命黨人一面佈告安民，一面注重外交，公推胡瑛、夏維松於十月十二日 (8.21) 相偕至漢口，以軍政府都督名義，照會駐漢各國領事，宣示革命並無絲毫排外性質。其文曰：

> 為照會事：軍政府復祖國之情切，憤滿清之無狀，命本都督起兵武昌，推倒專制政府，建立民國。同時對各友邦，益敦睦誼，以期維持世界之和平，增進人類之幸福，所有國民軍對外之行動，特先知照，免致誤會。
>
> (一)所有清國前此與各國締結之條約，皆繼續有效。
>
> (二)賠款外債照舊擔任，仍由各省按期如數攤還。
>
> (三)居留軍政府佔領地域內之各國人民財產，均一律保護。
>
> (四)所有各國之既得權利，亦一體保護。
>
> (五)清政府與各國所立條約，所許之權利，所借之國債，其事件成立於此次知照後者，軍政府概不承認。
>
> (六)各國如有助清政府以妨害軍政府者，概以敵人視之。
>
> (七)各國如有接濟清政府以可為成事用之物品者，搜獲一概沒收。㉒

軍政府遵照國際公法原則，除承認列強在中國之既得權益，以安服各國人心外，照會中並明白警告列強應採取中立，態度不亢不卑，極為得體，予外人極佳之印象。一般學者論中國革命之獲得外人同情，一者固因民軍紀律嚴明，無排外之行動，但一者亦因外交應付得當。

照會送出後，軍政府外交部旋即派員分途訪各領事，請其承認民軍

㉑　A. E. 27/309, Rapport de Réau à Picot du 13 oct. 1911.

㉒　《開國五十年文獻》，第二編，第一冊，《武昌首義》，頁377-378。

爲交戰團體。夏維松曾留學俄國習法律，爲前任方言學堂俄文教員，與俄領事素有來往，因此經常渡江與之商洽，對俄國及列強直接間接皆有影響❷。十月十六日（8.25），領事團再度集會，決議承認革命軍爲交戰團體，嚴守中立。次日，英領事葛福代表英、法、德、俄、日領事至軍政府謁黎都督❷，宣稱領事團欣見中國革命軍之勇敢文明，外僑獲得保護，自應承認革命軍爲交戰團體，並嚴守中立❷。十月十八日，駐漢英、法、俄、德、日諸國領事正式會銜佈告中立，其文曰：

> 爲佈告嚴守中立事，現值中國政府與中國國民軍互起戰事。查國際公法，勿論何國政府與其國民開釁，其駐在該國之外國人，無干涉權，並應嚴守中立，不得藏匿兩有關係之職守者，亦不得輔助何方面之狀態。據此，領事等自應嚴守中立，並照租界規則，不准攜帶軍械之武裝人在租界內發現，及在租界內儲藏各式軍械及炸藥等事，此係本領事遵守公法，敦結友誼上應盡之天職，爲此剴切佈告，希望中國無論何項官民，輔助本領事等遵守達其目的，則本領事幸甚，中國幸甚！❷

軍政府並備復文五份，派湯化龍、胡瑛、夏維松等分送至各國領事署。復文內容如下：

> 爲照會事，貴各領事深明法理，篤愛友邦，本軍政府不勝感戴。本軍政府起義之由，全係民族奮興，改革立憲假面，建立中華共和民國，維持世界和平，凡有欲限制本軍政府之意思，使本軍政

---

❷　同上。
❷　郭廷以，《近代中國史事日誌》，第二冊，頁1409。
❷　《武昌首義》，頁379。
❷　同上。

府不得獨立自由者，本軍政府縱用如何損害之手段，亦是我民族應有之權利，貴各領事旣經嚴守中立，本軍政府必竭盡義務，以表敬愛友邦之微忱，除另派專員致謝外，理合備文照會。

附領事團與民清兩軍聲明中立事件之款：

(一)領事團方面，勿論何方面，如將砲火損害租界，當賠償一億一千萬兩——黎都督卽承認負責保護，清提督薩鎮冰抵漢後亦照此聲明簽字爲據。

(二)領事團宣言，如兩方交戰，必於二十四點鐘前通告領事團，俾租界婦孺可以先期離避。

(三)領事團宣言，如兩方交戰，必距租界十英里以外，勿論陸軍水軍皆然。[27]

革命軍一經各國正式承認爲交戰團體，聲勢更振，各省聞風繼起響應，範圍日益擴大[28]，足見關係之重大。

漢口五國領事旣明白宣佈一致行動，嚴守中立，乃集中其全力以保護租界，一旦其僑民之生命、財產安全繼續獲得保護，一旦其原定之態度卽不致改變。

自武昌、漢陽相繼爲革命軍攻佔，清廷卽於十月十二日命海軍提督薩鎮冰統率兵艦赴援。十三日漢口各國領事獲悉此消息，極表震驚，立卽召開領事團會議共商對策。英領事葛福以薩鎮冰旣係奉命前來收復武昌，極可能泊兵艦於長江左岸（卽濱漢口江面）向武昌轟擊，如此勢必遭遇革命軍蛇山砲臺之反擊，難保漢口租界不受砲火波及，因主張及早將僑民撤離，免遭損失。葛福所據理由有二：(一)薩鎮冰曾留學英國，具有英國海軍軍官之精神必將只求達成目標，無視其他；(二)武昌之收

[27] 同上。
[28] C. T. Liang, *The Chinese Revolution of 1911*, p. 20.

復，關係清政府前途至鉅，清軍勢在必得。法領事羅氏認為葛福之主張既冒險且荒謬，不顧其在領事會議上之影響力，卽席起而反對。羅氏指出，領事之主要職責卽在保護租界之安全，豈可輕言撤離？且各國在武漢江面均有兵艦，必要時可以此為後盾向薩鎭冰交涉。並當在薩氏未到武昌之前，電告北京公使團轉請與外務部交涉，覓取不使租界陷於砲火威脅之保證。各國領事原贊成英領事之撤退主張者，經羅氏婉轉解說，卽轉而支持其電請北京公使團決定之建議❷。

北京公使團團長英使朱邇典 (Sir John Jordan) 接到漢口電報後，卽於十月十六日召集外交團會議，共謀對策。各國公使一致認為薩鎭冰所率兵艦，在中國水域有其自由行動之權，列強不便干涉，惟可要求其採取一切防範措施，避免於租界有任何損害。翌日，英國公使朱邇典卽據此照會清外務部，外務部亦允訓令薩鎭冰照辦❸。

十月十六日（8.24），薩鎭冰乘楚有軍艦，統率建威、楚豫等砲艦駛至漢口江心，準備向武昌轟擊，然則薩軍之作戰實力如何實一疑問。據羅氏稱，薩鎭冰早年曾在法艦實習，與法國海軍官兵頗有相識者。正巧十五日晚法艦 La Décidée 號抵達漢口，薩氏卽登艦作禮貌拜訪。法人與論中國海軍情形，薩鎭冰坦率承認對其所率之官兵缺乏信心，而且並不諱言彈藥缺乏。根據若干歐洲軍官訪問清艦所得印象，清軍紀律不佳，情況甚不樂觀❸。

駐漢英、德、俄領事鑒於武漢一帶戰雲密佈，嘗紛紛撤離眷屬，並勸告本國婦孺僑民迅速離開漢口，英領事甚至以命令形式出之。惟法國女眷因羅氏反對撤退租界在先，均告留下。漢口法租界自亂事一起，卽組織義勇軍警巡邏保護，以防宵小游民伺機活動。十五日晚La Décidée

---

❷ A. E. 28/14, Réau à Picot du 16 oct. 1911.
❸ A. E. 28/6-7, Picot à Selves du 16 oct. 1911.
❸ A. E. 28/72, Réau à Picot du 20 oct. 1911.

號駛至，艦上有四十名官兵亦加入保護租界行列，乃使不眠不休達四晝夜之久的義勇軍警得以稍事休息。十八日晨，若干民軍散兵行經法租界，當卽爲法軍繳械並驅送出界❸。這是法人保衞漢口租界的大致情形。

　　外人在中國租界，除漢口首當其衝，於革命成敗頗有關係外，上海之租界亦極重要，蓋列強尤其英國在上海之利益特別優厚之故。先是，上海道獲悉革命軍預備佔領上海，因自身財力兵力兩缺，無法籌措抗拒之策，不得不請英駐上海總領事法蘭賽 (Everard H. Fraser) 運動各領事，將租界四圍三十至五十里之地方，宣佈中立。法蘭賽鑒於來上海避難西人日多一日，又鑑於上海金融不容擾亂，認爲中立政策甚善，但仍答覆稱此事須由各國公使決定❸。法蘭賽時任上海領袖領事，遂召集各國領事會議，約同向北京公使團建議，上海中立化。結果所請未爲公使團所接受❸。當時法駐上海總領事拉巴蒂 (Dejean de la Bâtie) 並不以此建議爲然，其意若公使團自認上海有中立化之必要，則可逕行宣佈，不必多此一舉❸。拉巴蒂自稱同情革命，對清廷並無好感❸，故於英領事表面中立，暗助清廷之舉，不願附驥。

　　武昌起義後，法國除在外交上與列強共同採取不干涉態度外，並援各國之例，在軍事上有若干佈置，以應付新形勢之需要。茲誌當時法國兵艦之分佈情形如下：

　　重慶—— 砲艦「德拉格雷」(Doudart de Lagrée) 號

　　漢口—— 砲艦「得西蝶」(La Décidée) 號

　　上海—— 巡洋艦「杜皮列克斯」(Dupleix) 與「克萊伯」(Klé-

---

❸　A. E. 28/74, Réau à Picot du 20 oct. 1911.
❸　《英國藍皮書》，第九十九號，見《辛亥革命》(八)，頁358。
❸　J. G. Reid, *The Manchu Abdication and the Powers*, p. 247.
❸　A. E. 28/90, Dejean de la Bâtie à Picot du 20 oct. 1911.
❸　A. E. 28/27, Dejean de la Bâtie à Picot du 17 oct. 1911.

ber) 號 (或代以「伊伯維勒」(Iberville) 號)

廣東 —— 砲艦「維吉隆特」(Vigilante)與「阿格斯」(Argus)
號

天津 —— 砲艦「白河」(Pei-ho) 號

以上共計兩艘巡洋艦，五艘小型砲艦[37]。

根據辛丑和約第九款規定，各國得在京師至海通道之重要據點駐守
軍隊[38]。十一月六日，法國陸軍部應天津領事之請，增派五百名援軍到
達，以增強其直隸駐軍之實力，估計法國在華之砲兵、步兵合計共約一
千二百名。

越南北圻 (Tonkin) 方面，法國除加強駐越部隊外，另成立預備
部隊一支，俾必要時可以開赴任何地區作戰。雲南方面，法外部除通知
駐昆明領事撤退婦孺外，並訓令盡力保護滇越鐵路，蓋滇越路乃華越交
通之要道，進可由此輸送軍隊前來中國，退可經此線撤離法國或歐洲之
僑民，戰略價值極高，當然不能放棄[39]。法國採取以上種種軍事佈置之
理由，不外三點：(一)藉以炫耀法國在遠東之武力，做為與列強在中國
角逐之資本；(二)藉機加強法國在越南之控制；(三)保護法國在各通商
口岸僑民之生命及財產[40]。總之，法國雖無以武力干涉中國革命之意，
但為越南殖民地安全起見，為自身在中國利益起見，必須集結相當之兵
力，一者與列強一較短長，一者以應付緊急情況之需要。

---

[37] A. E. 5/140, Ministre des A. E. au Ministre de la guerre du 13 fév 1912.

[38] 陸元鼎，《各國立約始末記》，第二十四卷，頁15。

[39] A. E. 14/8, Note Pour le Ministre du 25 nov. 1911.

[40] A. E. 5/138，同[37]。

四、南北議和與法國動向

武昌起義一月之間，南北十四省先後獨立響應，革命的狂潮似是勇猛直進，革命志士莫不以爲這是澈底改造中國的大好時機。但是中國還有一批穩健而近於保守的知識分子，他們恐懼革命所引起的破壞和騷動，將給予列強干涉的機會，有招致瓜分的危險。他們旣不能預防革命於先，阻止其擴大則認爲責無旁貸，所以不待革命進一步發展，停戰與議和的主張已經彌漫全國[41]。袁世凱出山，形成南北對峙的局面，加上袁氏有心利用此一局面以助成個人的權勢，和平解決立卽代替了革命的發展趨勢[42]。

十一月一日（9.11）清廷授袁世凱爲內閣總理。袁氏久困再出，「一方挾滿族以難民黨，一方則張民黨以迫清廷」[43]，圖坐收漁人之利。當時最大問題，無過於議和，而議和之目的，南方則在使清帝早日退位，在袁氏則另有意圖。袁初命道員劉承恩兩次致書黎元洪勸和，黎置之不答，再命海軍正參領蔡廷幹偕劉承恩同赴武昌晤黎請和，亦無結果。十一月十四日，鄂省軍政代表孫發緒、夏維松與袁之代表會晤於漢口俄領事館，均不得要領。此時漢陽未失，民軍的氣勢方盛，和議一時難成[44]。

英國對袁世凱之登臺表示歡迎，這是因袁擁有強大之北洋兵力，而且與英使朱邇典素敦交誼，外相格雷（Edward Grey），亦認爲中國混亂不堪之局面唯有袁世凱始能收拾。朱邇典於十一月二十六日與袁密

---

[41] 張朋園，《立憲派與辛亥革命》，頁256。
[42] 張國淦，《辛亥革命史料》，頁269。
[43] 《胡漢民自傳》，頁68。
[44] 李劍農，《中國近百年政治史》，上冊，頁330。

商，建議袁與湖北軍政府和平談判，俾早日終止內戰❹。十一月二十七日（10.7），漢陽爲北軍奪回，袁世凱認爲此乃重提和議之最佳時機，遂請朱邇典出面斡旋。十一月二十九日（10.9），朱邇典電訓駐漢領事葛福，促成兩軍停戰議和，是爲上海和談之濫觴。

英國基於英、日同盟之關係，曾邀請日本政府共同調停南北和議，但爲內田外相所拒。蓋日本主張中國採取君主立憲，非有此基本條件，則不能擔任調停❹。由此可見，英日雖有同盟之好，彼此之間對中國問題之看法並不完全一致。

及至十二月十五日，北京公使團有鑑於中國內亂延長，將危及各國之利益及外僑之生命財產，遂採納朱邇典之建議，擬由英、美、德、法、日、俄六國公使分電南北議和代表唐紹儀與伍廷芳，促早日達成和議，所擬照會全文如下：

> 頃奉各該國政府命令，擬不用正式公文，敬陳和議大臣之前；現在所辦之事，係擬議各款，以復回中國大國太平。中國現在仍然爭戰，各該國視爲中國地位危險，有礙治安，卽於各國實在利益亦屬有礙，並致極危險之地位。各國一向確守中立，現雖不用正式公文，仍應請兩方議和大臣注意，須早日解決和局，以息現爭，諒兩方亦具同此意。❹

公使團並議定兩點：（一）須各國政府皆表同情，方將該文遞送；（二）照會由各國駐上海領事負責轉達❹。十二月十八日，南北和議在上

---

❹ 彭澤周，〈辛亥革命與日本西園寺內閣〉，《中國現代史叢刊》，第六册，頁17。
❹ 《日本外交文書》，第四十四、四十五卷別册，〈清國事變〉，頁410-411。
❹ 《辛亥革命》（八），頁213。
❹ 〈英國藍皮書第128號〉，見《辛亥革命》（八），頁409。

海英租界市政廳舉行。二十日，各國乃決定送出照會。

　　若干學者認爲干預南北和議之六國照會，係採自俄國公使之建議[49]，似與事實不符。蓋武昌起義之時，俄國國內不穩，近東有事，經濟困難，且負責外交政策者，並非外交部長沙索諾夫 (Sergei Sazonov)，而爲代理部長尼拉特夫 (A. A. Neratov)。故無論就內政、軍事、經濟或外交而言，俄國自顧不暇，無餘力對中國革命作積極之干預活動[50]。且就俄國公使在北京外交團中之等級與到任時間先後而言，似亦不可能作此建議[51]。

　　朱邇典時任外交團團長 (Doyen)，六國照會倡自英使之說，似較可信。但朱邇典事先曾與日本公使伊集院商談[52]，其動機顯然出於商務之考慮居多。蓋當時英國產業資本最爲發達，其在中國投資最多，貿易額亦最大，長江下游更是其經濟勢力範圍。設若革命軍與清軍長期在此作拉鋸戰，則其經濟利益損失必大，因此甚不希望中國內亂擴大。其所殷殷期待者爲南北雙方早日達成和議，秩序恢復，俾確保其自身利益[53]。

　　法國與六國照會的關係，照會書先由法國署理公使畢柯以法文起草，再由上海英領事館譯成漢文送出[54]。法國所以簽署於六國照會，主要係基於在華債權關係。蓋列強以中國內亂之故，惟恐中國海關與鹽稅收入爲革命軍所得，危害及各國債權（外交團曾協議以各國銀行代表組織聯合委員會，監督中國海關及鹽稅收入，以爲外債之擔保）。然自革命

[49]　例如貝洛夫，《1911～1913 年的中國革命》；余繩武，《辛亥革命時期帝國主義列強的侵華政策》，頁249；菊池貴晴，《現代中國革命之起源》，頁208。
[50]　郭恒鈺，〈俄國與辛亥革命〉，《大陸雜誌》二十七卷六期，頁16。
[51]　Bastid, p. 234, Note [7].
[52]　《日本外交文書》，頁410。
[53]　彭澤周，頁5-6。
[54]　《日本外交文書》，頁413。

事起外交團卽決議，不對南北兩軍借款，以絕亂爭[55]。再者法國在四國銀行團中舉足輕重，對借款中國最爲熱衷，故法國盼望和局成功亦同具殷切。

六國照會表面爲敦促南北和議，實則另含支持袁世凱之深意。法署使畢柯一向同情袁世凱，巴黎外交當局亦認爲唯有袁氏可以維持秩序[56]，及獲悉南方默許以總統地位酬袁，更以爲袁可出組一強有力之新政府。種種盤算，實與其他列強無二致。法國外長保安卡累（Raymond Poincaré）甚至照會列強，公然主張由列強直接推薦袁世凱爲中國之總統候選人[57]，足見其迷於袁氏權勢與能力之情形。

根據北京外交團之規定，照會應由六國駐上海領事負責遞交和議代表，但法駐上海總領事拉巴蒂獨持異議，其原因有二：（一）拉巴蒂素同情南方之革命軍，因而反對助袁；（二）拉巴蒂深恐因列強直接干預南北和議，再次引起中國人之排外運動[58]。雖然照會最後仍舊送了出去，但拉巴蒂的小插曲，正反映法人受其革命傳統之影響，同情南方者，大有人在。

五、清帝退位與法國態度

法國政府及其駐華公使雖未直接介入南北和議，但於清帝之退位卻極表熱心。一月十四日，袁世凱私人顧問曼德將軍(général Menthe)[59]

---

[55] 劉彥，《中國近時外交史》，頁547-548。

[56] 張馥蕊，頁70。

[57] 余繩武，〈辛亥革命時期帝國主義列強的侵華政策〉，見《辛亥革命五十週年紀念論文集》，上冊，頁254。

[58] Bastid, p. 235.

[59] 曼德將軍，北歐挪威人，1864年7月27日生。1877年到天津中國海關服務。甲午戰爭爆發，他自告奮勇，願爲中國軍隊的義勇軍，協助對日作戰。袁世凱在小站練兵，聘他負責訓練新式騎兵。庚子以後，他復回天津海關，擔任徵收部監督。民國改元，袁世凱聘其爲高級參謀。參閱劉鳳翰，《新建陸軍》，近史所專刊[20]，頁182。

曾拜訪法駐北京公使馬士理，告以清廷決定退位，將到熱河隱居，袁可能與清帝同進退⓰。時馬士理甫自暹羅回任，聞此消息，以爲一旦清廷退位，應由一強有力之人士出組新政府，而以袁世凱爲此最適當人選。同時，爲法國在中國之影響與利益計，維持袁世凱政權於不墜，於法國亦有好處 (Pour notre influence et nos affaires en Chine, le maintien de Yuan Che K'ai au Pouvoir aurait avantage) ⓰。因此，立卽往訪袁氏於其官邸。

馬袁晤談，袁氏不否認清廷卽將退位。至於其本人之進退，則表示一切悉聽命於隆裕太后。但袁氏曾反問法使，若其出組新政府，列強是否予以支持？馬士理答謂，其本人礙難代表各國意見，但表明法國態度在於樂見中國之統一，法國在華權益之受尊重。換言之，法國所期待者，係在中國能有一足以維持秩序之政權，而不在乎政權之形式若何。談話中法使推崇袁氏爲維持中國統一之最合適人選，並勸袁氏稱，一旦太后徵召，不可輕易拒絕此一愛國任務⓰。

法使此種討好袁氏的作法，甚得巴黎外交當局之讚賞。外長保安卡累同時關心英、日、俄、美、德等國公使對此事之態度，並注意袁氏有否特別依附某一使館的意向⓰。據法使分析，袁似有意特別尋求法國之財政援助。然則與其認爲袁氏有特別依賴某一使館之意向，無寧認爲袁氏顧慮列強中任何一國之反對⓰。

自武昌起義以迄清帝退位，列強大體尚能採取不干涉政策，他們既不予清廷經濟上之援助，亦未承認南京之臨時政府。法國人雖有不少同情革命者，法國政府雖一再表明願意保持中立以等待南北和議，但一致

⓰ Documents Diplomatiques Français（以下簡稱 D. D. F.）3e Série, Tome I, No. 468.
⓰ Ibid.
⓰ A. E. 14/113, Rapport de Margerie au Poincaré du 14 jan 1912.
⓰ D. D. F. No. 469.
⓰ D. D. F. No. 479.

認為不能讓袁世凱隱退或失去控制力，否則一旦產生新的爭端，將造成可怕而無秩序之狀態。法人懷疑南京臨時政府有足夠力量足以避免中國之四分五裂❻，由於革命陣營中之時起內訌，故法人益發迷信袁氏的威權與能力。

清廷於一月十七日至十九日之間連續召開三次御前會議，討論退位問題。第三次御前會議，袁世凱命趙秉鈞、梁士詒，胡惟德代表個人出席。趙秉鈞提出一解決時局方案，竟謂將北京君主政府與南京臨時政府同時取消，另於天津設立臨時統一政府。顯然此一方案之主要用意，是一石兩鳥，以取消南京臨時政府作陪襯，援取清室之退位，袁氏即可大權獨攬❻。袁氏的陰謀，立即為南京方面所窺破，加上滿蒙王公親貴之一致反對，袁氏乃難逞其欲。無可如何，遂轉而利用一月二十三日，法、英、俄、日四國贊成清帝退位之聲明，逼成二月十二日退位詔之宣布❻。

一個新政府之建立，財政為重要問題。革命以來，全國經濟呈現空前未有之恐慌，各省停止對中央解款，南北兩政府皆無預定之收入，因此南京與北京同感軍費奇絀，勢必轉向外人借款。法國政府首先洞悉個中內情，乃倡所謂列強共同磋商，一致行動之原則。此一提議，旋獲英、美、俄、德、日諸國之立即同意。法國主要目的，希望經由財政之控制以影響中國之政治❻，實則此即列強壟斷中國借款，左右中國革命之一種變相干涉也。

二月十二日，清帝遜位詔下後，北京外務部曾照會各國公使，謂袁全權（全權組織中華民國臨時政府）已令各部大臣改為首領，所有中外交涉事件，仍由本部首領遵循各約，繼續辦理，同時通知在外駐使，改

❻ D. D. F. No. 536.
❻ 李劍農，頁338。
❻ 張馥蕊，頁63。
❻ A. Gérard, *Ma Mission en Chine*, p. 309.

稱臨時外交代表，接續辦事。同日，袁以清帝遜位諭旨及南北兩方認定優待皇室條件原文，通知各國公使❽。法國外交部獲悉清帝退位，袁世凱仍舊主持中國政務，極表欣喜，立刻訓令駐各國使節與其駐在國政府會商借款中國，俾大亂之後能重建秩序，且有能力賑災、償債、發展公共設施❼。各國銀行團以後卽一面積極着手與袁世凱進行關於善後大借款的談判，一面不斷地先行墊款，以應袁政府之急需。由法國政府反應之敏銳一事看來，不僅可以印證法國對袁之好感與期望之殷切，甚且意味法國在華利益將與袁政權結爲一體。法國的作法，顯然是一種典型的現實主義。

六、民國承認與法國立場

一個國家承認另一個國家的新成立的政府，目的在使此一新國家或新政權成爲國際社會的一員，使其同時享有和負擔國際條約中之權利與義務。

武昌起義後之第三日（十月十二日），鄂省軍政府卽照會駐漢各國領事，除宣示革命宗旨外，並提出七點聲明，承認所有清國前此與各國締結之條約，照舊賠償外債，保護外國人民財產及旣得權利，要求各國嚴守中立❼。十月十八日，英、法、俄、德、日五國領事乃以正式照會答覆鄂省軍政府，聲明「嚴守中立，並照租界規則，不准携帶軍械之武裝人員在租界內發現，及在租界內儲匿各式軍械及炸藥等事」❼。漢口領事團此一嚴守中立的宣言，是爲承認民軍爲交戰團體的一種表示。換而言之，列強已將革命政黨與清政府同置於各國平等對待之地位，民軍

---

❽　張忠紱，《中華民國外交史》，頁31。
❼　Bastid, p. 242.
❼　同❷。
❼　同❷。

聲勢因此大振，這是辛亥革命成敗的重大關鍵之一。

民國元年一月一日，中山先生在南京就職臨時總統。三日，孫總統提出國務員名單，以王寵惠爲外交總長，魏宸組爲外交次長。五日，中山先生發表對外宣言，除闡述中華民國立國精神與新政府對外立場外，並深望中華民國「得列入公法所認國家團體之內，不徒享有種種之利益與特權，亦且與各國交相提挈，勉進世界文明於無窮。」[73] 此爲南京臨時政府成立以來首次將要求承認民國的意願正式公告於列強。同時，南方議和代表伍廷芳亦致電駐北京、天津各國公使，請求嚴守中立，並承認民國。

一月十一日，中山先生電告法國政府，以張翼樞[74] 爲南京臨時政府駐法全權代表[75]。同日，外交總長王寵惠亦兩次電告法國外長，要求承認民國政府以及南京政府派駐巴黎之張翼樞代表全權[76]。但法國均不予答覆。一月十七、十九兩日，王寵惠再電法外部，聲言清廷可能退位，要求承認南京臨時政府，仍無反應。另一方面，張翼樞在巴黎積極活動，希望晉見法國政府要員，同樣一無結果[77]。

法國政府所以遲遲不對承認民國問題表示意見，蓋有其緣由。第一，法國認爲南京臨時政府不能代表響應革命之南方各省，其臨時參議院之各省代表，非經合法程序產生；其次，直隸、河南、山東、東北等省尚在清廷控制之下，南京政權尚未穩固，過早的承認顯然不合時宜[78]。因此，法國與列強皆認爲北京政府仍是中國唯一的合法政府，必須繼續承認清廷所派遣的外交代表。南北和議之際雙方堅持不下，列強唯有觀

---

[73] 《國父全集》，第四集，頁8。
[74] 張氏湖南醴陵人，曾留學法國，1906年加入同盟會，曾參與鎮南關之役。武昌首義成功，孫中山自歐返國，途經巴黎時，擔任法語翻譯，《國父年譜》增訂本，上冊，頁460。
[75] A. E. 14/105, Télégnamme de Sen Wen à Paris du 11 jan. 1912.
[76] D. D. F. No. 467.
[77] D. D. F. No. 492.
[78] 同[76]。

望，一面則採取中立不干涉政策，既不輕允南京的承認要求，同時拒絕以任何方式借款予清廷⑲。及袁世凱出山後，民軍與清軍繼續對峙，南北情勢曖昧，不得不繼續觀望下去⑳。

一月十九日，外交總長王寵惠電英國外相葛雷，謂清廷如果退位，盼即承認民國政府。一月二十二日，中山先生致《字林西報》（North China Daily News）書面談話稱，如列強承認民國，即舉袁世凱為大總統㉑。南京方面為求列強早日承認民國，不惜以袁做總統為條件，足見期待之切。中山先生更要求列強必須在袁任總統以前承認民國㉒，但並未獲得列強滿意之答覆，其理由除前述中國情勢不夠明朗外，主要為列強恐中國分裂為二，妨礙其在中國之商務活動㉓。惟溯自武昌起義以來，列強雖未立即予革命政府以法律之承認（De Jure Recognition），但為交涉方便與遵照國際慣例，種種往來，實已對鄂省軍政府乃至南京臨時政府，有「事實上之承認」（De Facto Recognition）。

清帝退位以後，承認新政府問題又成為各國對華外交之焦點，但此時已由日本主動。日本政府於二月二十一日照會各國政府，謂中山先生已經辭去臨時總統，南京參議院已經改選袁世凱繼任，建議列強對於承認中國共和政府問題，採取共同磋商原則，一致行動；同時建議要求中國新政府對外債及外人在華之權益，無論是否有條約之依據，均應給予保障，以為各國承認新政府之先決條件㉔。辛亥革命初起時，日本以為民黨僅是一搗亂團體，其暗中援助，旨在製造中國之擾亂局面，以便從中牟利；及後中國革命運動呈現舉國一致之傾向，日本種種干涉之企圖

⑲　同⑯。
⑳　D. D. F. No. 175.
㉑　《國父全集》，第四集，頁459。
㉒　Reid, p. 277.
㉓　D. D. F. No. 499.
㉔　《日本外交文書》，頁608-609。

難於得逞，於是乃起而倡不承認之要挾，一者欲阻止列強之早日承認中國革命政府，一者思趁機獲得列強承認其在南滿及內蒙之特殊權利[85]。到了清帝遜位，共和大局已定，日本知道承認問題不可免，故搶先發言。

日本此一「共同磋商，一致行動」的主張，與法國素來政策可謂不謀而合。法國惟恐各國藉承認問題，個別從中國攫取特殊權益，早已表示列強不承認則已，承認則須同時一致行動[86]。法國於收到日本照會後，外長保安卡累極表贊同，但謂訓令駐北京公使照辦之前必須徵得俄、英兩國之同意[87]。二月二十二日、二十六日，俄英兩國分別聲明同意日本建議，法國遂於二十七日，有同樣之聲明。

四月一日，孫總統正式解職，北京統一政府成立，乃於四月三日令駐法使臣向法國政府請求承認，但法國以中國政府尚未能滿足日本於二月二十一日提出之承認條件，再次故作拖延[88]。五月六日，美國政府電詢駐華美使對於承認新政府之意見。美使嘉樂恒 (W. J. Calhoun) 覆電，主張迅速承認俾幫助中國內政之安定，列強若能同時承認尤為理想。同年六月二十九日北京內閣改組，以陸徵祥為國務總理，陸於七月七日致電美國國務卿，請求美國立卽承認中國新政府。美政府既於事先接得駐華美使之報告，乃於七月二十日電詢法、德、英、義、日、俄等國政府，是否願意取同一步調，並謂美國之輿論均主立卽承認，美政府不便久違民意[89]。法國答稱，中國新政府對外人在華之條約權利未給予正式保障，臨時政府未建立一合乎民意之代議政體之前，法國政府不願進一步考慮此一問題[90]。承認問題再度擱置。

[85] Foreign Relations of the United States, 1912, p. 79.
[86] D. D. F. No. 192.
[87] D. D. F. No. 386.
[88] D. D. F. Tome Ⅱ, No. 344.
[89] 張忠紱，頁43。
[90] Foreign Relations of the United States, 1912, p. 83.

民國二年（1913）三月四日，美國新總統威爾遜（Woodrow Wilson）就職，駐北京美使館於三月十八日致電美國新國務卿布里昂（William Jenninge Bryan），主張迅速承認中國政府，以免他國藉此向中國作非分之要求，同時指出，欲安定中國內政非有列強之承認不可。美政府至是乃決定不再徵求他國意見，遂宣布承認中國政府。但美國仍於四月二日通知各國，邀請採取一致行動[91]。而各國各懷鬼胎，甚少立即響應美國之約請者。法國政府遲至袁世凱正式當選總統，始於十月七日正式承認建交。其所持理由仍舊是「遵守日本所提原則與日本合作為是」[92]。

七、結　　論

辛亥革命之際，法國適因摩洛哥事件與德國齟齬，無暇東顧，故始終主張列強應採取中立政策，以不干預為是。此種態度，自然有其用意：在東方可以保護其越南殖民地的利益，在西方則可全力抵抗德國[93]。苟法國之僑民生命財產不受損害，法國自然不主張干涉中國內政；如各國勢須干涉，列強亦應採取一致之行動。

巴黎與北京遠隔，消息有欠靈通，更因法國先後主持外交者於中國事務不盡瞭解，外交問題之處理，常予駐中國使領舘較大之自由，外交部除原則性之指示外，泰半處於被動地位。如前所述，漢口領事羅氏之力主不干涉中國革命，上海總領事拉巴蒂之反對上海中立化，北京公使馬士理之討好袁世凱，均為明顯例子。

[91]　張忠紱，頁44。
[92]　D. D. F. 3e Série, Tome VI, No. 192.
[93]　Reid, p. 303.

中國革命局勢之發展，及南軍失去漢陽南北形成對峙局面，法國以為中國必陷於長期無秩序狀態，此不僅於法國僑民之生命與財產構成重大威脅，且於兩國間商務關係（特別是法國之投資與借款）將有不利之影響，因此甚望南北早日達成和議，建立一強有力之政府，早日恢復秩序。惟法國意態與其他列強同抱有「非袁世凱不可收拾」之想，雖標榜中立，實是隨時左袒袁氏，甚至極力設法促成南北和議，逼使清帝退位，以助袁氏取得政權。

列強之中，法國實無武力干涉中國革命之能力，當然亦無藉機侵略中國之野心，其不願各國個別從中國榨取特殊利益，則又極為明顯。故標榜「團結協商」、「利益均霑」，希冀一面為法國爭得在列強中之發言地位，同時為自己預留應得利益之地步。至於法國集中注意力於財政借款問題，在列強共同協商原則下，是其控制中國革命，操縱中國新政府之最有效工具。

原載《近史所集刊》第二期（民國六十年六月）

叁

中國與歐戰

中國派兵參加歐戰之交涉

一、引　言

民國三年（1914）七月二十八日，歐戰爆發，歐洲強國先後捲入了戰爭的漩渦。此時，中華民國肇基未久，在袁世凱當政下，政局動盪，財政困難，故以中國本身情況而言，可謂自顧不暇，實難有餘力出面干預國際糾紛，或採取積極政策趁機將境內的帝國主義勢力予以驅逐。

當歐戰爆發之初，北京政府以其與「我國相距尚遠」，只電令各駐外公使探報其駐在國的動態或中立情形，並未立即表明態度。蓋北京當局深知，歐洲的戰事如果無法遏止，則進行中的中國對外借款談判勢必難於成功，且恐國內發生危機，兩者將同樣影響其政治的基礎❶。其後戰爭逐漸擴大，為避免歐洲戰禍波及中國，北京政府不得不採取一連串的消極對策，如宣布局外中立、提議限制戰區等，然此種防堵戰禍的政策因未獲得大國之有力支持，並無法遏阻日本乘歐戰之機，坐收漁人之利的侵華野心。

及日本於八月二十三日宣布對德宣戰，日軍於九月一日登陸龍口後，中國為對抗日本對山東權益之攫奪，乃有藉機參戰以抵制日本侵略之決心。惟中國參加歐戰，外有日本外交之杯葛與武力之恐嚇，內有黎元洪、

---

❶ 黃嘉謨，〈中國對歐戰的初步反應〉，《中央研究院近代史研究所集刊》，第一期（民國58年8月31日出版），頁3。

馮國璋及在野名流之反對，政潮迭起，故歷經長期之奮鬥和重重之波折，至民國六年（1917）三月十四日始因亞多士（Athos）號沉船事件❷而正式宣布對德絕交，並於八月十四日宣布對德宣戰。廣州軍政府也於同年九月二十六日宣布對德、奧宣戰❸，以示南北對外立場之一致。

中國雖然宣布對德、奧宣戰，惟無論就當時國內情勢或財政暨運輸問題而言，實無派遣大軍前往西歐戰場參戰之能力，故一方面先行派遣近二十萬華工赴歐，以工代兵，擔任後勤支援工作❹，一方面仍努力不懈，與法、美等國進行交涉，企圖克服財政與運輸之種種困難，派兵赴歐，實際履行參戰之義務。

過去國內學者對於中國因參戰問題所引發的府院之爭以及各國外交態度，討論較多❺，而於中國派兵參戰的交涉內容，則甚少道及。茲就

---

❷　1917年2月1日起，德國在英倫三島及法、義沿地中海洋面，施行無限制潛艇政策，引起美國之抗議並宣布對德絕交。2月中，適法國郵船亞多士號自上海出航，於地中海附近遭德國潛艇擊沉，該船載有華工九百人，遇難者高達五四三人。此一不幸事件促成北京政府於3月14日追隨美國之後，正式宣布對德絕交。

❸　郭廷以編著，《中華民國史事日誌》（中央研究院近代史研究所，民國68年7月初版），第一冊，頁330。

❹　參閱＜歐戰期間之華工＞。

❺　關於討論各國外交態度者，主要有下列論著：
張忠紱，《中華民國外交史》（一），正中書局；
劉彥、李方晨，《中國外交史》，三民書局；
傅啓學，《中國外交史》，商務印書館；
張水木，《歐戰時期中國對德外交關係之轉變》（東海大學碩士論文，民國62年6月）；
張水木，＜德國無限制潛艇政策與中國參加歐戰之經緯＞，《中國歷史學會史學集刊》，第九期；
張水木，＜第一次世界大戰期間的中國對德外交政策＞《近代中國》雙月刊，第三十九期、四十期；
彭先進，《段祺瑞推動中國參加歐戰之研究》（臺大碩士論文，民國59年6月）；
林明德，＜簡論日本寺內內閣之對華政策＞，《國立師範大學歷史學報》，第四期。
關於討論府院之爭者，主要有以下論著：
李劍農，《中國近百年政治史》，商務印書館；
沈雲龍，《徐世昌評傳》，傳記文學社；
李慶西，《段祺瑞與民初政局》（師範大學碩士論文）；
李守孔，＜段祺瑞與民初政局＞，《東海大學歷史學報》，第二期。

法國陸軍部、外交部所見史料，並參考我外交部的歐戰檔，對這一段尚
未完全公開的交涉過程，做一初步研究，或有助於對這一段外交史實的
瞭解。

二、段祺瑞參戰動機之分析

　　歐戰發生，中國參戰問題曾在國內引起極大之反響與爭執。主張參
戰最力者，在政府中以國務總理段祺瑞爲主，在野則以研究系領袖梁啓
超爲首。

　　段祺瑞(1865〜1936)，字芝泉，安徽合肥人。光緒十年 (1884)，李
鴻章在天津創辦武備學堂，段報考錄取，名列前茅，在學堂攻習砲科。
光緒十三年 (1887)，以最優等畢業，奉派赴旅順，監修砲臺。翌年，
由李鴻章選派赴德國軍校深造，曾入克虜伯 (Krupp) 砲廠實習砲工。
光緒十六年 (1890) 秋，自德返國❻。因爲這層關係，段對於德國陸軍
的強大有深刻的認識，他和其智囊徐樹錚都深信德國陸軍天下無敵，最
後的勝利必定屬於德國，因此當歐戰之初態度親德，而且主張中立❼。

　　段本來是反日的，當民國四年春帝制議起，日本提出二十一條要求，
袁世凱欲對日讓步，以避免日本之干涉，時任陸軍總長的段則主張強硬，
甚至秘密動員，不惜與日本一戰❽。及民國五年六月，袁死，黎元洪繼
任爲大總統，段祺瑞出任國務總理後，在外交上卻逐漸走上現實主義的
路線，一變以往反日作風而開始與日本接近，由「遠交近攻」而改採

---

❻　陳錫璋，《細說北洋》(傳記文學出版社，民國71年5月再版)，上冊，頁
　　102。
❼　彭先進，《段祺瑞推動中國參加歐戰之研究》(臺大碩士論文，民國59年
　　6月)，頁14。
❽　岑學呂，《三水梁燕孫先生年譜》(文星書店，民國51年6月)，上冊，頁
　　255。

「敦親睦鄰」的政策。

段氏外交政策的改弦更張，主要仍繫於日本內閣政策的改變。民國五年十月，日本寺內正毅內閣上臺，一反過去大限重信內閣的「武力對華政策」，而高唱「日支親善論」，主張使用經濟力量，來「援助中國政治統一，發展經濟，以達到中日共存共榮之目的。」❾換言之，日本新內閣企圖用「中日親善」的外交掩蓋其侵略的實質，用政治滲入、經濟控制的方法來代替前任內閣所採取的軍事恫嚇、外交訛詐的政策❿，也卽由「加藤式的白色帝國主義」（以二十一條要求等強硬政策爲表徵），轉變爲「黃色式的帝國主義」（以西原借款爲中心的侵略方式）⓫。

除日本爲適應新情勢所作的政策改變外，段祺瑞主要也受到兩個人的影響，其一是曹汝霖。曹出身早稻田，是有名的親日派，後來成爲寺內內閣拉攏段祺瑞的穿針引線人物。他向段提出一套「攘內」必先「安外」的說法。他認爲，如果沒有外國的實力支援，就不可能把四分五裂的中國統一起來。他又推論袁世凱失敗的原因，主要是由於外交上採取了聯英、美以制日本的錯誤方針。日本近而英、美遠，遠水救不得近火。而且英、美正在忙於應付歐戰，抽不出力量到東方來。中國向美國進行借款或者在政治上靠近英、美，首先就要受到日本政府的強力反對；而西方國家爲了討好日本，在緊要關頭上也必然會拋棄中國而遷就日本。因此，弱國不能採取「遠交近攻」、「以夷制夷」的外交政策，而只能採取「近交、善鄰」的外交政策⓬。在對德問題上，曹氏則積極主張參戰。他認爲，現代戰爭不是單靠兵力，還要配以國力。德國國力能與英

❾ 徐道鄰編述，《徐樹錚先生文集年譜合刊》（商務印書館，民國51年6月），頁189。
❿ 陶菊隱，《北洋軍閥統治時期史話》，第三册，頁77-78。
⓫ 林明德，〈簡論日本寺內內閣之對華政策〉，《國立師範大學歷史學報》，第四期，民國65年4月），頁499。
⓬ 《北洋軍閥統治時期史話》，第三册，頁78-79。

敵，但若美國參戰，卽相差甚遠。況英國海軍亦不可輕視，德若不能渡
過海峽，英尙能保守本土。日本現已加入協約方面，日本對於國際情勢
素有研究，他們若不看到德國將來有失敗的形勢，決不會貿然參戰。現
日本已得了靑島，將來對東方發言權更大，我若不參戰，日本氣燄獨
張，我於外交上更加不利。而且現在南北分立，若對德參戰，民氣亦可
一振，借此有所團結統一❸。這一番對內外形勢的精闢見解，旣富歷史
敎訓，又具前瞻性的指引，頗能打動段的心意。

　　第二個影響段祺瑞的是國務院秘書長張國淦。爲了研究外交問題，
段在國務院組織一個「國際政務評議會」❹，每逢星期一、三、五各舉
行一次，被邀參加的有陸徵祥、夏詒霆、汪大燮、曹汝霖、熊希齡、梁
啓超、孫寶琦、汪兆銘、魏宸組等人，實際主持人爲國務院秘書長張國
淦，北洋派元老徐世昌、王士珍偶爾也到會參加。外交總長伍廷芳則藉
口年老多病，經常派他的兒子外交部參議伍朝樞代表出席❺。張國淦是
力主對德絕交的，他所主持的「國際政務評議會」每天把不利於德國的
情報供給段，把應和德國絕交的好處打動段。段在衡量全盤得失利害

---

❸　曹汝霖，《 一生之回憶 》（ 傳記文學出版社，民國59年6月 ），頁124-
　　125。
❹　「國際政務評議會」於民國6年8月6日改名「戰時國際事務委員會」，
　　全體委員共五十餘人，分：
　　(甲)各機關派者：國務院──曾彝進、許士熊、張國溶、陳懋鼎、方樞；
　　　　外交部──章祖甲、劉崇傑、嚴鶴齡；內務部──蒲殿俊、劉道鏗、
　　　　王揚濱；財政部──金還、袁毓麟、徐新六、魏易；陸軍部──傅良
　　　　佐、梁士棟、丁錦；海軍部──劉傳綬、吳振南、劉華式、李景曦；
　　　　司法部──江庸、余紹宋、錢泰、王文豹；敎育部──袁希濤、湯
　　　　中；農商部──江天鐸、陳介；交通部──葉恭綽、陸夢熊、蔣尊
　　　　褘、關賡麟、周家義、劉泰、胡祠誠；稅務處──陳鑒、宋壽徵、文
　　　　溥、田章燕。
　　(乙)國務總理指約者：陸徵祥、陸宗輿、魏宸組、陳籙、陳鼎新、湯薌
　　　　銘、夏詒霆、施炳燮、張嘉森、傅彊、趙炳麟。
　　東方雜誌，一四卷九號，頁211。
❺　《北洋軍閥統治時期史話》，第三冊，頁97。

下，遂由極端的親德派變成了極端的反德派⑯。

　　段祺瑞之所以力主參戰，根據法國軍方的分析，其主要目的有三：
(一)中國參加歐戰，可以使中國重新列入諸強國排行；(二)中國軍隊出
現於歐洲，意味中國已掙脫西方征服者加諸亞洲國家的鎖鍊，並使其全
權代表有權與西方外交官同桌共席，折衝樽俎；(三)尤有進者，這些武
備學堂出身的軍隊，經過歐戰的洗禮後，可以提供做爲改革中國傳統軍
隊，建立一支現代化軍隊的骨幹⑰。

　　若進一步研究，段祺瑞在前後三次國務總理任內，之所以不惜與黎元
洪、馮國璋發生衝突，積極主張對德宣戰，其動機或可以「公義」、「實
利」、「私心」三句話涵蓋之。就公義而言，像梁啓超主張對德宣戰和梁
士詒建議派遣華工助戰一樣，段之主戰旨在提高中國之國際地位，這可
以說是當時舉國上下一致的願望，也是最能聳動人心的訴求題目。

　　就實利來說，段祺瑞當然不放過利用歐戰良機，尋求協約國的財政
支援，以取得若干實際利益。一九一七年二月二十八日，段命陸徵祥以
總理代表的名義與駐京協約國公使商談中國參戰後的權利與義務問題。
關於權利方面，段內閣所提出者有下列幾款：

　　(一)逐步提高關稅，中國方面改訂貨價表後，關稅由原有的值百
　　　　抽五增爲值百抽七‧五，裁撤厘金後，再增爲值百抽十二‧
　　　　五；

　　(二)緩付庚子賠款，除德國賠款永遠撤銷外，協約國賠款緩付十
　　　　年，在此時間內不加利息；

　　(三)廢止辛丑條約關於軍事的部分，卽廢止天津周圍二十里內不

---

⑯　彭先進，前引論文，頁16。
⑰　《法國陸軍部檔案》，7N 709，《法國駐華武官報告》，No. 80, La
question de l'envoi en France des troupes Chinoises, p. 2。

得駐紮中國軍隊，中國不得在大沽口修建炮臺，各國得在使館區域及京奉路馬家堡至山海關之段駐兵等條款。

英、俄、法、日、比、義、葡七國公使對中國方面所提的條件進行了會談，公推法、比兩國公使爲代表，向陸徵祥回答說，各國對以上各條原則上贊成，具體辦法應當另行研究，並且催促中國政府先行採取對德宣戰的步驟[18]。段內閣以後爭取美國財政援助不成，轉而接受日本的西原借款，完全是謀取實利的作法。

除公義與實利外，當然也不能排除段個人的私心。段也有藉此以強化其軍事統馭體系——鞏固北洋派實力，以壓制國內反對勢力，而達到武力統一全國的夙願[19]。至於「公義」、「實利」與「私心」三者之間，孰輕孰重，實在很難截然劃分，端看時機場所而有變化，那眞正運用之妙，恐怕存乎段個人一心了！

三、派兵參戰的交涉過程

中國派兵參戰，法國表現最爲關切，尤以駐華使館人員最稱熱心，始終站在主動勸進地位，所以主要也以法國爲交涉對象。近代以來，中國派兵參加對外戰爭，可說史無前例，故內情看似簡單，其實牽連甚廣，問題極爲複雜。

首先，從雙方民族自尊的立場說，必須有一妥適的安排。法國向以歐洲高貴白種民族自居，雖因戰爭需要，當危急存亡之秋，向東方的黃種中國人借兵，但心理上難免不無「兄弟鬩牆，招奴僕爲助」的情結，

---

[18]　《北洋軍閥統治時期史話》，第三冊，頁97-98。
[19]　林明德，前引文，頁505。

引爲民族大恥[20]。就中國方面來說，派兵參戰自與派遣華工助戰不同，爲避免重蹈「苦力」的覆轍，應以派至前線戰場，實際與協約國軍隊並肩作戰爲要爲榮。爲此，雙方一再磋商，在名稱上遂由最初的「先鋒營」(bataillons de pionniers)，改爲「參戰軍」(bataillons du génie de campagne)[21]。

其次，中國派兵最大的癥結，在於運輸與財政問題，而這兩大問題均非中法雙方所能單獨解決，必須有賴於與美、英甚至日本之協商。何況中國參戰僅是一種手段，旨在從列強獲得一些財政上的好處，故自然亦涉及與中國有條約特殊關係的其他列強。而單就純技術層面看，派兵數目多寡？如何徵募抽調？衣服裝備、武器車輛如何供應？也在在需要周詳規劃。

更重要者，參戰並非中國全民一致之願望，而只是少數政治人物所推動的主張，尤以段祺瑞爲代表。段氏雖位居國務總理，掌握內閣實權，並獲得若干實力派軍閥之支持，但內有總統黎元洪、副總統馮國璋之掣肘，演變成多次的府院之爭，內閣屢仆屢起，使政策難以貫徹；外有國會之杯葛及在野名流之反對，在在均影響到實際參戰工作之進行。綜合上述可知，因參戰問題所引起的派兵交涉過程，是如何的曲折與錯綜複雜了。

中國派兵參戰的交涉，從民國六年九月間開始，至民國七年四月結束，前後歷時約七個月，大致可分爲三個階段加以敍述。

第一階段爲初步交換意見，始於民國六年九月杪，分巴黎、北京兩處進行。在巴黎先由中國駐法武官唐澤 (Tang Tchè, 譯音) 中校與法國軍方於九月二十九日達成下列協議：

---

[20] 劉淑雅，〈歐洲戰爭與青年之覺悟〉，《新青年》，二卷二號。

[21] 《法國陸軍部檔案》，7N 709, Le Commandant de Lapomarède, Attaché militaire, à Monsieur le Ministre de la Guerre, Pékin le 8 avril 1918, No. 80, p. 5。

(一)運輸問題

經法國陸軍參謀部第四局研究結果，做出以下幾點建議:

1. 建議中國政府利用:

(1) 中國招商局船隻

(2) 開平煤礦船隻

(3) 在中國港口所擄獲之德國船隻;

2. 要求日本政府協助，以日本可用之船隻運送中國軍隊至埃及塞得港（Port-Said），由塞得港至法國則可利用法國運輸駐東方軍隊之回程船隻。但不論前者或後者，運輸費用均由中國政府支付。

(二)人數問題

視上款所提供之運輸能力而定。但不論如何，要求中國先派遣第一批四十營，以每一聯軍作戰單位有一中國先鋒營爲原則，另六至七營運送至薩洛尼克（Salonique，希臘港口，爲協約國軍隊在東方之基地）助戰。

(三)招募與組織問題

這些營隊以在華北招募爲主，目的在使其能適應法國的惡劣天候。

軍隊幹部（包括軍官、士官）由中國現役工兵部隊中選調，其不足之額再由步兵師中補充，以節省訓練與準備時間。

每一營之人數，以一千人爲度，由下列人員組成:

營參謀部
{
中國軍官四人，內一人爲營長;

法國工兵官一人;

中國醫官一人;

翻譯官一人;

配員二十人。
}

四作戰連
（單位連）

> 中國軍官四人；
> 翻譯一人；
> 配員二百人。

一勤務連 —— 負責補給工作，其人數與每一作戰連同。

由於法人能講華語之人數少，不敷分配，故翻譯以中國人能操法語者爲宜。

軍服、裝備由中國自理；武器、工具、車輛、馬匹與馬具等由法方供應，將來由中國政府照價償還。

以上這些單位人馬所需之糧食，與法國人員之配給待遇相同，統由中國政府照價償還。

(四)運輸梯次問題

據唐澤指出，按照上述組合情形，中國立即可以組成十營人，略經整訓後，即可陸續運輸赴歐；其餘三十營當儘快抽調組成，配合運輸能量，一面施以軍事技術訓練，一面隨時待命上船。

各營陸續運到法國或薩洛尼克後，先駐紮於基地（待成立），領取武器、工具與所需裝備，然後進入特別敎練營（Camp d'Instruction Spéciaux）接受短期技術補充訓練，再開赴前線，參加作戰。

(五)成立軍事代表團問題

爲成立基地，設置特別敎練營，釐定作戰有關之細節與條件，中國亟需成立一軍事代表團，代表中國政府與法國參謀本部直接協調。爲爭取時效，唐澤建議，由中國駐法公使利用已在法之中國軍官加以組成❷。

---

❷ 《法國陸軍部檔案》，16N 3189, Etat-Major Général de l' Armée, Groupe de l' Avant, 3e Bureau A. Note au sujet du concours militaire à fournir à la France par la Chine, Paris, le 29 sep. 1917。

事實上，北京政府已於同年八月中旬，派遣一包括唐在禮、陳寬沆、魏鍾奇、傅嘉仁、陳廷甲等人在內的軍事代表團，赴歐訪問[23]。

巴黎的上述五項原則性協議，卽由法國陸軍部長於十月五日以一封代號為8393 B.S-3 的電報，通知法國駐華使館，做為北京談判的基礎。在北京的交涉，由段祺瑞智囊，當時陸軍次長徐樹錚與法國駐華副武官貝利歐上尉（Capitaine Pelliot）兩人擔任，於十月十六日舉行。雙方達成以下五點協議：

(一)中國將提供四十營，每營一千人，卽四萬人的軍隊；

(二)這支軍隊完全由志願之軍官、士官與士兵組成，在華北各省徵召，儘可能由北洋各師之現役人員中抽調；

(三)士兵之衣服與裝備，由中國方面負責；

(四)武器、設備、糧秣、車輛、馬匹等由法方供應，將來由中國照價償還；

(五)雙方同意必要時，中國派遣一軍事代表團駐在法國參謀本部。[24]

第二階段交涉於同年十月二十五日開始，由甫自東京抵任的法國駐華武官拉波馬列特少校（Commandant de Lapomarède）與徐樹錚繼續進行。十一月三日，法國武官以第一階段雙方交涉所達成的協議為基礎，向中國提出第一份軍事計畫書，除尊重中國意見，將「先鋒營」改名為「參戰軍」或「遠征軍」外，並加上一款，中國軍隊無論在教練營或在戰場，完全由法國最高統帥指揮[25]。

[23] 《法國陸軍部檔案》，16N 3012, Le Capitaine Pelliot, Attaché Militaire P. I. en Chine, à l' Etat-Major de l' Armée, 2e Bureau I, Ministère de la Guerre, Pékin, le 29 août 1917。

[24] 《法國陸軍部檔案》，同[21]，頁6。

[25] 《法國陸軍部檔案》，同[21]，頁7。

十一月二十二日段祺瑞因與代總統馮國璋政見不合而去職，由段所直接指揮之派兵交涉，遂告中斷。㉖但在此期間，法方爲敦促中國派兵的工作並未停頓。十二月六日法國駐京代辦瑪德 (De Martel) 面交外交部一份出兵節略，內容如下：

(一)爲利便中國政府決定派遣軍隊至法國戰線速入實行之途起見，法國政府現所表出之願望，係由中國政府於最短期內，選派中國軍事委員團，與法國參謀處接洽，會同研究中國遠征隊在法如何布置，如何遣調之各情形。

(二)爲利便法國總司令部於預備一九一八年戰事計畫之際，量有中國軍隊加入法國戰線起見，甚願陸軍部將組織齊備，可以起程之第一批各營數目及約有預定動身時日，望爲示知。

(三)爲利便供給遠征軍所需經費之借款商議速成起見，法國政府甚願中國政府通知下列各節：

　　甲、預算總表一份（卽係遠征隊四萬人組織費、運送至法費及在法一年經費之各款清單）。

　　乙、先爲粗計預算分表一份（卽係備齊起程第一批組織費、運送至法費及在法一年經費之各款清單）。

(四)其次所願者，係代表法國參謀部之駐京法使館武隨員，得以會同中國陸軍部所委奉有特權之代表，詳細研究遣派遠征隊之擬稿，以便立成此項遣派軍隊當然產生之軍約大綱。㉗

馮國璋上臺後，週圍充滿一片親德之聲，法國代辦與武官見情勢不

㉖　《法國陸軍部檔案》，同㉑，頁12。
㉗　《派兵赴歐案檔》（中研院近代史所藏），收法瑪代使面交出兵節略，民國6年12月6日。

妙，遂請求晉見馮國璋。十二月十九日，馮國璋接見瑪德代辦及陸軍武官，對於派兵事宜議定下列四項辦法：

(一)中國對外政策毫無變易，運兵一項，自當繼續進行。

(二)運兵經費最關緊要，而中國最為困難，目前美國貸款尚未商定，惟一切應有計畫自可預先籌備，俟靳雲鵬返京委與法國陸軍隊員磋議辦法，以唐寶潮佐之，並派唐在禮為駐法軍事委員，隨時與法國參、陸兩部接洽派兵事宜。

(三)派兵一事，如求迅速實行，莫如以雲南唐督軍部兵先行抽派二萬人赴法，大總統深知唐督軍實無對抗中央之意向，由法瑪代辦致電雲南法領事，以此事探詢其意旨，如果唐督軍亦以為然，中央即可明令派遣，則軍裝現存，需費少而起程速矣！

(四)中國所處地位，亟應解決國內紛爭，勉為協商國助力，大總統鑒於俄國紛亂不已，協商各國受其影響，已非淺鮮。中國若再糾紛不解，則協商方面更少援助之力，所以通電各省，冀以早息爭端，一致對外；惟中央意在和平，各省亦未嘗不然，特中央之誠意各省或未能體會，苟由協商各國駐華各地領事隨時以自動意思向軍界重要人陳述中央誠意，則感應較速。下星期一協商公使會議時，瑪德代辦允當以此層轉達領袖公使朱邇典提出討論，如僉以為然，當即照辦。㉘

　　法方所關心者，為馮國璋對派兵一事所持態度，而於北京政府擬指派雲南唐繼堯部前往，並無興趣。此外，這次晉見，法代辦並獲得馮國

㉘　《派兵赴歐案檔》，收大總統接見法瑪代辦及陸軍隨員譚定事件，民國6年12月24日。

璋兩項具體承諾:

(一)任命已在法國的唐在禮將軍為駐法軍事委員團團長，駐紮法
國大本營 (G.Q.G.);

(二)成立「督辦參戰事務處」，在與法國武官協調下，負責詳擬
一份「軍事協定計畫」(Projet de Convention Militaire)
與一份「遠征軍預算計畫」(Projet de Budget du Corps
Expéditionnaire)。㉙

馮國璋在情非得已下，遂任命段祺瑞督辦參戰事務，因此中、法派
兵交涉又告恢復，也進入了第三階段。

第三階段的交涉始於十二月十八日段氏奉命督辦參戰事務之後，至
翌年四月間結束，這是歷時最長，也最深入細節討論的一段交涉。在法
方獲悉段奉命督辦參戰事務之後，即迫不急待地由法國武官當面交給段
一份「軍事協定計畫」、一份「遠征軍預算計畫」以及一個要求儘快派
遣第一批參戰軍的照會。段很樂意雙方繼續交涉，並指定唐寶潮為其聯
絡人，代為安排一切㉚。

民國七年二月二十五日,北京政府公布「督辦參戰事務處組織令」,
載明參戰督辦直隸於大總統，綜理國際參戰事務，其下設參謀、外事、
軍備、機要四處㉛。三月一日，督辦段祺瑞依據該處組織令規定，任命
下列人事:

參謀處 —— 處長靳雲鵬;

㉙ 《法國陸軍部檔案》，同㉑，頁12。
㉚ 《法國陸軍部檔案》，同㉑，頁13。
㉛ 《政府公報》，民國7年2月26日，第七三二號，頁531。

　外事處── 處長陳籙；

　軍備處── 處長羅開榜；

　機要處── 處長張志潭。

　並聘定各部總長爲參贊，各部次長爲參議，設機關於將軍府，「督辦參戰事務處」於是正式成立❸。

　「督辦參戰事務處」自三月一日成立之後，所承辦關於參戰之事務，有出兵海參崴、駐軍滿洲里、分防恰克圖、保護東淸鐵路等，然最重要者厥爲出兵歐洲之交涉。第三階段之交涉主要由法國武官與靳雲鵬兩人負責進行，其討論重點在以下三項計畫：

(一)軍事協定計畫 (Projet de Convention Militaire)

　按參謀處長靳雲鵬所擬之「軍事協定計畫」重點如下：

(1) 承認中國派遣軍受法國總司令之指揮，並在特別敎練營先行接受訓練；

(2) 參戰軍由北方各省以志願方式甄選年輕人員參加；

(3) 參戰軍全部包含一司令部及四十八個營，司令部包括五十五位軍官及二四八名戰鬥人員。

　此一計畫所包含人員較法方原計畫爲多，除司令部明顯超出外，四十八營共計一五四八位軍官，四萬四千九百零八名戰鬥人員。

　其次，勤務組織也與法方原計畫有出入。法方原建議每一營有一勤務連，中國計畫變成每四營有一勤務連，比原計畫減少四倍。故法國武官表示反對，仍希望照法國原案進行。

　關於軍隊之抽調組織，靳雲鵬表示無法在三個月期限內完成。

　此外，靳雲鵬並建議，合四營爲一旅，三旅或十二營爲一師，以便

❸　《東方雜誌》，十五卷四號，頁206。

利指揮。法武官認爲這與面子問題攸關，如果此一建議被接納，中國卽可多派幾位高級將領前往法國，並擴大合作計畫。爲此，他未便表示意見。

靳雲鵬又提議設立若干服務性或專業性之小隊，包括：

四憲兵連 —— 卽每師一連，共十六位軍官及二三六名士兵；

四衞生連 —— 亦每師一連，共二二八位軍官及一千七百七十二名士兵；

四通信連 —— 第一連負責電報、電話，第二連鐵路，第三連航空，第四連橋樑，以上四連共軍官六十九員，士兵一千四百五十二名。

上述四通信連在法國受訓，並領取應有之裝備。

爲使抽調與組織工作進行順利起見，靳雲鵬並設想到四個應用學校 —— 軍官學校、士官學校、衞生服務學校、經理學校的運作功能問題。

(二)遠征軍預算計畫(Projet de Budget du Corps Expéditionnaire)

(1) 法國武官計畫

    A 全額計畫

以一年爲期，四萬人估計，包括去程旅費，全部費用爲三五、九九三、三九二銀元，其中以三分之一（一四、七五五、〇一五）做爲中國政府在華抽調組織軍隊之用，其餘約三分之二做爲在法國運輸及購買工具之用。

    B 減削計畫

爲解決財政問題，故另提此一減削計畫。若以第一批一萬人爲計，其年預算（包括軍隊組訓與去程運費）爲九百萬銀元。爲使這一萬人能在三個月內組織成行，其所急需之款將不超過一百五十萬銀元。

(2) 督辦參戰處計畫　　　　　　　　　　　單位：銀元

    A 司令部與四師全部預算　　　　四五、三三〇、二三七

B 勤務連預算	二、一八八、〇六九
C 憲兵連等預算	四、一〇七、六七三
D 應用學校預算	一、〇七七、八四九
共　計	五二、七〇三、八二八

　　兩相比較，督辦參戰處所擬之預算，比法國武官所擬之預算超出一千六百多萬銀元，所以超出之原因有下列幾點：

(1) 遠征軍人數較原定者超出五、六千人；

(2) 軍官與士兵待遇較法方所訂爲高；

(3) 增設服務性兵種，並增列飛機、汽車等工具之購買預算；

(4) 寬列應用學校之經費。

（三）財政協定計畫 (Projet de Convention Financière)

　　做爲中間人的法國公使館，一者要尊重美方嚴格控制預算之原則，一者爲顧及中國政府當局之顏面，特由武官製作一份「財政協定計畫」，分別交給督辦參戰處及美國使館，其要點如下：

(1) 美國政府予中國之貸款，分別在北京與巴黎各開一戶頭，在北京選定一美國銀行，開美金戶頭，舉凡一切在中國之費用由此戶頭開支；在巴黎所選定之銀行，開法郎戶頭，負責支付一切在法國之開銷。

(2) 在中國之開支，交由一個五人組成之參戰軍預算委員會管理，其中必須有兩位外國人，一爲法國武官，一爲美國武官。支票必須有委員會全部委員之背書始能兌現。在法國之情形亦同。以此方式監督貸款之使用，督辦參戰處並無異議❸。

---

❸ 《法國陸軍部檔案》，同❹，頁16-21。

四、財政與運輸問題之討論

中國派兵參加歐戰之事，主要取決於美國之財政援助，而能否獲得美國之財政援助，中法兩國政府同表關切，因此多方努力進行。

自一九一七年四月起，段祺瑞卽一再告訴美國公使芮恩施（Paul S. Reinsch），中國政府願提供協約國所需要之一切人力，希望美國給予兩億元之財政援助。美國政府對此一建議極表同情，並一度考慮予以五千萬元之借款[34]。爲敦促中國參戰，美國公使芮恩施與國務卿藍辛（Robert Lansing）均曾向中國暗示將提供財政援助[35]。中國駐美公使顧維鈞亦曾向北京政府報告，美國將以二萬萬銀元借予中國。可是後來美國方面又以中國宣戰過晚，美國以財力援助協約及參戰各國的議案早經通過爲由，謂中國不得享受該案規定之待遇[36]。

美國財政貸款予中國能否成功，除華府政策考慮外，美駐華公使芮恩施是個關鍵性人物。芮氏於民國二年十一月十七日到任呈遞國書，民國八年八月十六日辭職返美，計在我國任職歷五年又九個月[37]。他歷經袁氏帝制、張勳復辟、中國對德、奧宣戰、中國拒絕對德和約簽字等一連串大事，對於中國政情甚爲瞭解，在中美外交關係方面也扮演舉足輕重的地位。

一九一七年一月三十一日，德國宣布無限制潛艇政策，立刻引起中

---

[34] Madeleine Chi, *China Diplomacy,* 1914~1918 (Harvard University, East Asian Monograph, 1970), p. 129.

[35] Foreign Relations, 1917, Supp. I., p. 421; pp. 431-432; pp. 446-447.

[36] 張忠紱，《中華民國外交史》(正中書局，民國46年臺二版)，卷上，頁234。

[37] 姚崧齡，《芮恩施使華記要》(傳記文學出版社，民國60年)，頁7。

立國不滿，美國率先於二月三日對德絕交，並要求其他中立國政府仿行，同時正式邀請中國參與對德絕交。芮恩施於此關鍵時刻，曾先後訪謁總統黎元洪與國務總理段祺瑞，加以勸說，甚至提出給予千萬美元貸款及減輕庚子賠款等優厚條件，令北京政府於對德宣戰一事頗為動心[38]。

　　但當督辦參戰處即將成立，參戰軍呼之欲出，法國代辦於一九一八年一月二十九日向美使建議，洽談先撥款給中國的細節時，芮恩施卻有意廻避。美國公使前後兩種截然不同態度的表現，純是美國政府的意見反映？抑係其個人目擊中國政局後的猶豫？或僅是外交官不置可否的傳統作法？據法國武官分析，芮氏之所以對美國先撥款一事不表熱心，有幾點深遠的理由：

(1) 家庭顧慮──從姓氏本身看，芮恩施祖籍德國，其夫人乃一歸化美籍的德國女子，與他同住之岳母則尚未入美國籍。因此，從家庭關係看，他無法像法國人對待德國一樣，有敵愾同仇之心。

(2) 出身背景──芮氏乃學者從政辦外交，充滿民主理想，對北方軍人之解散國會，走向獨裁統治，欠缺好感。

(3) 交友關係──芮氏與受過美國教育、代表南方色彩的外交總長伍廷芳交往密切，而伍與段祺瑞有嫌隙，芮氏看中國問題往往受到伍廷芳觀點的影響。[39]

　　民國七年 (1918) 二月六日，駐美公使顧維鈞往訪美國務院，商催借款事宜，美國務院答應將此案提交國務會議，並擬以協助中國維持門

[38]　Paul S. Reinsch, *An American Diplomat in China* (London, 1922), pp. 242-244.

[39]　《法國陸軍部檔案》，同[21]，頁23-24。

戶開放為主，卽以此項借款為第一步。顧使認為開放門戶固是要圖，但不如先將借款事辦妥，並向美國務院建議，借款一事須無條件、無抵押，「應與英等一律待遇，免以歧異，授人口實」。美國務院答以「可表同情」，然白宮財部認為中國多故，不易遣兵赴歐，故對中國事不甚熱心❹。

除中國公使所做之努力外，法國駐華盛頓大使茹色蘭（Jean-Jules Jusserand）亦敦促國務院貸款予中國。美國務卿回答謂，美國政府對貸款予中國以遣軍赴歐一事甚表支持，但必須等到巴黎「最高戰爭委員會」（Supreme War Council）❹對此問題表示意見後，始作決定❹。因此，法國總理特致函法國駐凡爾賽「最高戰爭委員會」代表，密切注視該委員會之討論結果❹。

「最高戰爭委員會」在美國代表克羅斯比（Oscar Crosby）主持下，討論法國的提案。法國政府原擬答覆中國政府謂，由於運輸工具的缺乏，使得中國所提供的支援無法接受。委員會贊同此一看法，但建議使用較禮貌的措辭，除明言對中國政府之感謝外，並表示派軍之議尚在斟酌中，將送「聯軍運輸委員會」（Commission Interalliée des Frets）研究辦理❹。至此，美國拒絕貸款予中國，卽有良好之藉口。但茹色蘭並不放棄，於接到法外長訓令後，於二月間再訪國務院重施壓

❹ 《派兵赴法助戰檔案》，收駐美顧公使電，民國7年2月12日。
❹ 由英、法、義等國總理及一位政府官員組成，旨在協調協約國之一般政策，統籌各國資源，並作最有效之運用，以應付戰爭以來之各種軍事危機。參閱 Charles Seymour, *American Diplomacy During the World War,* (Connecticut, 1964), p. 234。
❹ 《法國外交部檔案》，E22-14, Télégramme de Jusserand, 12 janvier 1918。
❹ 《法國外交部檔案》，E22-14, Lettre du Président du Conseil, 18 janvier 1918。
❹ 《法國外交部檔案》，E22-14, Télégramme de Paul Cambon（法駐英大使），15 janvier 1918。

力。國務院表示，他們雖然從政治利益的觀點上贊同中國之派軍參戰，但財政部強烈反對貸款予中國做次要之用途❹。這與國務院之答覆顧維鈞公使，可謂如出一轍。

在等待美國財政支援過程中，法國駐華武官拉波馬列特（Lapom-arède）表現最爲積極熱心，他分析美國對中國派兵參戰之所以反應冷淡，可能係受到美國公使的影響。美國既不願立刻貸款予中國，他建議法國政府應責無旁貸，立卽貸予中國第一期必要之款一百五十萬美元，做爲抽調一萬名中國軍隊之用❻。法國代辦瑪德（De Martel）也支持這個意見。法國總理則表示，在運輸問題沒有根本解決之前，法國政府若採取此項財政支援，在時機上並不相宜❼。

運輸與財政問題乃一體之兩面，互有關聯，同樣棘手難以解決。法國最初構想，擬利用中國民營船隻或所據獲之德國船隻，事實上窒礙難行。法國駐華盛頓大使茹色蘭曾謂，俟法國向日本訂購之四艘船建造完成後，可用以運輸中國軍隊赴歐❽。法國甚至有意利用日本船隻運輸。根據法國海軍武官之硏究，日本擁有三千噸以上之商船約二百艘，總噸數高達九十萬噸，如日本願犧牲其商業利益，以半數的噸位做爲運兵之用，加上日本現有海軍之幫忙，當可在兩個半月內運送三個師軍隊到歐洲❾。

英國政府自始卽對中國派兵參加歐戰之計畫不表歡迎，海軍部曾警

---

❹　《法國外交部檔案》，E22-14，Télégramme de Jusserand, 23 février 1918。

❻　《法國外交部檔案》，E22-14，Télégramme de Lapomarède, 10 février 1918。

❼　《法國外交部檔案》，E22-14，Lettre du Président du Conseil au Ministre des Affaires Etrangères, 10 mars 1918。

❽　Madeleine Chi, Op. cit., p. 129.

❾　《法國外交部檔案》，E22-14，Télégramme d'Attaché Naval à Marine, Paris, le 16 janvier 1918。

告外務部說，由於船隻缺乏，此一計畫不應受到鼓勵。外務部一位低層人員甚至指出，「沒有比遣送中國軍隊到歐，更難以想像在時間、麻煩、裝備、金錢和噸位之更大浪費。」外務大臣巴爾富（Arthur Balfour）更認爲此一計畫「愚昧」（idiotic）與「毫無見識」（insane）⑩。英國政府基本上主張，應以全部可用之噸位優先運送美軍赴歐作戰，故明白反對於此同時分力運輸中國軍隊到歐⑪。

運輸問題遲遲難獲解決，寢假成爲美國務院反對貸款予中國之擋箭牌。最後，此一問題提交法國「輸入執行委員會」（Comité Exécutif des Importations）討論解決。在二月二十三日的會議上，該會對此問題作了兩點原則決定：(1)運送中國軍隊事，無法列入一九一八年第一季實施；(2)限於運輸能力，一九一八年的第二季恐亦無法達成願望⑫。至三月二十八日，「輸入執行委員會」又於通過西北非與法國的運兵計畫會議上，再度聲明，由於輸運中國軍隊到法國所需來回時間過長，無法列入實施計畫；並指出，中、法之間的派兵交涉，唯有在中國本身負責解決軍隊與糧食的運輸問題後，始有續談的可能⑬。四月三日，法國總理卽據此正式知會外長，告以因「輸入執行委員會」上述之決定，使中、法合作派兵計畫無法實現，雖然明知法國對中國的影響力將受損害，亦不得不忍痛放棄，並請外長轉知駐華公使⑭。至此，交涉多月之派兵問題，由於美國不能提供原定之財政支援，法國無法解決運輸問題，

⑩ Madeleine Chi, op. cit., p. 130.

⑪ 《法國外交部檔案》, E22-14, Télégramme de Jusserand, 23 février 1918。

⑫ 《法國外交部檔案》, E22-14, Ministre du Commerce et des Transports Maritimes, près du Comité Exé. des Importations au Ministre de la Guerre, 2 mars 1918。

⑬ 《法國外交部檔案》, E22-14, Ministre du Commerce et des Transports Maritimes au Président du Conseil, 3 avril 1918。

⑭ 《法國外交部檔案》, E22-14, Président du Conseil au Ministre des Affaires Etrangères, 3 avril 1918。

再加英國之反對，終於胎死腹中。

五、結　語

　　中國派兵參加歐戰的交涉，在中國外交史上或中、法關係史上雖不是頂重要的一頁，但卻有它意義深遠的一面。

　　從法國方面來說，法國軍方事前並未高估中國軍隊的作戰能力，也不敢奢望因中國軍隊之參戰將帶給協約國軍隊多大助益，但他們仍然熱心促成，其着眼點有三：

（一）宣傳的意義多於實質的意義。因為中國派軍成行，是最好的反德宣傳，既可使中國與德國之間劃下一道鴻溝，也可順便拉攏中國，使其在遠東擺脫日本的影響；

（二）政治的利益多於軍事的效益。可透過軍事的協定，以加強與段派在政治上的合作；

（三）未來的前景多於當前的關係。擴大未來多層面的合作關係，從軍事、政治到工業產品，法方都感興趣。[55]

　　總之，中國派兵參戰交涉失敗，對法國而言，是一個「失面子」之事，也顯示在外交上法國亟欲與中國建立連繫的失敗。

　　就段祺瑞而論，他之所以極力主張參加歐戰，不外「公義」、「實利」與「私心」三層目的。派兵交涉的失敗，對他而言，不僅顏面無光，而且坐實對外「宣而不戰」，對內「戰而不宣」，想借參戰以武力統一中國的指責，百口難辯！不過，吾人從前述交涉過程看出，無論段祺瑞也

[55]　《法國陸軍部檔案》，同[21]，頁32-37。

好，不管徐樹錚、靳雲鵬也罷，都一本正經的認眞討論，鄭重其事的交涉，確實想眞正派軍參戰，以提高中國的國際地位，而看不出有藉故拖延、敷衍之情事！

所憾者，由於段祺瑞爭取美國財政支援不成，最後轉而接受日本的西原借款，改變以後中國的外交態勢，加強日本對中國的控制和操縱，影響何等深遠！

原載《中華民國歷史與文化討論集》（民國七十三年六月）

歐戰期間之華工

一、序　言

歐戰期間，協約方面之法、英、俄三國因國內壯丁大多調赴前敵，廠工缺乏，農務廢弛，於是先後到中國招募華工前往，或任木材砍伐，或在鑛山工作，或參與軍火製造，或支援後勤運輸，於上述三盟國人力資源之補充，乃至歐戰之獲得最後勝利，均有不可磨滅之貢獻。

惟我勤苦華工參加歐戰，實為人類歷史上之一大悲劇，因為華工遠涉重洋，冒死效命於西歐戰地，卻「功成而無聞，身死而名毀」❶；他們不僅於遣送回國時未得任何實質之補償，卽返國後亦未獲本國政府之恤憫與社會之同情；更可嘆者，華工資料散佚，至今尚無一本中文專書敍述其經緯，表揚其事蹟，為我二十萬華工稍作不平之鳴，本文之作，其旨在此。

二、「以工代兵」——華工遣派動機之分析

英國人曾自誇說，無論太陽走到何處，都照著英國的國旗。中國人也可以自誇說，無論太陽走到何處，都照著中國人的足跡❷。中國人除

---

❶ 引自吳本中教授1975年3月23日函。
❷ 陳獨秀，〈隨感錄〉，《新青年》，八卷四期，頁635。

在華中、西南、東北和沿海省分從事「區域間的移民活動」(interre-
gional migration) 外❸，他們並且散佈到全世界各角落，可以說地球
上五大洲到處都佈滿著華人的足跡。

中國人之移殖歐洲，可分爲東西二途：一由海道至西歐，一由陸道
經西伯利亞至歐俄。在倫敦金星墩（Kensington）博物院中，陳列有
中國帆船一艘，謂道光二十五年（1845）有此種帆船一隻，自中國赴
英。自海運勃興，輪船通航以來，歐亞間的海輪水手多係中國苦力，而
中國人至歐洲者亦漸多❹。

陸道之移殖，顯較海道爲早，但不知究在那年開始。大約在元代，
當成吉思汗後人出兵遠征莫斯科時，華僑便也到達歐俄。相傳距莫斯科
克里姆林宮不遠處有中國城（Ketaiskaya Garoda）存在，該處有中
國式的城牆——雉堞、槍眼，且街市較城外整齊。據說，這就是華人在
莫斯科經商的大本營❺，足見中國人至俄國之早也。至於大規模的移殖
則在十九世紀末葉，俄人因經營遠東，建築西伯利亞鐵路和開掘阿穆爾
（Amur）省金礦而大批招募華工，自是華工遂由西伯利亞入東歐洲。
又新疆之纏回長於經商，亦取道中亞細亞而入土耳其焉❻。

其後，位居西歐之法國，亦漸成爲中國人聚居之地，此殆爲遣使、
留學、經商之結果也。撇開遣使與留學不談，最有趣的是光緒二十九年
（1903）左右，有賣石品❼之浙江青田人與賣紙花❽之湖北天門人相

❸ 例如兩湖、陝西人民之大量移入四川盆地，江西人民之移居長江中游兩湖
山地，潮閩人民之開發臺澎，以及魯直豫等省人民之移墾東三省等。參閱
Ho Ping-ti, *Studies on the Population of China,* 1368-1953, pp.
136-163。
❹ 李長傅，《中國殖民史》，（商務印書館，民國26年3月再版）頁225。
❺ 何漢文，《華僑概況》，（神州國光社，民國24年4月初版）頁9-10。
❻ 李長傅，前引書，頁226。
❼ 青田縣所產青田石，可刻爲圖章及小文具等。古人印章皆以銅鑄，或用鐵
用玉用瓷，至元末王冕始以花乳石刻之，是爲石章之始。青田縣東三十里
有圖書洞者，洞穴深邃，入其中多溫夏涼，產石如玉，柔而粟，宜刻圖

繼赴歐。青田人抵歐時，旣不知歐羅巴之名，更不知法蘭西、義大利、德意志等爲何國，但知旣有來船，必有去處，信輪船所往之地，冒險而去，風俗不知，語言不諳，唯利是圖。以是援引其同鄉而去，足跡遂遍全歐，人數最多時曾達二萬餘人❾。天門人至歐洲者人數較少，他們由黑龍江經西伯利亞步行而入歐洲，男子鳩形鵠面，女子纏足曳短袴，藉賣紙花爲生，略費剪裁之心，逐蠅頭之利，所得雖甚微，但勉可糊口❿。青田商人和天門人就像中國的吉布賽人一樣，成爲僑胞在歐洲的拓墾先鋒。

光緒三十四年（1908），李煜瀛（石曾）在巴黎附近西北郊區之哥倫比（Colombes）創設巴黎豆腐公司（Usine Caséo-Sojaine），以大豆製造各種食品及用品，曾先後招去工人三十餘名，由齊如山伴送，分三批搭乘西伯利亞大鐵路火車到法。工人以工兼學，這是勤工儉學的初步試驗⓫。豆腐公司的華工，不是李石曾的親戚，大半就是他的同鄉，因爲高陽姓李姓齊者居多⓬。

民國元年，華工最多時仍不過三、四十人，此係中國人所雇用，與法國無關。民國二年，有法國地涘泊（Dieppe）附近之人造絲工廠名維絲扣斯（Viscose）者，需要工人，曾由豆腐公司駐法經理齊竺山（宗祜）出名組織「勸工公司」，招去直隸高陽人四十八名進絲廠工作

章，亦可琢玩，俗名青田凍。青田凍石以燈光爲無上上品，其次爲魚腦凍，又次爲醬油凍。參閱冒廣生撰，＜青田石考＞，（《如皐冒氏叢書》第二十七册），頁1-6。

❽ 所謂紙花，乃中國夏曆新年兒童習見之玩具也。如平圓之扇及渾圓之燈，開之則五色斑爛，玲瓏可愛，闔之則或細如眉，或彎如鎌，西人以其略具美術思想，恒喜購之。參閱吳雲，＜旅法華人近五十年之奮鬥生活＞，《東方雜誌》，二十五卷八號，頁25。

❾ 李長傅，前引書，頁226-227。

❿ 吳雲，＜旅法華人近五十年之奮鬥生活＞，《東方雜誌》，二十五卷八號，頁25。

⓫ 李書華，＜辛亥革命前後的李石曾先生＞，《李石曾先生紀念集》，頁19。

⓬ 盛成，《海外苦讀十年紀實》，（上海中華書局，民國21年版）頁44。

❸，是為法人招募華工之始。民國四年冬，豆腐公司工人因與公司辦事人意見不洽，而跳槽改入法國工廠工作者不在少數。「勸工公司」所招工人亦以公司制度與合同條件未盡妥善，遂行解散，各自設法進入別處工廠工作❹。豆腐公司後來因受歐戰影響，於民國五年(1916)停工❺。

以上所述，係歐戰前華人在歐（尤其是法國）之概況。

及歐戰爆發，協約國人力大感不足，尤以法國情形最為嚴重❻，所以法政府不得不鼓勵外國工人入境。緣當時法國當局已有認識，歐戰恐非短時間內可以結束，為期持久抗戰計，前敵戰鬥固然重要，後方生產補給尤不能忽視，故一方面徵募歐洲諸國，如義大利、希臘、葡萄牙等國之工人，一方面亦招用非洲與安南等殖民地工人。並因法國駐華公使康悌（M. A. R. Conty）指出招募華工之可行性❼，遂將華工亦列為招募之對象。

法使康悌奉得政府之命後，即與當時中國政壇最具影響力之人物——梁士詒接洽。梁氏，號燕孫，廣東三水人，歷任郵傳部大臣（署），交通銀行總裁，時為稅務處督辦，在財政、交通、實業各界均居舉足輕重之地位，素有「交通系首腦」、「二總統」、及「五路財神」等之稱呼。時梁氏雖因交通大參案遭受株連而遁居西山，但仍握實權；在外人心目中，其信用亦不稍減。

法使之提議，觸發梁氏之靈感，為爭取中國他日之國際地位，遂有「以工代兵」之構想。梁氏之主要考慮有三：（甲）以中國當時的財力兵備，不足以遣兵赴歐，如以工代兵，則不獨國家可省一筆海陸運輸餉

---

❸ ＜李駿第一次報告＞，《惠民公司招工檔》(五)，近史所藏。
❹ 同前註。
❺ 李書華，《碣廬集》，傳記文學叢書之八，頁4。
❻ Judith Blick, *The Chinese Labor Corps in World War I, Paper on China, IX* (Center for East Asian Studies, Harvard University), p. 112.
❼ Ibid.

械之鉅額費用，且參戰工人亦有工資可拿。換言之，中國不費分文，可獲戰勝後之種種權利。（乙）歐戰以法國爲最前線，法國壯丁旣少，傷亡尤甚，則需要華工應以法國爲最急，如派遣華工，應先與法國簽訂優待條約。（丙）是時中國尚在中立時期，旣不袒德，亦不應袒法，斷不能由我政府與法政府直接交涉，只可由商人出名，代政府負責，於契約上亦不能有片言隻字以工代兵，以免德國報復，及殘害我國海外華僑❶。

　　這是梁士詒基於國家立場，從政府觀點出發，爲使中國脫離孤立狀態，並提高戰後中國之國際地位，而擬定的一套「以工代兵」參戰原則；同時，亦可視爲中國參戰之議屢遭日本壓制後的一種變相參戰行動，其用心頗爲良苦。

　　除了政治動機外，經濟的因素當也在考慮之列。此外，旅法多年的李石曾亦從民族長遠立場，促進社會近代化之觀點，極力贊成派遣華工出洋。「李氏本在法國學農學，由農學而研究生物學，由生物而研究拉馬克（Lamarck）的動物哲學，又由動物哲學而引到克魯泡特金（P.A. Kropotokin）的互助論。贊成華工出洋，亦是以互助論爲根據的。」❶ 李石曾認爲此事若辦理得法，可裨益於我國人者有三：一曰擴張生計；二曰輸入實業知識；三曰改良社會❶。改革中國社會，促成世界大同，素爲李氏畢生努力之目標。吳稚暉曾說：「李先生何以如此熱心，把中國幾十萬華工招來法國，李先生是要這些人來法國，看見法國如此美麗，如此有秩序。只要每一來法華工回家後，能改良一個厠所，一個厨房，也就夠了。」❶

　　總之，根據李石曾、蔡元培、吳稚暉這一羣知識界領導者的瞭解，

---

❶　岑學呂，《三水梁燕孫先生年譜》，上册，頁189-190。
❶　蔡元培，《五十年來中國之哲學》，引自郭湛波，《近五十年來中國思想史》，頁359。
❶　《東方雜誌》，十四卷七期，頁173。
❶　《李石曾先生紀念集》，頁229。

「法爲文明之邦，工廠林立，製造精良，土地膏腴，農務發達」❷，華工藉此機會除一遊西歐外，「旣可稍事積蓄,兼可增長見聞與普通知識,將來歸國於實業之發達，及社會之改良，均大有裨益也。」❸事實上大多數應募出國之華工，旣不明白戰爭之性質，也無法體會袞袞諸公借箸代籌之深意，只不過追求較高之工酬與一筆看來還算優厚的安家費罷了。

三、官督商辦——華工招募之情形

外人到華招募工人，因不熟悉中國情形，而華工又皆鄉民，四處分散，遂致雇工者與工人雙方無從碰頭接觸，於是有華商設立招工公司，居間代爲介紹,其中以惠民公司最爲著名。惠民公司係由交通銀行組成，總公司設於天津，分公司設於浦口、青島、香港，屬於「官督商辦」性質。

俄人招工主要以東三省爲限，先後委託義成公司與泰茂公司經理之❷。俄人達聶爾（Daniel）受俄國採辦木料處委任，與華商義成公司代表周晃（字少儀，係前清道員）訂立招工合同，招去華工約二至三萬名❷。至泰茂公司則乏資料可考。

英國招工除由其政府直接派員負責外，並由華商組織太古洋行、泰昌洋行、仁記洋行等公司經辦之，詳細資料亦無從查考。

歐戰期間，除俄、英、法三國曾委託公司在華招工外，美國政府亦與外部商妥，委派工程師抵滬，設立事務所，有意倣效法、英兩國，招

❷ 收惠民公司稟（民國5年5月4日），《惠民公司招工檔》（一）。
❸ 《東方雜誌》，十五卷六期，頁54。
❷ 《中國殖民史》，頁287。
❷ 《上海時報》，民國7年1月15日與21日。

華工為其輔助軍事工務之用，然此計畫終未實行，故美國乃向法政府商借華工使用於工程機關[26]。

華北為工人之主要來源地，法國除委託惠民公司於天津、浦口、青島、香港四處大量招工外，亦曾於廣州沙面與雲南阿迷縣單獨招工[27]。英國之招工則以威海衞為主要中心。據俄人原約，招工地點初僅大連、營口、奉天、長春、哈爾濱五處，後來任情推廣，凡名埠巨鎮無不有手握三角旗，身背三角肩章之招工人員招搖過市，其蹤跡甚至遠至直隸山東一帶[28]。

歐戰期間，協約國究竟在中國招募多少華工？衆說紛紜，莫衷一是。根據幾種不同記載推斷，華工應募到盟軍下工作之總人數，當在十七萬五千至二十萬人之間，其中在英軍麾下服務者約為十萬人，約占總數之半或稍多。

從籍貫上來看，十之八、九係山東人，依次為直隸、河南、江蘇、安徽、湖北、湖南、江西、廣東、廣西等省[29]。

撇開天災人禍的因素不談，單就人口密度與可耕地面積而言，魯、直、豫三省卽已構成對外移民之因素。據吳希庸統計，乾隆三十六年（1771）中國全國平均人口密度為每平方公里十九人，而魯直豫三省平均人口密度則高達一二九‧九人，到了民國三年，直、魯、豫三省平均人口密度增高到每平方公里一七七‧八八人[30]。再據劉大鈞統計，民國十年（1921）前後河北省平均每一農民可攤得耕地二‧八七畝，山東省為三、二五畝[31]，而據研究，華北農地比較貧瘠，每人平均需五畝始夠

---

[26]　〈李駿第三次報告〉，《惠民招工》（五）。

[27]　發內務部咨（6年2月7日），《惠民招工》（七）。

[28]　《上海時報》，5年8月1日。

[29]　〈華工在法工作情形表〉，《東方雜誌》，十五卷，十二期，頁197。

[30]　吳希庸，〈近代東北移民史略〉，緒論，《東北集刊》第二期，引自趙中孚，〈一九二○一三○年代的東三省移民〉，《近史所集刊》第二期，頁333。

[31]　劉大鈞，〈中國農田統計〉（《中國經濟學社社刊》，第一卷），引文出處同前註。

維持生活， 再加土地集中現象甚爲嚴重， 故實際農民所得恐還不到此
數。

　　山東省除人口稠密外， 其人勤勉， 耐力又強， 是最優秀的移民人
才。「彼等於旅行途中，能忍風霜雨雪之苦，敝衣襤褸，毫不介意，背
負大粗布之囊，內儲自製饅頭，約數十餘日之量。遇食時，則憩息於路
傍有井水之地，汲井水而食饅頭，其惟一佳肴，則以銅幣一枚，購生葱
拌饅頭而食之，入夜不肯投宿客棧，常橫臥於人家之簷下；一旦從事於
工作，不辭勞苦，不避艱難，雖酷熱嚴寒，彼等亦無感覺，惟孜孜焉努
力於勞動而已! 」㉜

　　就年齡而言， 應募華工多在二十歲至四十歲之間㉝， 多屬活動人
口，具生產能力，並值少壯、富冒險創業精神之階段。

　　按識字程度來說，幾乎所有的應募者都目不識丁，不過有四百位學
生應徵充任繙譯㉞。這些繙譯在中國受有大學專門學校敎育㉟。

　　以職業而論，可分無技藝者與有技藝者兩種。無技藝者有農民、商
店夥計（油、鹽、雜貨、鐵店等）、軍人、中小學生、挑夫、轎夫、車
夫、小販、剃頭匠等；具有專門手藝者如鐵匠、木匠、泥水匠等，其中多
曾在上海高昌廟製造廠、漢陽槍炮廠或各洋行公司機器房傭工多年，而
或因一時無工，或因法國工資較高，或因家庭問題，故就募出洋㊱。

　　從上述可知，華工成分極爲複雜，雖以純樸無華之農民和工人佔其
多數，然因未經嚴格選擇，難免有少數游民或地痞賭棍混跡其間，若輩
平日卽魚肉良儒，無惡不作，加以出洋後稍加閱歷，匠心愈工，而一般
志氣未堅之工人遂易爲其所乘。惟就地方安寧而言，若干壞胚子之應募

㉜　《東方雜誌》，十五卷七期，頁21-25。
㉝　同註㉙。
㉞　Chow Tse-Tsung, *The May 4th Movement* (Stanford University press, 1967) p. 38.
㉟　收駐英使館函，附翻譯夏奇峰函（八、一、廿四），《英人招工》（三）。
㊱　<李駿第二次報告>，《惠民招工》（五）。

出洋，無異拔去眼中釘，街坊鄰里親友莫不額手稱快[37]。

招工事因係官督商辦，又因專責監督之僑工事務局成立較晚，因此難免有監督不周之處，結果弊端叢生，虛設公司，招搖誆騙者有之；招工人員倚仗外人，狐假虎威者有之；工人也有私刻圖章，冒名頂替之事[38]。

又地方因不明中央招工用意，鑒於過去有豬仔販賣情事發生，所以一般士紳頗多非議；議員質詢，報紙攻擊，官府刁難也層出不窮；甚至幫會也出面阻撓。上海青幫曾威脅應招工人開香堂，吃香灰酒，又至城隍廟燒香立誓，不許出洋[39]。而壓力最大的還是德奧兩國的抗議。初則指陳中國政府違背中立，繼又改變語氣，認為中國並未尊重及實行工人不得干涉戰事之規定，甚至有間接協助協約國之行為[40]。德人除循外交途徑向中國外交部抗議外，亦利用報紙或揭帖，散佈不利於招工之消息，以圖破壞；惟應徵之工人仍多，並不受流言之影響。及民國六年八月十四日中國宣布對德奧宣戰，中立地位消失，華工出國卽無所顧忌矣！

四、「懲罰多於獎勵」──華工工作之概況

英國所招華工，除大部分在歐洲西北戰線外，亦輸往巴爾幹半島、北埃及與美索不達米亞。按合同，法國所招華工大部分在法工作，亦有派往摩洛哥與阿爾及利亞者。因資料關係，本節所述主要以法國為限。

華工工作地點幾遍法國全境，如造船廠與口岸搬運公司等在大西洋岸及地中海海邊，西起布勒斯特（Brest），南抵馬賽（Marseilles）；

[37] H. F. Mac Naire, *The Chinese Abroad: Their Position and Protection*, p. 237.

[38] 《上海時報》，7 年 10 月 17 日；6 年 12 月 1 日。

[39] 《上海時報》，5 年 10 月十 10。

[40] ＜收德館照會＞（5 年 10 月 14 日），《義成招工》（四）。

火藥廠、砲彈廠等則在內地各處。從盧昂（Rouen）到勒克勒佐（Le Creusot）。其地北至戰線附近，自阿哈斯（Arras）至凡爾登（Verdun），南達馬賽、土龍（Toulon）及西班牙邊境，東抵瑞士國境，西及大西洋，地段十分遼濶❹。在英軍麾下服務之華工，約四分之三分發在法國海口之卡萊（Calais）、鄧寇爾克（Dunkerque）、布魯恩（Boulogne）、地浹泊（Dieppe）以及哈佛爾（Le Havre）等地段❷。大致而言，華工分配在法國北部工作者，約佔其總數一半以上❸。

英法招募華工前往西歐戰地，非爲充當兵丁，故其工作性質可分兩方面敍述之。

其爲無技藝之普通工人，多在船塢上下船貨，搬運子彈、食物❹，或砍伐樹木、開採煤礦，或爲修建火車道、解送糧草❺，或用以掘埋屍體❻、挖掘戰壕❼，其他尙有推車扒土、裝煤守火、打掃使喚等純屬體力之活動❽。以法國嘉布多拿克（Capdenac）一地爲例，華工所從事之項目有(一)修築鐵道；（二)收拾火車頭，並擦油刷洗除灰裝煤；（三)修理火車，並裝卸貨物❾。

其爲手藝工人曾爲鐵匠、木匠、機器匠、油漆匠者，均派往軍火廠、機器廠、坦克廠、飛機廠工作❺，雖不上前線作戰，但直接從事軍火之製造或運送。以布魯恩軍火廠爲例，該廠雇用華工五百人，用以製

---

❹　＜李駿第二次報告＞，《惠民招工》(五)；Ta Chen, *Chinese Migration, with Special Reference to Labor Conditions,* p. 143。

❷　《東方雜誌》，十五卷八期，頁151。

❸　P. Wou, *Les Travailleurs Chinois et La Grande guerre,* p. 15.

❹　《東方雜誌》，十五卷十二期，頁198。

❺　華務司莊奉駱大臣諭轉發傳單（民國5年10月11日），《英人招工》(一)。

❻　Chow Tse-Tsung, *The May 4th Movement,* p. 38.

❼　《中國殖民史》，頁289。

❽　＜李駿第二次報告＞，《惠民招工》(五)。

❾　《東方雜誌》，十五卷六期，頁55。

❺　《東方雜誌》，十五卷十二期，頁198。

造各種子彈，裝載炸彈，轉運火藥等事[51]。

　　值得注意者，華工雖以農民佔其多數，但眞正分派於農業用途，擔任莊稼等事者，反不多見[52]，足見華工之招募，完全以配合戰事需要爲其主要考慮。

　　論及華工之工作表現，英記者韋克飛爾氏所撰之文，可提供最好之說明。韋氏首先指出：「華工性靈巧，善工作，學習新法極易領會，且體質耐勞」；繼謂：「華工敏捷，殊易訓練，主事者敎以種種工作，不久卽著成效」。彼曾親見數百華工，在數星期前，對於各種工事尙屬茫無頭緒，乃逾時未幾，居然能製造水泥，修理坦克戰車，並從事於他種工作矣！該記者又說：「華人具天賦之製造性，經營各工，備極巧妙，且不疏懈」。據其自述，所遇之西人技師莫不交口稱讚中國工人之進步情形。謂際茲需工孔亟之時，而得此華人，不可謂非天賜也。至於原來不熟練之華人，亦極有用。彼等知足快樂，身強力壯，世界工人，殆無其匹。韋氏親見其搬運大小砲彈，修治崎嶇道路，開挖礦穴，起卸船貨，凡供給法境軍隊所必需之工事，皆由此項華工爲之。最後，韋氏更強調兩點：第一、「華工做事，別具殊能，主事者只須略予指示，餘事任其自爲之，無勞代謀。」第二、「華工富競爭思想，各欲出人頭地，自信能力勝於他人，而主事者亦因機利導，以發展其競勝之精神。」[53] 從韋氏之記述，已可知華工工作表現之梗概。韋氏之論，雖不無含有宣傳和鼓勵之作用，然多就事論事，並非全無根據的溢美之詞也。

　　法國招工，按照惠民公司合同第三款，普通工人每日所得工資爲五法郎[54]，較之國內所得已提高八、九倍之多，而工廠通常所給工資爲七法郎至十一法郎，換言之，華工所得，僅及法國工人所得的二分之一或

[51]　＜調查華工在法工作情形表＞（民國7年11月），《惠民招工》（七）。
[52]　Judith Blick, op. cit. p. 121.
[53]　《上海時報》，7年8月18日。
[54]　Ta Chen, *Chinese Migration*, p. 148.

三分之二。且在五法郎中，尚須扣除膳費、住宿費、衣履費、疾病費等，故每日實得只二法郎五十生丁，僅及工資之半數。

　　法招華工每日須做工十小時，工資分兩地支付，在歐洲交付本人，供在歐用途。餘款在中國按月交付家屬，作贍養之費，贍養費自啓程後卽可由家族支取。法招華工工資各有不同，茲列表比較如下[55]：

地　　　　　　　　　位	在歐洲每日所付工資 單位：法郎	在中國每月所付工資 單位：元
一、無 技 藝 工 人		
工　　　　　　　　　人	1.00	10.00
班頭（管十四人事務）	1.25	10.00
總頭（管 四 班 事 務）	1.50	15.00
監工（管理四總頭，以解 　　法語者爲合格）	2.00	20.00
二、技 藝 工 人		
造 船 木 工	1.50	12.00
裝 配 機 器 工 匠	1.50	12.00
鍛　　　　　　　　工	1.50	12.00
打　　　鐵　　　工	1.50	12.00
熟 練 之 冶 工	2.00	20.00
釘　　　　　　　　匠	2.00	20.00
小 汽 船 司 機	2.00	20.00
輪 船 機 器 師	2.00	20.00
熟 練 之 機 器 裝 配 匠	2.50	30.00
二、翻 譯 及 醫 院 看 護		
頭 等 通 譯 兼 書 記	5.00	60.00
二　等　通　譯	2.50	30.00
三　等　通　譯	1.50	15.00
頭 等 看 護 員	3.00	30.00
二 等 看 護 員	2.00	20.00
三 等 看 護 員	1.25	12.00

---

[55]　《東方雜誌》，十五卷六號，頁32-34; Ta Chen, *Chinese Migration*, p. 149;《義成招工》（三）。

　　除工資外，尚有賞金之設置。有關賞金問題，法國戰前極為普遍，有所謂夜工賞金、惜料賞金、難工賞金等，戰後因生活費用日昂，工人無不要求加薪，廠主遂多將賞金一項取消，而加諸工資之內❺。足見華工工作表現再好，亦無賞金可領。

　　據合同載明，工人應守船廠或工廠一切內部章程，故華工若在廠內犯規，則由廠主執行處罰，或警告詰責，或停工除名，或罰金減薪。工人在住所（位於工廠旁之木板房屋）犯過，則由管理員（即陸軍部代表，工人俗稱總辦）處罰，或關黑屋（法文稱 Local d'Isolement），華工稱拘禁所），或罰苦工❺；若情節重大❺，則由廠主與管理員合名函請陸軍部送回馬賽，候船歸國❺。

　　以上所述，僅為一般過失之處罰，其範圍不出工廠及駐所之處，罰例輕則詰責或罰款，重則幽閉或遣送回國。至若對人用武、聚衆擾亂、竊偷物品或強姦婦女等，則另有法律制裁。法軍中尚沿用一種體罰，名為「釘十字架」（Le Crucifix），將犯人之手足釘綁於木製十字架上，雖腳可觸地，時限亦不得逾越三小時，惟中國歷史上向無此刑罰，因此頗引起華工反感❻。

　　總結上述，懲罰多於獎勵，旣少精神上之鼓勵，又乏物質上額外之獎賞，此為華工在法工作之寫照。

---

❺　＜李駿第二次報告＞，《惠民招工》（五）。
❺　其後進而設立「懲罰工廠」（Groupement d'Amendement），遇有工人不守法紀，然可望其悔改者，即移往此等工廠，工作較苦，且工餘亦不能完全自由行動。此等工廠地點均保密，且多位於危險地帶。（見＜李駿第二次報告＞）。
❺　指搶刼、逃亡、不服從等事，交由特別軍事法庭處理。Judith Blick, op. cit. p. 122.
❺　＜李駿第一次報告＞，《惠民招工》（五）。
❻　P. Wou, *Les Travailleurs Chinois*, p. 26.

五、「管理不得其人，亦不得其法」
——華工生活之適應

華工應募出國工作和學生放洋留學，由於文化背景的差異，社會價值觀念有別，以及個人實際生活經驗的不同，加上語言的隔閡，故同樣發生生活適應的問題。不過，前者之自我調整 (self-adjustment) 顯然較後者更爲不易。因爲赴歐之華工大半來自窮鄉僻壤，教育程度不高，知曉世界大勢者鳳毛麟角，是故初臨異邦，觀其風土人情與衣食居處之不同，遂不免有格格不入之感。

入境問俗，要能做到自我調適，大體而言，第一年最難，而最令華工感到不易適應者，當自飲食起居始。「民以食爲天」，法國陸軍部之「使用華工說明書」有云，「若能使華工起居飲食與中國相近，必能收華工最良之助」⓺，這是確切不移之眞理。

華工飲食有由工廠派人辦理者，有由工廠委託包商代辦者，也有由工廠交款管理華工總辦自理者，由於方式不同，好壞極難一致，致華工時有怨言。以法招華工爲例，若照合同所訂標準供應，華工似無話說；惟據查華工初開始工作時，食量特大，若工廠明事理者，則開工之初寧多加糧食，以滿足人意，時日一久再逐漸減少亦可⓼。

歐戰期間，法國米糧不足，多以麵包代飯（此亦西人習慣），北方人甚喜，廣東人則有怨言。其後法國政府以麵粉不敷，限制每日麵包食量，故以白米相代，而北方人喜食饅頭，極不願米飯代麵包，故責法人不守合同⓽。工人中固有喜食法國麵包者，惟多不慣法國菜，是以每一工廠

⓺　〈李駿第二次報告〉，《惠民招工》（五）。
⓼　同⓺。
⓽　同⓺。

均有一、二華工專司廚役，烹調中國菜[64]。華廚之手藝雖能滿足華人之口味，惟衞生與潔淨較不講究，且日久亦弊病叢生，或暗中匿米私售，或剋扣魚肉圖利，同樣引起華工不滿[65]。

法人又恒以死馬肉代替豬、羊肉，馬肉雖經醫生證明同富營養價值，然華工實無吃食之習慣[66]。再英人所供應之牛油餅，亦不合華人口味，我駐英使館曾建議以中國麵條代之，此種麵條由紐約輸入，倫敦可以購得[67]。國人向用筷子吃食，而西人並無筷子，華工須經數月之久，始能習用刀叉[68]。

華工最初所住者，有在潮濕而極不衞生之地區，連洗衣服洗澡之設備均無，即便有也不夠供應；後經中國外交人員交涉，始遷居到衞生環境稍好之地方。而所住的是帳蓬或是木屋。住木屋已算比較幸運，但一間木屋要住到十四至十六人，更有住二十四人者，稍大的木屋住四十八人，再大點的要住到一百二十人，其擁擠不堪之狀，由此可以想見[69]。

由於華工人數眾多，管理上亦為一大問題。華工每一住所設有總管一人，翻譯數名，書記雜役數人。總管有曾在華充任海關、郵務、鹽政、電報、鐵路等人員者，有曾在中國任副領事、商人及銀行員者，彼等有精通華語者，亦有不能華語者。總管最為有權，設若總管不識華語，則華工一切訴苦全由法人翻譯傳達。法人翻譯大多為法國天主教在華之傳教士[70]。若翻譯係明白事體、品行端正之人，則與華工彼此相安無事；若為奸狡之徒，往往引誘工人作惡事，或聚賭抽頭或冶遊閒蕩，

---

[64]　《東方雜誌》，十四卷四期，頁191。

[65]　同[61]。

[66]　〈李駿第一次報告〉，《惠民招工》(五)。

[67]　〈駐英使館致英陸軍部節略〉，《英人招工》(三)。

[68]　《東方雜誌》，十四卷四期，頁191。

[69]　《中國勞工運動史》(一)，頁111。P. Wou, *Les Travailleurs Chinois*, p. 23-24.

[70]　〈李駿第二次報告〉，《惠民招工》(五)。

曠工耗銀由此而生，盜竊爭鬥由此而出。蓋法人翻譯在華多年，所有中國下等社會之惡習，彼多知曉，故對待工人不時用辱罵呵責方式，使華工怨恨不已[71]。好的翻譯固少，就是不好的譯員也不敷分配，一般可憐的華工遂成為迷途的羔羊。他們若碰到好長官，照顧他們並設法瞭解他們的時候，就是大幸運；如果碰上壞長官，或對他們漠不關心，那就遭遇災難到了極點。像在卡萊（Calais）的第四團華工，到了冬天還赤著腳，也無大衣可穿，連最起碼的權利也未得到，實屬慘無人道[72]。

法招華工，雖納入軍事組織，但並未受嚴格之軍事管理。他們平時上工，不須整隊前往。除不得任意到另一城鎮旅遊，禁止隨便出入附近村莊外，工餘並無時間限制，行動尚稱自由[73]。比較之下，英軍對華工之行動限制嚴而苛，與軍事管理並無太大差別。

美軍亦曾向法政府商借華工五千餘人，使用於工程機關。美國素與中國邦交敦睦，其使用華工理當較法、英兩國為優待和睦，而事實不然。由於管理不當，美兵常有與華工鬥毆仇殺之事[74]。相形之下，中法兩國民族性較為接近，華工在法人管理下較能適應。已故蔣廷黻大使曾應基督教青年會（Y. M. C. A）之徵到法國為大批華工服務[75]。在其寫給美國勞工統計局（Bureau of Labor Statistics）信上說：「華工在法人管理下比較快樂，因法人較無種族歧視，亦尚民主作風，處處顯出慈愛之情。」[76]

惟一般說來，華工在法於協約國指揮下做工，並不感到快活，主要因為管理不得其人，也不得其法。管理不得其人，前已約略言之，茲再

---

[71] ＜李駿第一次報告＞，《惠民招工》（五）。

[72] P. Wou, *Les Travailleurs Chinois,* p. 23; 《中國勞工運動史》，頁110-111。

[73] Judith Blick, op. cit., p. 122.

[74] ＜李駿第三次報告＞，《惠民招工》（五）。

[75] 陳之邁，《蔣廷黻的志事與平生》，《傳記文學叢書》之四，頁16。

[76] Judith Blick, op. cit., p. 122.

細述管理方法之商榷。使用華工說明書內云:「華工多傲且喜誇張，若一工人盡心工作，必善言嘉許，時獎微物，以資鼓勵。……輕言冷語，嬉笑怒罵或用武力，華工不能虛心接受，必思報復。若其工作不勤，或偶有過失，必於僻靜無人之處婉轉開導，華工必深感激。最忌於稠人廣眾之中，高聲指責，傷其體面。管理人員宜知華工有怒不形于色，及非禮勿言，非禮勿動之古訓，若管理員能令華工敬愛，則華工過失必不多。華人不求精密，動輒失之毫釐，華語常謂『差不多』，此其習慣，若令其絲毫不爽，一如歐洲工人，必由漸而入，循循善誘，始能日增月盛，如願以償。」[77] 知華人特性者莫若是，果能按此原則實行，雇主與華工間關係或可大為改善。

　　潘瘦石君以華工代表名義與法總統保安卡累 (Raymond Poincaré) 談話，曾指出: 華工所以多事，管理法不善，是其最大原因。若是善於管理，壞人也難於做壞事; 要不然，好的也漸漸變壞起來[78]。華工對於工作環境和管理方式均有不滿之處，約可歸納言之如下: (1) 管理人全為軍人，指揮嚴厲; (2)住所遠離城市，無可遊玩; (3)稍遠之地，來往必須請發假條，行動不便; (4)住所依工作而變易，遷移不定; (5)工作地點不限於工廠內，往返辛苦[79]。為此，華工曾要求改歸工部管理，但法政府以「手續太繁，一時不能做到」為藉口，答應飭令陸軍部盡力改善，而結果終於不了了之[80]。

六、「窮則變，變則通」——華工遣回之困難

[77] <李駿第二次報告>，《惠民招工》(五)。
[78] 《新青年》，七卷六號。
[79] <李駿第三次報告>，《惠民招工》(五)。
[80] 《新青年》，七卷六號。

　　歐戰結束，這些訂有合同三年至五年期限之華工，大多陸續獲遣回國。據民國九年僑工事務局函倫敦使館稱，英招華工十萬人，其中約七萬二千人獲遣回國，而有二萬七千人左右不知下落。翌年一月二十日，英陸軍部函覆我倫敦使館則謂，華工遣回者九萬一千四百五十二人，加上戰場死亡之一千九百四十九人，回國途中病死的七十三人，則英招華工共有九萬三千四百三十七人[81]，此與前述招工人數大致吻合。據外交、內務、教育等部答覆議員張佐漢等有關各國僑工人數之質詢稱，俄國招募華工前後計四萬五千餘人，至民國七年夏間已遣回二萬三千餘人[82]。至法招華工，據李駿報告，總數為五萬三千一百零九名，至民國七年五月已遣回一千四百十八名[83]，惟此數尚不能作定論。戰後，華工滯留法國者尚有千人左右，多娶有法婦，生有子女，且能恃其專長，勉強糊口維生[84]。

　　及至一九三○年間，世界發生經濟不景氣，法國亦受波及，經濟成長停滯，工廠停工，失業人數驟增。當時法境之外籍工人共有八十萬，而失業人數多達三十餘萬，故法國閣議決定種種淘汰外國工人和安排本國工人之辦法[85]，且自一九三五年一月起，法國工廠將實行僱用外國工人百分之五條例[86]，因此華工感受威脅益大。

　　華工失業人數，根據駐巴黎總領事館之報告，一九三一年就巴黎一地而言，達五、六十人。其中或失業經年，謀生無計；或素無儲蓄，衣食乏資；即未遭開除在工廠工作者亦惴惴乎有失業之慮[87]。至一九三四

[81] P. Wou, op. cit., p. 16，《中國勞工運動史(一)》，頁113。
[82] 發國務院函（民國8年1月8日），附答覆書，《招工案》(一)。
[83] ＜李駿第三次報告＞，《惠民招工》(五)。
[84] 《申報》，1937年3月12日。
[85] 《救濟留法參戰華工案》（國史館藏，下同），第三冊，駐法使館代辦蕭繼榮電外部，1934年11月21日。
[86] 同上，實業部咨外交部，1935年9月12日。
[87] 《救濟留法參戰華工案》，第一冊，駐巴黎總領事館呈外交部，1931年2月18日。

年，據報失業華工已達一百六十人❽，短短三年之間劇增三倍之多。法國工廠大量裁員結果，僅比映古（Billancourt）與穆林諾（Issy-les-Moulineaux）兩地，失業華工卽達六十八人之多。當時又盛傳各工廠於該年冬季前，將裁掉所有華工，不留一人❽，因此僑界更有風聲鶴唳之感！華工「欲工不得，欲歸不能，無衣，無食，無住所」，生計困難，乃羣集巴黎領事館要求設法，一方面向法政府交涉，請其飭令各廠，勿對華工加以歧視，一方面呈請中國政府設法遣送回國。遣送問題於焉發生。

華工要求遣送回國，並非一蹴可及之事，駐外使館經費有限，自無力對華工多所救濟，以資維持。在問題未解決前，難工常至館中包圍需索；至下班後，則尾隨館員於後，館員慮及華人體面，不敢呼警驅散❾。凡此，均在在顯示失業華工生活之困苦和等待救濟之迫切，與乎駐外當局應付此問題之心餘力絀。

失業華工旣多，請求資遣者又日增，以使館本身有限之經費，自不能滿足當時迫切之需要；而請求政府遣送，亦費時曠日，緩不濟急。在「窮則變，變則通」的原則下，駐外當局與僑界曾苦心積慮設想出各種解決方法。例如發行臨時獎券，義賣書畫，或擬動用水災捐款，或請撥專款等；或想免費搭載華輪，或對法國兵輪存有念頭等❾。只是這些辦法不是杯水車薪，就是技術上有問題，而且都不是根本解決問題的辦法。

中央自民國二十年（1931）至民國二十三年（1934），先後曾四次電滙遣送費國幣二萬八千元，共遣回華工約一百五十人❾。但在遣送過

---

❽　同❽。
❽　《救濟留法參戰華工案》第三冊，法使館電外部，1934年12月19日。
❾　同上，巴黎總領事館呈，1933年11月7日。
❾　請參閱《救濟留法參戰華工案》。
❾　《救濟留法參戰華工案》，第四冊，外交部呈，1935年10月11日。

程中，由於經費的安排與人員的分配不盡恰當，因而引發兩個善後委員會——「參戰華工善後委員會」與「留法參戰華工復業歸國促進會」之爭，他們分別代表國民黨與非國民黨兩種力量，或者是使領館與國民黨駐法總支部兩種不同立場，其間也曾發生遣回華工葛壽山等七人有共產黨嫌疑案❽，彼此頗傷和氣。

歐戰告終，華工任務完成，回國後如何加以妥善照顧，如何借重其專長，不致使其投閒置散，這是政府與社會必須集思廣益，好好研究的重大課題。

早在歐戰結束前，各方即有建議，擬借重華工之經驗以開墾東北，開鑿運河，修築鐵路或建造各種公共設施，「使壯者不至散走，老弱免乎溝壑」。否則，「此十數萬之華工，即十數萬之游民，十數萬之游民，即十數萬之盜匪，被其害者，豈僅十數百萬耶！」❹語重心長，可謂已指出問題之嚴重性矣！惟當時中國因內戰關係，更兼經濟不景氣，致未能對這批華工加以充分照顧。

另一方面，華工回國後，他們的一言一行已和從前大不相同。換言之，他們已經見過世面，飽經滄桑；他們的心智領域和視野已較前開濶，他們或多或少已受過教育，稱得上某行某業的專家；他們已懂得組織與團隊工作的竅門；他們知道合作的價值和效率的意義❺。職此之故，華工已不再滿足於以往之低水準工資，也不會對週圍忽視衞生，不講究舒適的工作環境感到滿意。不滿則不安於其位，不滿即須尋求發洩與解決。這些在法國與歐洲工人較高生活水準有過接觸，並受過工會組織洗禮的華工，懷抱有「人當為更好的地位而奮鬥」的新觀念❻，是以

---

❽ 《救濟留法參戰華工案》，第二冊，照錄駐法總支部來函，民國20年9月25日。

❹ 《上海時報》，民國8年4月23日，留法華工繙譯同志會來函。

❺ Tyau Min-chien, *China, Awakend*, p. 239-240.

❻ Harold R. Isaacs, *The Tragedy of the Chinese Revolution*, p. 55.

後上海不斷工潮的製造者,故博得中國工人世界的「不祥之人」(Stormy Petrel) 之惡稱。在某些官方機構, 這些返國華工甚至被看成一個「潛在的布爾什維克」(Potential Bolshevik) 那樣可怕 [97]。這恐怕才是華工始終難獲合適照顧的最基本因素。

七、「理論參與者乎?」——華工與歐戰之關係

中國政府雖於民國六年八月十四日正式宣布對德宣戰, 惟就當時國內情勢而論,中國實無派遣大軍參戰之能力。故參戰結果,段內閣被指為對外「宣而不戰」, 對內則「戰而不宣」[98];就國際上而言, 協約國方面亦有譏嘲中國「 參戰不力 」或指為「 理論參與者 」(theorectic participant) 之論調[99], 日本代表更於巴黎和會上振振有詞,「 指中國未出一兵, 宣而不戰 , 應不下請帖 , 不為設座 。」[100]中國求榮得辱, 此豈當初主戰諸公所曾逆料者耶!

事實上, 中國未能盡力派兵赴歐參戰的責任, 實不能完全由中國獨負! 中國政府除派遣華工二十萬赴歐外 , 對歐戰所作之努力始終不曾稍懈。自一九一七年四月起 , 段祺瑞一再告訴美國公使芮恩施 (Paul Reinsch), 中國政府願提供協約國所需要之一切人力 , 希望美國給予兩億元之財政援助。美國政府對此一建議極表同情, 並一度考慮予以五千萬元之借款。法國派駐北平之武官對此建議之支持尤表熱心, 法國駐華盛頓大使茹色蘭 (Jean Jules Jusserand) 亦敦促國務院貸款予中國, 並謂俟法國向日本訂購之四艘船建造完成後 , 可用以運輸中國軍隊

---

[97]　Tyau Min-chien, op. cit.

[98]　李劍農,《中國近百年政治史》, 下冊, 頁501。

[99]　Madeleine Chi, *China Diplomacy*, 1914-1918, p. 129.

[100]　《三水梁燕孫先生年譜》, 上冊, 頁301。

赴歐。惟英國政府自始對此計畫甚表鄙視，海軍部警告外務部謂，由於船隻缺乏，此一計畫不應受到鼓勵。外務部一位下級人員指出，「沒有比遣送中國軍隊到歐，更難以想像在時間、麻煩、裝備、金錢和順位之更大浪費」。外部大臣巴爾富（Balfour）甚至認為此一計畫「愚昧」（idiotic）與「毫無見識」（insane），但當美國務院徵詢英外部意見時，巴爾富僅指出船隻缺乏為其嚴重障礙。中國派兵參戰計畫至一九一八年四月，終因法國不能提供原定之船隻運輸而作罷❿。

中國未能履行戰爭義務，除財政及運輸上之困難外，尚有一層心理障礙為協約國方面人士所諱言者，此卽白種人以求助於黃種人為辱，當歐洲大戰初起，德國哲學家倭伊鏗（Rudolf Eucken, 1864～1926)與生物學家赫克爾（Ernst Hacckel, 1843-1919）共撰一文，痛斥英人以條頓民族之尊，不應使黃色人種加入戰爭。又謂俄人為半東洋半野蠻之民族，英人不當與之聯盟以殘同種。又德軍侵入法境，銳不可當，法政治家畢勛（Stéphen Pichon）主張招致日本兵於西方戰場，以資臂助。其說一倡，贊成者雖有其人，而大多數之輿論大譁，謂借助黃種人實歐洲高貴民族之大恥，事遂不行。當時反對者咸謂東洋人為最猥賤之民族，歐洲諸國兄弟鬩牆，不當招奴僕為助⓬。由此可知，法蘭西當危急存亡之秋，猶不欲借助日本人，自傷哲種尊嚴，何況屢受列強侵略之中國人乎？倭伊鏗與赫克爾之論，或為基於民族主義立場之統戰技倆，而法人之顧慮，正為西方帝國主義思想，「白人至上論」之自然流露也。

中國雖未眞正出兵歐洲與協約國並肩作戰，然為履行參戰義務，曾參加聯合出兵西伯利亞之舉，並以大宗糧食輸運協約國，而最大之貢獻，厥為派遣二十萬華工之助戰。由此顯示，以當時中國本身「兵連禍結，天災頻仍」之處境，於歐戰所提供之助力，已盡其心意，實屬難能

---

❿　Madeleine Chi, op. cit., p. 129-130.
⓬　劉淑雅，＜歐洲戰爭與青年之覺悟＞，《新青年》，二卷二號。

可貴矣!

　　大批華工應募赴歐，旨在補助協約國人力之不足，故其主要任務不在直接參戰，而在工廠作工。惟事實上華工不僅參與軍火製造及後勤支援，且於戰火下擔任運輸、挖掘戰壕等工作，並有實際參加作戰、輔助戰事之進行者。戰場上流傳着許多華工的英勇故事，最突出的例子是一九一七年的畢卡第 (Picardie) 之役，畢卡第爲歐戰主要戰場之一，一九一七年德軍一度衝入陣線，此時法兵已退，倉促間華工取出平日作工之圓鍬、十字鎬等工具，與德軍進行肉搏戰，直至援軍趕到爲止❸。華工雖非職業軍人，但於危急時所顯示出之勇敢表現，較之職業軍人並無絲毫愧色也。

　　華工除表現英勇外，亦有發揮人性的一面。在德軍「大推進」(Big Push) 時期，工作於戰線之後的華工，曾以各種不同運輸工具搶救蜂擁而退之傷兵。他們並且貢獻出個人應享之香烟和口糧，並爲傷兵煮飯燒水。傷兵受感動之餘，曾有人記載稱：「中國工人的心和我們一樣善良」❹。

　　總之，華工於戰地辛勤工作，乃歐戰之無名英雄，其於協約國之獲得最後勝利雖無決定性之作用，但卻留下不可磨滅之功績。二十萬名華工之投入西歐戰地，至少使英、法兩國得以抽調同樣數目之戰鬥員開赴前敵，於聯軍人力之協助，實具有「敵消我長」之功效。

八、結　論

　　歐戰期間，我二十萬華工於合同保障暨政府監督下，大批出洋，效命於西歐戰地，此於歐洲尚是首次，在中國亦屬創舉。就當時中國處境

---

❸　《上海時報》，民國8年2月14日。
❹　Tyau Min-chien, op. cit., p. 238.

而言，梁士詒所倡之「以工代兵」策略甚具遠見，惟政府當局未能早日籌謀，任令各國招工於先，而成立僑工事務局於後，致於招工過程中事權不專，真象不明，合同條件不一，因而弊端叢生，地方人士亦起而阻攔；更未能有計畫愼選工人，注意人才之培植，以為將來建設國家之用；尤其欠缺積極主動精神，於華工待遇之爭取，赴歐沿途之保護，乃至生活之照顧以及回國後工作之安排等，在在均不免有疏忽未週之處。

就協約國方面言，大批華工應募赴戰地工作，憑我燕趙齊魯男兒堅苦卓絕之特性，含悲忍淚，毋怠毋忽，終能達成艱鉅使命，獲致光榮之成果，不惟有助於協約國之獲得最後勝利，亦無愧於中國參戰之任務。惟一般而言，華工之地位並未獲得聯軍應有之尊重，華工除納入嚴格之軍事管理外，由於語言之隔閡，風俗習慣之差異，於工作和生活方面仍時有不愉快事件發生，甚至虐待情事亦有所聞。尤可嘆者，華工為工作而捐軀或患病，或受傷而成殘廢，及大戰勝利後，卻在談不上任何撫恤與補償下輕易被遣送回國。華工生命之不值，莫有甚於此者！

歐戰結束，我國列席巴黎和會，而和會代表陸徵祥之所以能夠理直氣壯在會上反駁對中國「參戰不力」之指責，實為二十萬華工參戰之功。華工「血洒歐西」的結果，於中國國際地位之提高雖有貢獻，然彼等返國後，亦未獲得本國政府應有之恤憫與社會各界廣泛之同情，真正落得「功成而無聞，身死而名毀」，不惟相去「流芳千古」❶❺甚遠，且不啻是血與淚交織而成之一幕人間大悲劇！

原載《中國現代史專題研究報告》第五輯（民國六十五年一月）

---

❶❺ 華工的犧牲報國，可由一幅畫中的對聯窺其梗概。其上聯為「血洒歐西莊世運」，下聯是：「魂還祖國挽神州」，橫批為「流芳千古」。參閱 Tyau Min-chien, op. cit., p. 312（附圖）。

基督教靑年會與歐戰華工

一、引　　言

　　筆者前撰寫《華工與歐戰》一書，於「華工之生活」一章中，曾指出「歐戰期間，國際基督教靑年會曾派遣中、英、法、美、丹、荷等國籍秘書一百五十餘人到法，組織俱樂部爲華工提供各種服務，尤其是教育方面 。」❶

　　有關基督教靑年會在歐戰期間， 如何輔助華工道德、 增進華工知識、鍛鍊華工體能等各方面的資料甚多，當時顧慮到章節結構的平衡和受到篇幅的限制，未能多加容納，俾作深一層之分析，主要想以後另成一文，單獨論述，這是撰寫本文的動機。所以說，本文是前一章的剩餘物資和小型加工的副產品，藉此也稍可彌補前書的不足和缺漏。

二、基督敎靑年會沿革及其四元目標

　　基督教靑年會 (Young Men's Christian Association)，簡稱 Y.M.C.A.，爲一服務社會的組織，最早成立於一八四四年的倫敦，由布匹行青年工人喬治・威廉 (George Williams, 1821～1905) 邀同志十二

---

❶　參閱《華工與歐戰》，（中央研究院近代史研究所，專刊52，民國75年6月）頁129。

人所發起創立的一個服務社會的組織❷。他爲什麼要創立這個組織？蓋因當時的城市工人、商店夥計多半是來自鄉間的青年，一旦投身繁華熱鬧的倫敦，很少不爲五光十色、紙醉金迷的生活所迷惑，很多人就這樣墮落下去。喬治‧威廉有鑒於此，遂邀約同志，聚會祈禱，互相幫助，希望透過堅定的信仰和正當的精神生活，以維持同業的品德❸。換言之，這是青年基督徒自覺自勵，重新出發，自救而救人的一項慈善性、服務性組織。

不久，同樣性質的俱樂部由布業而百業，很快地遍佈全英國，並於一八五〇年傳至澳洲，一八五一年抵達北美。北美的第一個俱樂部建立於加拿大的蒙特利爾(Montreal)，第二個在美國的波斯頓❹。一八五四年美國與加拿大合組一個國際委員會（International Committee），彼此互助，並鼓勵新會的組織。一九一二年，一個個別的國家性委員會成立於加拿大，美國則於一九二四年有同樣的組織。類似觀念也在歐洲大陸產生。一八五五年，基督敎青年會首次在巴黎舉行國際性會議，有來自比利時、英國、加拿大、法國、日耳曼、荷蘭、瑞士和美國等各國代表參加。這個會議建立了現在所熟知的「基督敎青年會世界聯盟」(the World Alliance of Young Men's Christian Associations)❺。

在中國，最早的青年會爲一八八五年成立於北通州潞河中學及福州英華書院的學生青年會。其後，北美基督敎青年會在一八八九年曾派員來華，協助籌設屬於社會的青年會，乃先後在天津、上海等地設立了該項組

---

❷ *Encyclopedia Britannica* (Encyclopedia Britannica. Inc, 1974), Ready Reference and Index, Vol. X, p. 835.
❸ 《基督敎青年會駐法華工週報》（以下簡稱《華工週報》），一期(1919. 1.15)。
❹ 同❷。
❺ *Encyclopedia Americana* (Americana Corporation, 1975), Vol. XXIX, p. 701.
❻ 楊森富編著，《中國基督敎史》(臺北，臺灣商務印書館，民國73年4月四版)，頁276-277。

織❻。所以，全國性的中華基督教青年會，正式成立於一八九五年。在清末民初的三十年歲月中，青年會的增長率遠超過其他任何一個基督教團體，蔚爲一個層面甚廣而龐大的運動。至民國十一年左右，青年會在全國已經擁有三十六個市會，會員五萬四千人；二百個校會，會員二萬四千人；幹事四百五十九人，其中外國籍僅占八十一名，其餘皆爲華人❼。

基督教青年會標榜沒有宗派門戶之見（non-sectarian），沒有政治之分（non-political）❽，透過各種團體活動，以服務人羣，培養高尙的基督徒德行爲宗旨。青年會的標記，乃一紅色三角形，三角形的三個邊指德、智、體三育❾，後來加上羣育，構成德、智、體、羣四元目標❿，做爲活動的準則。

按青年會的原始構想，德育活動是以宗教活動爲主要範圍，而舉辦佈道大會是其中重要的一環。智育活動則以開設英文夜校與舉辦智育演講爲主。體育活動則包括在城市中興建運動場、健身房、游泳池等。羣育活動旨在喚起羣衆對社會的參與感。

基督教青年會對作戰軍人提供服務，始於美國南北戰爭期間，在第一次大戰期間也對聯軍提供多方面的服務⓫。

歐戰期間，中國曾派遣約十七萬五千名華工到歐洲戰地工作，華工遂亦成爲青年會服務的對象。英國與北美基督教青年會先後約設立一二〇所服務中心爲華工服務。本文卽以基督教青年會上述的四元服務目標爲指標，探討其在歐戰期間爲華工所提供的各項服務。透過這種不分種族，不分黨派，具有崇高理想和充滿博愛精神的服務工作，究竟對華工

---

❼　魏外揚，《宣敎事業與近代中國》（臺北，宇宙光出版社，1978 年11月初版），頁43。

❽　*Encyclopedia Britannica*, Vol. X, p. 835.

❾　《華工週報》，一期（1919.1.15）。

❿　魏外揚，《宣敎事業與近代中國》，頁44。

⓫　*Encyclopedia Americana*, Vol. XXIX, p. 701.

產生多大影響？華工實質的和精神上的收穫如何？這才是我們關心的課題。

三、華工道德的輔助

宗敎活動的基本性質，就是一種德育活動。據靑年會的說法，道德二字，是立國立身的大根本，人無道德，不成其爲人；國無道德，不成其爲國，所以很講究德育⑫。

華工出國，寄旅異域，物質報酬旣不豐碩，精神調劑又難獲滿足，復以工人素質良莠不齊，加上團體生活耳濡目染之故，故大致有（1）不守時間，生活隨便；（2）謾罵；（3）鬥毆；（4）聚會拜盟；（5）標會；（6）煙酒之癖；（7）聚賭；（8）嫖妓；（9）竊盜；（10）強暴婦女等十大惡習⑬，其中尤以煙酒之癖、聚賭、嫖妓三項最爲人所詬病，而誤己誤人，以賭害處最大。當時不僅有學界、工界有識之士，紛紛投書報刊雜誌，以爲規勸。卽靑年會諸君亦大聲疾呼，當成移風易俗的重點所在。

當時從美國應徵到法，爲華工服務的靑年會學生有晏陽初、傅智（若愚）、陸士寅、談伯質、傅葆琛等人，他們辦有《基督敎靑年會駐法華工週報》，每星期出刊一次，《醒報》每兩週刊行一次。兩報對於如何培養華工高尚品德和養成華工良好生活習慣，都做了頗多苦口婆心，發爲暮鼓晨鐘的呼籲。例如：

對一般身心的修養，有「十好十不好歌」，作者爲傅葆琛，茲錄之如下：

衛生身體好，勤快做事好，謙虛脾氣好，規矩禮貌好，省儉吃穿

---

⑫　《華工週報》，一期（1919.1.15）。
⑬　參閱《華工與歐戰》一書。頁136～138。

好，小心處處好，讀書識見好，求學志向好，幫人心地好，愛國精神好。賭博破財不好，偷盜壞名不好，喝酒傷神不好，吸煙壞肺不好，罵人惹氣不好，不愛乾淨不好，好吃懶做不好，黑工挨罰不好，有錢胡花不好，虛度光陰不好。⑭

針對喝酒的，有鄭嘯伯的「戒酒歌」：

世間害人無如酒，吃到醉時真可醜，聰明人作糊塗蟲，良善人變癲狂狗。罵人打人禍還輕，喪家喪命常常有，況且還要害後人，我勸人人勿入口。

針對吸煙的，有同一作者的「戒煙歌」：

世間害人無如煙，受害最大是少年，人生凡事全靠腦，吸煙害腦如火煎。傷腦凡事不可為，或有患病或肺炎，況且亦要害後人，我勸人人要戒煙。⑮

賭是華工最普通的弊病，對於西方人而言，華工素有「無可救藥的賭徒」之稱。好賭者夜間相聚一室不眠，迨至次日，非但賭徒無力上工，即被擾者亦失神欲睡，犯規受罰大多由此而起。勝者不僅惹人妒嫉，且托病休工，私出號房，隨意揮霍，因而得花柳病者不少；輸者負債如山，致生懶性，雖盡力工作，仍不足償還賭債，遂思逃亡、換廠、返國；或因恐人迫索追討，事急無方則鋌而走險，或藉端滋事，或毆鬥私逃；甚至有因而執刀持槍互相殘殺者，更有懸樑自縊者，造成許多悲

劇⑯。照料華工事務員李駿爲此曾屢次通告旅法華工戒賭息鬪，他指出「賭博爲萬國所屬禁，賭債非法律所承認，通宵聚賭輸贏仍在中國工人」，華工「離家萬里而來，無非爲謀生起見，奚事賭博」，因爲「一入賭場，無論輸贏皆無益有損」，故勸工人戒賭，以免誤己誤人⑰。

煙賭嫖旣爲華工最重大惡習，於是在靑年會輔導與華工自覺下，紛紛成立各種禁煙、禁賭、戒嫖等會，有的名之爲進德會，或萬國改良會，甚至有進而組織自治會或政黨者。茲分類說明如下：

（一）禁賭會等

這是以單一明顯目標爲成立宗旨者，茲將各地所成立的禁賭會，開列如下：

名 稱	地 點	發起單位或負責人	人 數	資料來源
禁 賭 會	雷 望	靑 年 會 彭堯祥		《華工週報》
禁 賭 會	司 活 爽 (Soisson)	會 長 王金鼎 副 會 長 程華文	160	《華工週報》
禁 賭 會	落 里 洋 (Lorient)	法人總辦 維爾尹		《華工雜誌》
禁 賭 會	洛 芒 (Le Mans)	華 工		《華工雜誌》

其中值得注意的是旅洛芒（Le Mans）華工，爲儲蓄起見所發起的禁賭會，是一種自發性的組織，甚覺難能可貴。其啓事極富敎育性，特錄之如下：

---

⑯ 參閱《華工與歐戰》頁138。
⑰ 《華工雜誌》，十五期（1917.11.25），頁20。

啓者我等同志，離別宗親，遠涉萬里之遙，乘桴浮海，勞瘁風塵
之苦，今已旅法三秋，囊橐無餘，他日合同期滿，何以言歸？及
至妙手空空，羞回故里，方悔賭之為害，如是之烈也。且也贏者
或飲或嫖，不惟浪費堪惜，並可滋生禍端，而輸者財物兩空，甚
至負債遠逃，因而竟被羈囚。嗟我華人，既為同類，何以海天萬
里，猶不亙待惡習，如此自相摧殘。言念及此，不勝痛恨，茲特
立會嚴禁，勸各同志，務須互相徵戒，懸為屬禁。如有頑強不
遵，再犯此禁者，一經查覺，定必重罰。**⑱**

　　將嫖與賭並列者，資料上僅發現一處，那是波來布亞華工所成立的
戒嫖賭會，其宗旨有二：(1)自己戒嫖賭；(2)勸人戒嫖賭。各會員有一
銅牌，刻以「戒嫖賭會」四字，入會者達三十餘人**⑲**。

(二)萬國改良會或進德會

　　在法國北部崗城（Caen）地方，有華工數千人，青年會為他們
設立一個萬國改良會，標榜不嫖、不賭、不煙、不酒，入會者甚為踴
躍**⑳**。依民初國內作法，以進德會為名者，只發現一處。緣旅衣蘇丹
（Issoudun）華工譯員段秉魯，素為該處工人所悅服，特發起華工進德
會，會規五條如下：(1)禁聚賭；(2)禁酗酒；(3)禁宿娼；(4)禁打架；
(5) 禁無故休工。如有違犯以上條件者，皆有一定之罰數。該會成立之
時，即得會員六十多人，公推范登玉為正會長、葛鳳朝為副會長，以于
子修為會計、錢其民副之，此外尚有稽查員四名**㉑**。進德會所揭會規五
條，已涵蓋禁賭、禁嫖、禁酒三項，另加禁止鬥毆、禁止隨便休工兩
項，於華工十大惡習已治其半，較之萬國改良會更進一步矣！

⑱　《華工雜誌》，三十七期（1919.8.25），頁18-19。
⑲　《華工週報》，二十五期（1919.8.6）。
⑳　《華工週報》，十二期（1919.5.7）。
㉑　《華工雜誌》，二十四期（1918.7.25），頁26。

(三)華工自治會

除萬國改良會與進德會名稱外，以華工自治會為名者有下列幾處：

(1) 旅葛浦序（Captieux）華工組成華工自治會，以勤工儉學、戒除嫖賭為宗旨，入會者達八十餘名之多❷。

(2) 落里洋（Lorient）良善工人，組織一華工自治會，專為禁賭，數月以來，頗稱安靜❸。

(3) 駐克雷蒙肥郎（Clermont-Ferrand）華工約百名，向稱安謐，工人中之有見識者，共同組織自治會，並設立自治學舍及俱樂部各一所，以便工餘求學，以免閒坐無事，生出種種是非❹。

(4) 旅蛇夫爾（Gièfre）華工四百餘人，前已開設夜課，成效頗佳。更由中文、算術教授曹魯肱組織華工自治會，入會者極衆。會章有不吸煙、不吃酒、不賭博、不打架等誡。會中存款，留為將來返國善後之用。屆時若國中太平，則開設工廠，若仍以武人執政，則必護法殺賊云❺。

(5) 米念有華工約二百人左右，發起一自治會，很得該廠總辦、廠主的贊助，已經開了成立會，他們很注意戒賭及其他不正當的行為❻。

從內容觀之，所謂自治會，多半有名無實，其宗旨與前述之禁賭會、進德會等實大同小異。

(四)中華工黨

駐沙德路（Châtellerault）華工三百餘人，駐都爾（Tours）木工廠華工九十餘人，一向安靖，極得廠主優待。民國八年初，由沙德路華工發起，組織中華工黨，以實行自治、改良習慣、勤工儉學為宗旨，

---

❷ 《華工週報》，三十一期（1919.9.17）。
❸ 《華工雜誌》，二十八期（1918.11.25），頁24。
❹ 《華工雜誌》，二十八期（1918.11.25），頁27。
❺ 《華工雜誌》，三十期（1919.1.25），頁23。
❻ 《旅歐週刊》，一號（1919.11.15），頁4。

都爾華工和之。該兩處組織先後開過成立大會後，並推廣於各處，進而組織中華工黨總部於巴黎，以研究華工將來歸國後之一切善後事宜[27]。

綜前所述，為輔助華工道德，禁絕煙賭嫖等惡習，所發起的組織名稱，從單一目標的禁賭會到含有修身作用兼具移風易俗目的的進德會或萬國改良會，乃至標榜自律性質的自治會，甚至含有政黨意識的中華工黨等不下四、五種之多。就其發起人而言，大部分為青年會幹事，也有華工譯員或法人總辦，但也不應忽略起自善良華工的自動自發者，可見大家對於華工諸般惡習暨敗壞國人形象，均有共同體認。青年會四元目標之一的德育活動，本以宗教活動為主，透過星期日之佈道、宗教演說、信徒集會暨查經祈禱會等，傳佈福音，勸人為善，藉此禁絕不良嗜好。但華工為數眾多，分布地區遼濶，青年會所設立的俱樂部限於人力和經費，只能做到點的佈置，而於前敵或偏遠地區無法做到面的照顧，所以必然呈現真空地帶，而這些真空地帶之華工道德的輔助，即有賴於其他機構或人員的補充。

四、華工知識的增進

赴歐華工多以年長失學者居其多數，而略識之無者次之，受過國民教育者又次之，至中等或高等學校之肄業生則寥若晨星[28]，可見華工再教育之重要。

華工白天需要上工，故一切進修活動大抵以夜校或夜課學校為主，間亦有日班。青年會視華工程度分別施教，凡目不識丁者，可於六週內認字速成。凡略能讀與寫者，則備有常用國字表可於數週內教習。而於受過較高教育者，則開辦英文、法文、地理、歷史、數學、中國古典等

---

[27]　《華工雜誌》，三十一期（1919.2.25），頁25。
[28]　〈李駿第三次報告〉，《惠民招工檔》（五）。

班，分別講授❷。茲根據《基督教青年會駐法華工週報》等資料，將各處所開班別，列表如下：

班　　　名	開　設　地　點　或　工　廠
簡　字　班	大院、敦克爾克、比利時
注音字母師範班	大院
漢　文　班	蒙達集、克魯郷、崗城、都爾、翁日、聖修比士、蒙得維爾、衣蘇丹、比利時、瑣墨、Vaill 等
英　文　班	大院、伯勒司、崗城、梅項美、瑣墨、比利時等
法　文　班	大院、伯勒司、崗城、蒙達集、克魯郷、衣蘇丹、都爾、翁日、聖修比士、蒙得維爾、三峯、瑣墨等
歷　史　班	大院
地　理　班	大院、崗城、克魯郷等
算　學　班	比利時、崗城、敦克爾克、克魯郷、瑣墨、聖修比士、蒙得維爾等

　　由上表看出，一般夜校，首重國文，次爲英文、法文，這是日常工作與生活所需，但算學也受到相當的重視。上列班名，有時因人數不足，不一定單獨開班講授，如歷史、地理可能只是講授課目之一，排在漢文班中講授。

　　青年會或華工所辦夜校人數，其規模大小不一，全視華工駐廠人數

---

❷　Tyau Min-Ch'ien, *China Awakened* (New York, The Macmillan Company, 1922), p. 239.

之多寡而定。但可想而知，並非每一位華工都有勤勉上進之心，倘若三人之中有一人願入校就讀，就已經不錯。以蘇潑爲例，該廠有華工二五〇人，報名入學者僅七、八十人❸。一般而言，大院青年會因爲幹事較多，又有委辦和領袖互相幫助，所開班次較齊全，其規模較大，人數亦較多。據報告，在比國青年會日夜學校報名求學之華工，共達一七〇〇名之多❸，此爲總人數或某一地點之人數，不得而知。限於設備與師資，夜校規模通常不會太大，可能以五十人至百餘人之間最爲普遍。像克魯鄒工人集中地區，學生最多，只得另外分班，例如學中文者一二〇名，分三班，學英文者八十名，分兩班，學法文者六十餘名，分兩班，學算學者二十名，分兩班❸。分班的原則通常按程度之高下，但亦可能配合華工上工時間。有時十餘人亦可單獨開班，如大院所開辦的注音字母師範班，第一次畢業學員僅十二人❸。

　　論師資來源，青年會幹事多半爲留美學生，學有專長，當然可以勝任許多課目，他們擔任簡字班、漢文班、英文班、算學班教師，甚至講論時務或其他專題；法文則就地取材，多半由華人翻譯或法籍譯員擔任。中國翻譯有時亦敎簡字、漢文或算學，視情況需要而定。部分師資來自勤工儉學生。勤工儉學生除了與法國工人同廠工作外，還利用工餘時間，幫助華工辦理工人夜校，組織「華工講演團」，巡廻各地演講，其講演門類大概分爲漢文、衛生醫學及國民常識、淺近科學等❸，李書華、李乃堯、王嘉猷、梁祖蔭、黃克武、黃緒漢、徐亞屏、胡鄂鈞、蔡無忌、畢明宇、黃麗生、湯葆光、楊維新、劉慶愷等人都曾爲華工知識之增進，略盡心力❸。敎授者純係盡義務，並不收費。

---

❸　《華工週報》，四十三期 (1919.12.10)。
❸　《華工週報》，二十九期 (1919.9.3)。
❸　《華工雜誌》，三十一期 (1919.2.25)，頁22。
❸　《華工週報》，十三期 (1919.5.14)。
❸　《旅歐週刊》，一號 (1919.11.15)，頁4。
❸　《華工雜誌》，十四期 (1917.10.25)，頁18。

至於上課時間，旣爲夜校，當以夜班爲主。不過也有上日班者，如盧昂（Rouen）華工小學分爲日班夜班，日班爲一點到二點，夜班七到九點。做夜工者上日班之課，做日工者上夜班之課❸。夜班上課時間長短不一，有每日授課一小時者，有一小時半者，亦有兩小時者，全視各廠情況和需要而定。每星期長者授課四次，短者教授兩次。都爾（Tours）木廠總辦曾就華工二百五十人中選定十五名，每晚學習法文一小時（自晚五點至六點），其上課時刻，仍算作工時間，並不扣除工資，如此可使工人一面求學，一面並不減少收入❸。用意雖善，惜受惠者僅極少數，且以學習法文爲限，對於華工教育之普及，仍有待青年會各界之共同努力耶！

青年會爲華工所開設的夜校班別雖如上述，但教材並非一成不變，常視對象與環境之需要，而做必要之因應。由於教材普遍缺乏，無論中法文或其他課目講義，大多由授者臨時編輯。對於補習中文的華工，依程度可分爲兩種：一是簡直一字不識，須從頭學起的；一是已經認得一些字，白話書報已經能看，不過還不能十分透澈，寫信作文，尚難達意，而待補習的。對於第一種華工，通例以「常用國字表」爲教材，(1)先教以五、六百個普通用字；(2)照自然官話教他們組織單句短文；(3)多尋白話文書報，去做他們練習的材料。對於第二種華工，因爲他們已有了根基，比如修房子，就省了打地基一層工夫，在教學上只須爲他們多尋一點材料，引起他們的興味，使他們自己上進，自己練習，彼此少費許多氣力，而效果也許更大❸。因此漢文班有的即以《華工週報》爲課本，有的以《自由鐘半週報》❸爲教材，程度較高者則讀蔡元

❸《華工雜誌》，二十八期（1918.11.25），頁28。
❸《華工雜誌》，十七期（1918.1.25），頁23。
❸《華工旬刊》，六號（1920. 12. 5），頁1。
❸《自由鐘半週報》，係青年會幹事談伯質約同華工翻譯蔡劍衡等人，在 Saint-Sulpice 所創辦，發行期數不詳。課程由賈克秀、楊金彪、楊萬年合任。《華工旬刊》，六號，頁3。

培所編的「華工學校講義」[40]。而法語教材的編法，係於法國字下邊註中國字，幾字的意思可以用圖畫表明的，則在旁邊加畫插圖，可使不認識中國字的華工，見圖卽明白字意[41]。有的則以《華工雜誌》每期所選登的法、英、中文會話，略加剪裁、編輯而成[42]。至採辦書籍之需費，有由大家共同籌集者，亦有法國陸軍部所發給者。

青年會或其他機構，對華工夜校的辦理，態度極爲認眞。始業時有開學典禮；中間有考試，若法文班則由工廠總辦蒞堂監考，名列前茅者有獎勵；最後有畢業典禮，頒發文憑，以示隆重，絲毫不遜於一般正規學校。

以都龍 (Toulon) 華工夜班開課爲例，「開學之日，先由創辦人留學生余順乾演說立學宗旨。大要以修習言語，增進學識，培植道德，而發揚愛國精神及合衆愛羣之義爲標準。其次宣布學規。又其次，告以法國風俗習慣之大概，及尊重法律以爲保全完成人格之根本。末復演說法國之文明，共和之要義，正吾國取法之資。今得此不易之機會，來遊茲土，正當吸收其文化，探討其教育，以養成他日中國完全國民之資格云云。繼于華工中有陳慶棠、魏易三、張琇山、穆俊卿、尹貴卿、吳伯琴諸君，亦先後演說，略謂吾輩出洋，所志者遠大，固不僅傭工賺錢而已，更當勤苦向學，以求上達。今卽組織此校於作工之餘，從事學問，足證吾人之毅力志遠。古人掛角負薪，未見多讓。惟讀書之道，當更處處留心，時時勤敏，方能獲益，以不負吾人勤苦立學之意，而後名實乃相符也。演說畢，始由余君開始授課，全體雍容靜肅，鼓舞忘倦」[43]。這可以說是內容豐富，最具典型的一個開學典禮。

辦學過程中，主辦單位爲表示鼓勵，往往以競賽等各種獎勵方式進

---

[40]　《旅歐週刊》，四號 (1919.12.6)，頁3。
[41]　《華工雜誌》，十四期 (1917.10.25)，頁19。
[42]　《華工雜誌》，十二期 (1917.8.25)，頁20。
[43]　《華工雜誌》，二十七期 (1918.10.25)，頁22-23。

行。例如大院青年會所組織的簡字徵求會，分十二隊，期限十天，共計教會了七十多人，結果山西隊成績最好，奪得了錦標⓸。由青年會幹事孟勤襄所主持的駐比第一八一隊華工學校，開設有國文、英文、快字三班，青年會曾捐助獎品二十餘件，頒給最勤勉之學生，以資鼓勵⓹。

考試爲督促學習、測定學生勤惰的方法之一。法國陸軍部軍官德鳳丹氏曾隨同中國翻譯程伯甫到克魯鄒巡視，並考問會法語的華工，凡能用法語回答問題者，均賞錢二十或二十五法郎，以示獎勵，聞得賞者有十數位之多⓺。其後德鳳丹氏又到都爾，考試華工夜班之法文成績，與考者十六人，試畢有五名被取爲候補翻譯，在候補期間，每人每日獎金一法郎，以示鼓勵，期其力學，俾早日能勝任翻譯之職位。此外，更有七人各獎給時錶一枚⓻。考試成績優良，固然值得欣喜，學習精神旺盛，同樣值得安慰。有一傭於他廠之華工，距離把羅沙（Bois de Logeas）工廠華工夜校約六華里餘，每日於下午完工時，卽棄餐就學，至夜九點鐘方返本廠，可見其求學之苦心⓼。

由畢業典禮的隆重，如頒發文憑、來賓致詞與攝影留念等節目，也可看出辦學態度之認眞。如大院青年會的注音字母師範班，於一九一九年四月十八日舉行第一次畢業典禮時，學員十二人個個都領到了文憑⓽。一九一九年八月二十四日，大院青年會舉行第二次簡字課及六百字班畢業典禮，畢業生三十餘人羣集禮堂，由校長高承恩發給畢業、修業兩種證書，及優勝隊各種獎品，到者甚衆，後合攝一影而散⓾。伯勒司旅法華工青年會夜課學校於一九一九年六月二十二日午後，舉行夏季休

⓸ 《華工週報》，二十三期（1919.7.23）。
⓹ 《華工週報》，三十七期（1919.10.29）。
⓺ 《華工雜誌》，十五期（1917.11.25），頁17。
⓻ 《華工雜誌》，二十六期（1918.9.25），頁15。
⓼ 《華工雜誌》，三十三期（1919.4.25），頁18。
⓽ 《華工週報》，十三期（1919.5.14）。
⓾ 《華工週報》，三十四期（1919.10.8）。

業典禮，獎勵全體學生，並開同樂大會，有法、美陸軍長官及男女人士
到場觀禮，全體不下千餘人，除茶點招待外，並有扮中國之高蹻旱船和
演拳術棍棒等節目，以資助興，至五點全體攝影後而散❺。又同年十二
月七日，崗城青年會舉行第一次漢文班畢業班典禮，由巴黎總會韓慕儒
先生頒給畢業證書，法人羅德蘭（René Rondean）分贈獎品數種，
畢業生最優等有王達江、劉相亮、徐喜志，優等有臧興林、王貴芝、岳
萬甫等二十餘名，韓、羅二君與林幹事各致賀辭，並勉勵全體學生三育
並進，到場參觀者甚夥，禮畢，攝影而散❺。從以上各地報導可知，華
工夜校各班在結業或休業時多舉行典禮，邀請校外來賓參觀或致詞，並
有頒發文憑、贈獎、餘興節目和攝影留念等活動。由此可見，華工夜校
之進修活動，雖屬智育服務項目，但無論青年會承辦人或受教者，都慎
重其事，絕不草率。

　　以青年會為主所設的華工夜校，班別繁多，教學認真，對於華工知
識的增進，無疑有相當大的幫助。然論其學習效果，由於資料不足，很

工與學比較表	民國六年				民國七年	
	五月	七月	九月	十一月	正月	三月
入工餘講習所	0	10%	15%	15%	20%	20%
入中文班	0	5%	6%	6%	9%	9%
入法文班	0	2%	3%	4%	5%	5%
入科學班	0	3%	6%	5%	25%	25%
工餘每日自修逾三小時	1%	2%	10%	15%	50%	50%
工餘每日自修逾一小時	3%	4%	10%	30%	30%	30%
讀華工雜誌	5%	9%	21%	27%	30%	30%

❺　《華工週報》，二十二期（1919.7.16）。
❺　《華工週報》，四十四期（1919.12.17）。

難得出一科學化有系統之統計表。上表以翁日（Vonges）火藥廠爲例（該廠截至民國六年十月有華工930人），可看出其入學人數所佔比率之進步情形❸。

一般而言，華工識字者不多，能說法語者所佔比例更少。據青年會諸君調查，以駐 Fort du Bozellier 華工隊爲例，該隊共一百二十人，識中國字者三十餘人，能書寫來往信札者八、九人，能說法語者十餘人，識法國文及能抄寫小文件者三人❺。就敦克爾克的朱祿工廠而言，該廠華工共二百九十二人，識字者約五十人，於法語完全不懂者十之二三，粗通者數人，大半皆可表示己意❺。另都龍華工隊，識中文的十分之一，能略說法語的約十分之一❺。可見各地情形並不一致。

這些大部分不識字或不懂法語的華工，經過青年會等華工夜校的洗禮後，產生一些具體的進步，自不待言。以前述翁日火藥廠爲例，習法文者，已有十人到戰地任翻譯，尚有十人亦能寫法文書信。習中文者則不一律，有文從字順的，亦有認字不少，但不能動筆者❺。又如駐比第一八一隊青年會華工學校，該校設有國（漢）文班、快字班、英文班，成績甚爲可觀。國文科學生共六十餘人，分甲乙兩班，甲班自開學後甫三月，已能作淺近文字之家信矣❺！再如伯勒司旅法華工青年會夜課學校，自正樂德、陳維新二君到該城，創校不過半載，而成效卓著，間不

---

❸ ＜國務院僑工事務局在法華工情形書＞，《新中國》，一卷一號，頁208。
❺ 冷冰，＜駐法 Fort du Bozellier 華工隊實況＞，《華工雜誌》，四十四期(1920.3.25)，頁62。
❺ 田恩霈，＜朱祿工廠華工狀況＞，《華工雜誌》，四十五期（1920.4.25），頁55-56。
❺ ＜在都龍地方一隊華工的情形＞，《華工雜誌》，四十五期，頁62。
❺ 《華工雜誌》，四十四期（1920.3.25），頁58。
❺ 《華工週報》，三十七期（1919.12.29）。

識中國文字之華工，今已能認識六百餘字，並能寫能講，而英、法文兩班，亦有進步[59]。另都爾工人夜班開辦半年，成績亦佳，能粗識最普通法語者，已有多人[60]。在洛葉華工醫院，有一座營棚是專爲患癩病的人而設的，華工患此病共有十九名，他們無論白天或黑夜多長住在棚裏，雖有靑年會人員的邀請，也不喜歡到外邊走動遊玩，精神十分苦悶。服務該院的潘君見到他們的苦景，就發了憐恤的心，殷殷勤勤的把中國的快字法教給他們。經過兩個禮拜的工夫，他們都能識快字，用快字唱歌吟詩，心情因而開朗，比別的病人都快樂[61]。

華工到法之初，識字人數不過百分之二十，經過靑年會等單位多年的努力，至民國十年底爲止，據陳達估計，識字人數已增加至約百分之三十八[62]。

五、對華工體能的鍛鍊

體育不但可以強身，而且藉此可以娛樂身心，提高工作效率，增進生活情趣，故素爲靑年會所注重。

舉行運動會是既能鍛鍊華工身體，又能引人注目的一項活動。一九一九年三月十日洛葉的華工舉行一次運動會，參觀的人很多，其中最有趣的三項比賽是：(1)二百碼賽跑；(2)半英里山藥豆賽跑；(3)擲鐵

---

[59] 《華工週報》，二十二期 (1919.7.16)。
[60] 《華工雜誌》，二十四期 (1918.7.25)，頁27。
[61] 《華工週報》，八期 (1919.3.26)。
[62] Ta Chen, *Chinese Migrations, With Special Reference to Labor Conditions* (Taipei, Ch'eng Wen Publishing Co. Reprinted, 1967), p. 154.

（鉛）球。比賽得前兩名者，皆有獎品[63]。英軍華工第二九與一一五兩隊，也於同年八月間合開一次運動會，競爭比賽，各有勝負，到場觀看的人，擁擠不堪，頗極一時之盛[64]。此外，英軍第九五隊華工，也於某放假日，聚集遊戲場上，作體育比賽，節目有足球、拔河、百碼賽跑、沙袋競走、三足競走、跳高、遠跑（馬拉松）等十餘項，由加拿大軍官擔任裁判。賽畢，發給獎品，到者數百人，盡歡而散[65]。

運動會多半是華工與華工之間的競技活動，此外青年會也為華工成立足球隊與棒球隊，加強訓練，以便與外邊球隊進行比賽。例如屋樑青年會足球隊自成立後，進步非常神速，先與該處法人中學球隊比賽[66]，又與法軍球隊激戰數次，連戰連勝[67]。

除足球、棒球等需要團隊合作的項目外，華工也定期比賽拳術，這是駐勒哈佛（Le Havre）第一四八與一九一兩隊華工之間的事[68]。此外，格耐勒（Grenelle）華工曾組織一個體操班，共四十餘人，分甲乙兩隊，每晚七時至八時練習，由鮑清山君任教練，雖創設未久，而成績大有可觀[69]。

與體操相關的是兵操。由於《華工週報》不斷的報導膠州問題與中日密約，激起華工們的愛國心和實際行動，除捐款救災或振興工業用外[70]，各地華工紛紛組織團體，練習兵操，以奮發圖強。例如駐白龍的華工七隊約三千餘人，大家於星期日上午相聚場上作兵操，此事得隊官許

[63]　《華工週報》，八期（1919.3.26）。
[64]　《華工週報》，二十九期（1919.9.3）。
[65]　《華工週報》，三十期（1919.9.10）。
[66]　《華工週報》，十五期（1919.5.28）。
[67]　《華工週報》，二十二期（1919.7.16）。
[68]　《華工週報》，十六期（1919.6.4）。
[69]　《華工週報》，三十五期（1919.10.15）。
[70]　吳相湘編著，《晏陽初傳》（臺北，時報文化出版公司，民國70年8月），頁33。

可，由工頭敎練，實行雖不久，而成績頗有可觀[71]。駐伯勒司華工，以軍國民敎育爲重，仿我國陸軍編制辦法，組織兵操隊，成一連之譜，每日午後六時一刻上操，內有華工段允升、李長榮諸君敎練，使華工人員得有陸軍知識。每禮拜二、四、六晚十時，有陳君維新敎授軍人要覽新書，使明軍事學理。自開始以來，均甚踴躍，又兼軍律嚴肅，頗可觀閱。該廠靑年會幹事正、陳二君，特於一九一九年九月十九日午後六時，備大汽車三部，使兵操人員與讀英、法、中文三班學生，乘車至浪達樂城旅行，觀覽沿途風景，以快心志，至十時而散[72]。旅塞爾西（Cercy la Tour）華工，因靑島問題失敗，日人謀我愈甚，特成立自治勇敢救國會，每日於工暇時，操演一點半鐘，硏究一點鐘之軍事學，以備將來報國之用[73]。由上可見，華工已由平日的追求體育強身，因國家多難而逐漸走向尙武報國的途徑!

六、華工感情的聯絡

羣育對內而言，是合羣觀念的培養；對外來說，是一種敦親睦鄰的工夫。靑年會在這方面的作法，大致秉持下列三個原則：

（一）對於本國工胞的糾紛，力求化解。例如雷望有華工約三百名，彼等皆廣東人，傭工於法國軍隊之內，向來分駐三個工廠，團體感情素不甚融洽。自靑年會幹事彭堯祥君到後，極力周旋其間，感情日洽一日，其後三廠華工時常集會，作種種體育和智育方面的競爭比賽[74]。

（二）強調華工在法工作，有敦睦邦交、促進中法親善之功。因此利用各種場合或其發行刊物，苦口婆心，勸告華工守規矩，不鬧事，以免

[71]　《華工週報》，十二期（1919.5.7）。
[72]　《華工週報》，三十二期（1919.9.24）。
[73]　《華工雜誌》，三十七期（1919.8.25）。
[74]　《華工週報》，二十三期（1919.7.23）。

影響兩國人民的感情。

（三）一旦有事故發生，站在民族感情的立場，居間調停。例如旅古塞第八隊華工，因積怨已深，曾與該處法警大起衝突，竟至用武，法警終而開槍亂射，毫不講理，全隊華工大動公憤，到處喧嘩訴冤，幸有青年會幹事戴、王二君居間調停，此案卒得公平判決。其結果法警一律被革職，且有受重懲者❼⑤。

除以上所述之犖犖大端者外，娛樂的提倡、正當消遣的注意，也可增進華工的感情，使其身心獲得平衡。這方面，青年會為華工所做的，不外為華工成立俱樂部，組織劇團、戲曲班、同樂園，演出戲劇同樂一番。法國北部的里爾（Lille）城，乃華工第一一三隊所駐紮之地，青年會幹事某君特在該隊招集一切能彈會唱之人，組織戲曲班，名為中和園，練習唱演純熟，甚得隊官嘉許，並建一舞臺，佈置整齊，工人每逢星期假日，必登臺演唱兼變戲法，甚是熱鬧，常有英法軍官到場探觀，都拍手道好，稱道工人技藝精熟，很有趣味。一般執事之人受此鼓勵，遂思添購戲服，改建舞臺，以便排演更多白話舊戲❼⑥。又如馬聚加（Maujac）工廠青年會，則每星期六開一次遊戲會，其內容有：(1)演說；(2)大鼓；(3)蓮花落；(4)梆子；(5)拳術；(6)雙口相聲；(7)滑稽新戲；(8)留聲機；(9)電影；(10)會長報告❼⑦。這眞是中國傳統民間藝術與西式娛樂的大會串。除戲劇表演外，駐伊卜（比國境內）第一三九隊全體華工，亦曾假座該地青年會所，開音樂大會，管弦絲竹，洋洋盈耳，到者六百餘人，大家都聽得很高興❼⑧。

除以上所述平日消遣節目外，每逢端陽、中秋、雙十等節日或農曆過年，青年會與華工都舉行慶祝會，尤以國慶最為隆重。茲舉兩處盛況為

---

❼⑤　《華工週報》，三十五期（1919.10.15）。
❼⑥　《華工週報》，二十三期（1919.7.23）。
❼⑦　《華工週報》，二十四期（1919.7.30）。
❼⑧　《華工週報》，十四期（1919.5.21）。

例。歡南（Roanne）華工於國慶日全體休工，預先已在工場高搭翠柏牌樓一座，飾以彩燈國旗，非常奪目。是晨七時，即鼓樂悠揚，齊向國旗行祝賀禮，兵工廠總辦亦到場紋慶，全體拍照，以爲紀念。午時大擺筵席，上設留聲機器播放音樂以助興。餐畢，齊到野外作種種遊戲。晚七時，大放煙火，法人男女來參觀者，不下數千人。華工歡迎來賓，復開跳舞會，熱鬧非常，至午夜十二時方散❼❾。敦克爾克華工於國慶日，全體休工，除在工廠大門紮搭彩色牌樓外，各駐所門前亦均飾以色花綠葉及五色國旗。工場內設有賀堂及祭堂，是早九時，該廠總辦及華工經理率同華工至賀堂及祭堂皆行三鞠躬禮。附設祭堂者，所以表國人追懷開國先烈之誠意也。旋由法總辦演說，並祝我國將來之進步，及華法兩大國民之親愛。說畢，華工全體鼓掌道謝。十二時開宴，特聘女藝員於席前跳舞，並設備留聲機器，唱中國戲曲以助興。宴畢，華工代表十數人與總辦及來賓等，共攝一影，留爲紀念。晚上演放各種彩色燈光，遠涉數千里，來觀者數千人，至午夜方興盡而散❽❶。

　　以上這些平時娛樂的提倡和節日慶典的舉行，對於華工感情的聯絡和華工與當地軍民情感的促進，無疑都有莫大助益。

七、對華工的其他服務

　　除上述智、德、體、羣四育的活動外，青年會對華工也提供一些實質的或精神方面的服務，茲分別加以紋述。

　　「烽火連三月，家書抵萬金」，華工寄旅異域，賴以慰藉的最大精神寄託，厥爲寫寄家書。其不識字者，則可請青年會辦事人員代勞。據聞華工往來信函，常有寄不到的，甚至有一年半載未接家書的，這或者

---

❼❾　《華工雜誌》，二十七期（1918.10.25），頁24。
❽❶　同上，頁24-25。

都是因爲所用的信封不合格式的緣故,因此青年會特將信封大加改良❽,也卽大量印行書有中法文收信人姓名、住址的標準信封,免費供應,交華工附寄於家信中,以便回郵時塡用,不致發生錯誤。

爲鼓舞華工士氣,青年會所辦的刊物與其他華工雜誌一樣,也經常宣揚華工的英勇事蹟。《基督教青年會駐法華工週報》曾報導一段華工爲國增光的美談。緣山東濟南府齊河縣籍的王振彪,抵法已有年餘,爲五七隊的四道隊長,爲人正大慷慨,對於華工弟兄有親密的感情。他在阿哈斯(Arras)一帶作工時,正逢德國用飛艇(機)丟擲炸彈攻取那個地段,王君在槍林彈雨之中,不畏死的率領弟兄爲英軍運糧,英軍旣得勝,深佩王君的英勇,特頒給獎牌,以表感謝❽。

青年會對華工死難者,也提供不少的服務。在大院地方,有華工墳地一處,內葬華工六百多人,該地青年會特假復活節之日,舉行一次春季追悼會。節目有中西名人演說,並列隊於墳前致敬等。當日到會者,除全體華工之外,尚有英國官長職員多人,羣賢畢至,極一時之盛❽。又白龍鄰近聖丹尼(Saint-Denis)地方埋有華工屍體約一五〇具,該處吳澤湘、周辨明二君熱心公益,特發起募捐,在墳地前建大石坊一座,作爲旅法華工爲義捨生的紀念❽。此外,盧昂(Rouen)青年會幹事全紹武,曾於一九一九年倡議,爲在法作工去世兄弟,在北京或天津建一座紀念碑,以作永遠紀念❽。建碑事與民國二十四年(1935)梁汝成(參戰派遣二十萬華工簽約全權代表)之上書行政院等機構所提出的建塔案❽,因有關機關另有意見,終於不了了之。

❽ 《華工週報》,四期(1919.2.12)。
❽ 《華工週報》,五期(1919.2.19)。
❽ 《華工週報》,十二期(1919.5.7)。
❽ 《華工週報》,三十三期(1919.10.1)。
❽ 《華工週報》,四期(1919.2.12)。
❽ 梁氏認爲,九國公約之成立,乃華工參戰之功,故建議將九國公約銘諸石塔,「以警告列國,使其負疚神明」。據外交部意見,華工於歐戰時確曾參加後方重要工作,惟此項工作至1918年11月11日休戰以後已告結束,而九

八、結　語

綜上所述，基督教青年會基於人道的立場，秉持宗教家服務奉獻的精神，派遣優秀幹部到西歐戰地為華工做各種服務。從大處觀察，我們毫無疑問的看到，它增進了華工與協約國軍民之間的感情，減少因言語不通，生活枯燥所發生的種種摩擦[87]；同時，它激勵華工士氣，提高其工作效率，於聯軍之獲得最後勝利，不無貢獻。

從小處著眼，經青年會人員熱心呼籲倡導的結果，它相當有效的改正了華工的惡習，提升華工的道德；透過夜校的開辦，華工識字率增加，知識也隨之增進；它同樣鍛鍊華工的體魄，培養華工的合羣意識。總之，在青年會德、智、體、羣四元目標的薰陶下，華工不敢說已完全脫胎換骨，但至少經過一段文明生活的洗禮，為中國培養更多健全的現代國民。

青年會所扮演的角色，固然不是獨一無二的，但它所提供的各項服務，應是所有機構中最具規模、最有組織、最為詳備、最富創意、最能持之以恒的，雖然它仍有只考慮到點而無法照顧到面的缺憾。更重要的是，它處於一種客卿的地位，與華工之間的關係是亦師亦友，不像華工與總辦、翻譯之間多少在心理上存有隸屬的關係，所以彼此相處甚得，其所提供的各項服務也容易博得華工的好感。華工對青年會的喜愛，可由馬賽工人王佛仁所做的一首歌看出，歌云：

　　諸同胞，由外來，辛辛苦苦到馬賽。坐號房，心不快，一天到晚

　　國公約則於1922年2月6日在華府會議時簽訂。故外交部認為，原呈所謂將九國公約銘諸石塔，以警告列國，使其負疚神明一節，「設想迂遠，無甚意義，擬請免議」。參閱《華工與歐戰》，頁171～172。

[87] 據統計，1916年11月8日至13日間，在法境各華工隊連續發生暴動、罷工、互毆。翌年1月至9月間，罷工及恐嚇事件又有八次。引自吳相湘，《晏陽初傳》，頁26。

不自在。青年會，善招待，華工同胞莫見外。早九點，把門開，直到四點都可來。學國文，把字猜，又唸又記真是快。學寫信，上講臺，編好做好真是快。天天聽講莫懈怠。筆紙墨，不用買，隨時需要無妨礙。有報看，有棋賽，許多玩意很奇怪。有電影，暢心懷，星期二五兩點開。諸同胞，勿徘徊，須知有利毫無害。嘆光陰，最可愛，今日過去不能再。同胞呀！勿疑猜，請到青年會裏來。⑧⑧

又如青年會幹事石葆光在格羅沙辦理華工青年會，開設夜校有成，該處工人甚感其德，特贈金牌一面，上刻「育德同頌」四字，以作紀念⑧⑨。另白萊師博士在司活爽辦理青年會，非常熱心，華工獲益不少，該處工人特鑄贈金牌，上鐫「愛人如己」四字⑨⓪，這些都是雙方相處和諧的明證。

青年會不分國籍畛域，不論黨派親疏，本著服務人羣的精神，在歐戰期間為我廣大華工提供各項服務，這種高貴的情操，不只受益的華工永遠感念，同樣也將長留在所有中國人的記憶裏！

原載《近史所集刊》第十七期（民國七十七年六月）

---

⑧⑧　《華工週報》，十期 (1919.4.23)。
⑧⑨　《華工週報》，二十六期 (1919.8.12)。
⑨⓪　同上。

陸徵祥與巴黎和會

一、外交生涯概述

陸徵祥，又稱增祥，字子興，或書子欣，江蘇上海人，同治十年
（1871）六月十二日生。小時家境清寒，其父以助基督敎牧師每晨於街
頭分發聖經傳單爲業❶。徵祥幼年身體羸弱，至十一歲始入私塾發蒙就
師，誦習四書。十三歲進上海廣方言館，肄業八年，嗣於二十一歲時考
入北京同文館，專攻法文與法國文學。

光緒十八年（1892），徵祥年二十二歲，於同文館肄業僅一年，卽
獲駐俄、德、奧、荷四國大臣許景澄（文肅）之賞識，奏請總理衙門調
往駐俄使館充學習員，擔任繙譯工作，此可視爲其外交生涯之開始。徵
祥曾拜許文肅爲師，學習外交應對禮儀及立身處世之道，此於其日後外
交站壇之折衝與乎民初複雜政局之肆應，當不無裨益。

徵祥初抵俄京聖彼得堡，擔任學習員。不數月，於光緒十九年（1893）
許景澄剳命他爲四等繙譯官。光緒二十一年（1895）升三等繙譯。同年
五月，許氏又奏加布政司理問銜，卽選縣丞。越一年，升二等繙譯。光
緒二十二年冬（1896）許景澄去職，由楊儒繼任駐俄、德、奧、荷欽

---

❶ 有關陸徵祥之生平經歷，請參閱羅光著，《陸徵祥傳》（臺北商務印書
館，民國56年8月），何大爲，<由外交總長而作洋和尙的陸徵祥>，《藝
文誌》第二十二期（民國56年7月），頁22-27；《中華年鑑》；《民國名
人傳》。

使。次年，楊儒奏之加同知銜，卽選知縣。光緒二十七年（1901）又奏加直隷州知州銜。光緒二十八年（1902），胡惟德繼任駐俄欽使。次年奏加參贊銜，並給假六月。光緒二十九年（1903）十二月，奏加三品銜，卽選知府。光緒三十年（1904），升二等參贊。光緒三十一年（1905）冬徵祥膺命爲駐荷欽使，乃去俄。

徵祥在俄京先後停留十四年，歷充許、楊、胡三位欽使暨欽差大臣李鴻章之繙譯，因此常有機會覲見俄皇和俄后，與宮廷中人也多相識。當其離俄時，俄皇尼古拉二世特破例接見並頒贈勳章，又派馬車迎送，一如公使禮儀，且俄后也出見，禮遇之隆，前所未有。

光緒三十二年（1906），陸徵祥抵海牙出任駐荷第一任全權公使，首設中國使館。翌年，海牙舉行第二次和平會議，陸氏以中國專使名義參加，表現良好，大獲袁世凱賞識。時袁氏任外務部尚書，曾以「通達時務，慮事精詳，凡於國體有關事項，據理力爭，曾不少詘，尤能洞察列強情勢，剴切敷陳，確有見地」❷等語譽之。宣統三年（1911），徵祥奉命赴俄爲改訂陸地通商條約專使。抵聖彼得堡後，適駐俄欽使藍蔭圖奉調回京，陸氏遂被任爲駐俄公使。不久，革命軍在武昌起義，民國元年一月一日，孫中山先生在南京就任臨時大總統，組織臨時政府，以王寵惠長外交。三日，陸徵祥聯合駐外各使，電請清帝遜位，以息內爭❸。二月十二日清帝退位，次日孫中山辭臨時大總統職，薦袁世凱以自代。三月十日袁氏就職於北京，依臨時約法任唐紹儀爲內閣總理，陸氏爲外交總長。徵祥之出任總長，係袁氏所提，其人個性和易通達，善事長官，故甚得袁之歡心，乃位列袁系四總長之一。

民國第一任內閣雖標榜爲政黨內閣，實則因南北合併之故，結合袁

❷ 李劍農，《中國近百年政治史》（臺北，商務，民國46年5月臺初版），下冊，頁376-377。
❸ 岑學呂，《三水梁燕孫先生年譜》（臺北文星書店，民國51年），上冊，頁105。

系人物與南方同盟會會員而成。後因袁氏把持政權，唐紹儀不能實行責任內閣，乃於元年六月憤而棄職離京南下。結果「馴順如羊」的徵祥繼任國務總理，組所謂「超然內閣」，一切政令均秉承袁氏意旨，遂被參議院彈劾失職，不安於位，繼此稱病入醫院，不理政務。國務總理一職遂由趙秉鈞繼任，十一月徵祥再任外長。次年，宋教仁被刺於上海，大借款成立，二次革命忽起，趙秉鈞遂去職。熊希齡繼組內閣，以孫寶琦任外交總長，陸氏乃退居總統府外交最高顧問。

　　民國四年正月，日本乘歐戰方酣，列強無暇東顧之際，向袁世凱提出五號二十一條之要求。袁氏為拖延時間❹以陸徵祥易孫寶琦為外長，與日本展開秘密談判。惟陸氏「忠厚少方，非折衝之選，亦無燭奸之明」❺，以奉命唯謹，終於簽訂了喪權辱國之約。袁氏稱帝後，徵祥被任為國務卿兼外長。迨袁氏病歿，黎元洪邀之入閣，以主對德作戰，與黎氏政見不合，辭不受命。民國六年，段祺瑞武力平南計策失敗，辭國務總理，以王士珍繼任，徵祥復長外交。民國七年，段復主閣，陸氏仍任外長。十月十日，徐世昌就大總統職，錢能訓受命為國務總理，徵祥仍留任外長。當南北醞釀和平會議時，陸氏曾電政府，敦促南北從速議和，以免招致協商國之干涉❻。

　　民國八年歐戰結束，和會在巴黎召開，陸氏以外交總長身分兼首席代表率中國代表團出席參加，因山東問題力爭無效，遂未在凡爾賽對德和約簽字。和會畢歸國，徵祥鑒於「和會欺弱媚強，世界正義終無伸張之日，而且國內南北爭持，直皖與直奉大動干戈」❼，不僅國事無可

---

❹　李毓澍，《中日二十一條交涉》(上)，(臺北中央研究院近代史研究所專刊十八，民國55年)，頁283。

❺　劉彥原著，李方晨增補，《中國外交史》(臺北三民書局，民國51年)，上冊，頁421。

❻　《順天時報》，民國 8 年 1 月28日。

❼　羅光，《陸徵祥傳》，頁117。

爲，且個人心力亦交瘁，遂於萬念俱灰之下，在九年十二月辭卸外長，退出政壇。民國十一年，徵祥偕培德夫人赴瑞士養病，北京政府旋發表其爲駐瑞士公使。民國十五年培德夫人謝世後，陸氏遂辭公使職，前往比利時入本篤會修道，從此結束其長達三十五年之外交生涯。

二、中國代表團內部之齟齬

民國七年十一月十一日歐戰結束，翌年一月十八日和會在巴黎揭幕，惟北京政府遲至一月二十一日和會揭幕後始正式發布代表團人事命令，個中緣由除因日本作梗外，南北之爭當係主要因素。

當時南方軍政權既與北方政府分庭抗禮，在遣派和會特使方面的努力，亦表現積極，唯恐落後。民國七年十一月十五日，林森、鄒魯、徐謙等上書中山先生，請擔任出席歐洲和平會議中國代表。蓋是時北政府已有派陸徵祥、魏宸組之說，故林森等以非中山先生親往，不足正國際視聽爲由，特建議兩項辦法：(一)中山先生自動赴美國及他國；(二)由軍政府委託爲和平會議代表，並歷聘日、美及歐洲各國。其目的有四：(一)使國際間深明中山先生宗旨，而恢復外交之信用；(二)使國際間深知中國和平非推倒武力派不可；(三)使國際間明瞭推倒武力派，則日本不能逞志於中國，而世界和平亦有莫大關係；(四)使國際間將大戰後凡予參戰國之利益，亦推及於中國❽。由此觀之，南方若干政治領袖除主張由中山先生親往出席和會外，似亦隱含單獨派使，內爭體面，外爭平權之意。

十二月十二日，廣州軍政府政務會議對於參議院建議派遣歐洲和平會議代表案，議決三項辦法如下：(一)通知中外，擬派孫中山、伍廷

---

❽　羅家倫主編，黃季陸增訂，《國父年譜》(黨史編纂委員會，民國58年增訂本)，下冊，頁749。

芳、汪兆銘、王正廷、伍朝樞爲歐洲和平會議代表；（二）通電護法各省，分攤歐洲和平會議代表經費，先共籌十萬元；（三）先派李煜瀛、張繼赴法國❾。南方政府先聲奪人，未待南北協商即發布和會人選，其單獨遣使之意至此已甚明顯。

惟中山先生自始即不允擔任代表名義，亦對南方單獨派遣代表一事，表示有實際之困難。綜合中山先生意見，可歸納幾點如次：（一）國際上只承認北京政府，而未承認南方軍政府；（二）按國際慣例，外交上非有國家資格，決難展布；（三）即使以其他任何名義前往，亦不能向和會發言，因此不能發揮效果❿。

中山先生的深思熟慮終於打消了南方單獨派代表之議，轉而想謀取與北方之合作。事實上，南方政府自派特使確有不便，亦難獲列強之支持，遂以伍朝樞爲代表赴滬與北方代表進行磋商。伍氏曾致電國務總理錢能訓說：

> 南北時局尚未統一，此時若純由北方遣派代表，于事實上旣不能代表全國，于法律上亦有問題，難邀國際之承認，發言亦無充分力量，南中亦難漠視。現在會期已迫，鄙意以爲雙方會同選派代表最爲適當。辦法例如：北方派若干人，南方亦派若干人，此項會同選派之人數，北方正式發表，南方亦同時正式發表，如須國會同意，則使北方派遣之人由南方任命，南方遣派之人亦由北方任命，似此則對內于法律事實旣能兼顧，雙方體面亦可兩全，對外則以表示我國參與和會，南北確能一致行動。⓫

廣州軍政府由最初之「單獨派使」，到現在之「雙方會同選派代表」，

---

❾　同上，頁741。
❿　同上，頁750和頁752。
⓫　《順天時報》，民國7年12月14日。

態度上已大有轉變，惟有關之磋商，因雙方條件未能圓滿解決，兼以歐洲和會會期已迫，故並無具體之結果。

民國八年一月二十一日，北京政府終於明令發表陸徵祥、顧維鈞、王正廷、施肇基、魏宸組五人爲全權委員，參加和會。其中陸、王二人暗中卽算南北雙方推舉，對外名義上同受中央政府之委任。至顧、施、魏三氏則以駐外公使應有之資格參與，雖其原職爲北京政府所任命，然對外實同爲中國之代表，且此三人與西南之外交人物如唐紹儀、伍廷芳等及廣東方面素皆融洽⑫。北京政府爲示對外統一，最後加上具有南方色彩之王正廷氏爲全權委員，惟王氏之臨時加入，似係陸外長經過紐約時所促成，亦係出之於美國影響力之考慮，因正廷前在美國留學時，與美國威爾遜大總統曾有師生之誼⑬。

中國和會全權委員雖然發表，但在排名順序上卻煞費斟酌。按照和會規定，中國只分配兩席，而全權委員卻達五名之多。陸氏以外長兼首席全權，可佔一席自無問題，另一席則擬由其餘四人輪流，因此排名先後甚關緊要。據梁敬錞教授回憶，「陸外長在巴黎電薦全權專使四人，其排列順序依次爲王正廷、顧維鈞、施肇基、魏宸組。王係陸外長在廣州約去，有代表南方廣州政府的色彩，顧係駐美公使，施係駐英公使，魏係駐比公使，且皆正同在巴黎。陸以外長自充首席，這種安排本甚妥當，但總統府外交委員會因陸外長時常須赴瑞士養病，次席全權有管理代表團行政責任，而王與北政府不通聲氣，對於近年北政府外交事務亦不熟悉，恐陸外長養病去後，政府與代表團之指臂相使，易欠靈活，乃建議將王、顧席次顚倒，改爲顧、王，餘則悉照原案。建議簽奉總統核准後，卽由印鑄局明令公布，電知陸使遵照。不料陸外長事先已與王正廷有過次席全權之口約。王以違約相詰，卽欲束裝返粵，陸外長無奈，

⑫　彬彬，〈我國與歐和會議談〉，《時報》，民國 8 年 1 月 27 日。
⑬　《時報》，民國 8 年 1 月 9 日。

只得仍照王正廷次席，顧維鈞第三席之名次，正式送致和會秘書廳，而國內命令之專使次序，與和會秘書處之中國專使名次，遂不相符。陸外長面慰顧使，顧尚唯唯，而王仍介介。自是王、顧失和，終王之世，未能回復。」⓮

除次席之爭外，一般頗於顧維鈞之名次在三公使前而有所致疑。事實上美國執和會之牛耳，為爭取美國在會中相助與同情，自不能不以駐美公使列於前⓯。大體而言，顧維鈞與魏宸組兩人對於排名問題並無意見，卽使敬陪末座亦無所謂。惟施肇基則不甘殿後，頗有努力爭前之意⓰。此外，和會在巴黎召開，而會議所在地的駐法公使胡惟德竟未預其選，頗令人有奇異之感。據《順天時報》報導，胡氏所以未預其選，以其在歐戰中，駐紮最可活動之法國，不能有所活動貢獻於國家，故為政府所不慊意⓱。總之，不管如何安排，代表團成員間互相疑忌，各懷鬼胎，已種下分崩離析，不能和衷共濟的因子。

一般而言，支配中國代表團的主要人物是王正廷與顧維鈞，兩人均較陸徵祥年輕，且同在美國受過西式教育，王氏且被視為代表團中最富侵略性之人物，但他對於顧氏的辯才仍得禮讓三分。陸徵祥雖出身廣方言館與同文館，惟其所受教育仍為傳統舊式訓練。在政治上，他代表保守勢力，傾向於比較溫和之政策，他的和藹可親與不願說「不」字，不僅使他面對日本的交涉處於不利地位，而且受制於中國代表團內較富侵略性之團員。在和會期間，他處處表現出軟弱沒有主見，需要別人支持。陸氏的敵人認為他是個親日派，甚至貪污不法，此種批評雖嫌過分，

⓮　梁敬錞，〈我所知道的五四運動〉，《傳記文學》，八卷五期，頁6-7；又《中國一周》八三九期亦有轉載。

⓯　同⓬。

⓰　Russell H, Fifield, *Woodrow Wilson and the Far East: The Diplomacy of the Shantung Question.* (Archon Book, 1965) p. 186.

⓱　《順天時報》，民國8年1月23日。

不過他於和會期間，未能在中國代表團中建立起堅強而有力的領導權，則為不爭之事實❶。

三、陸氏過日本之風波

民國七年（1918）十二月一日，陸徵祥以外交總長身分先行啓程赴歐出席和會。是日晚八時半，陸氏搭乘京奉專車出發先經奉天，同行者除其夫人、小姐及家庭教師外，尚有法律顧問比利時博士德荷尼託氏，暨王景岐、嚴鶴齡、劉崇傑、朱誦韓等隨員❶。動身前，陸氏曾以關餘抵押借債六十萬銀元携往。時曹汝霖、陸宗興兩氏以「中國前之參戰，皆係日本所贊助，且將來所議皆係東方問題」，故建議陸外長過日本時除與其當局相周旋外，並順道一赴桃山明治皇陵拜謁，以符專使訪日之通例❶。所以陸氏此行由東三省經日本、美國赴歐，實隱含試探兩國政府態度之意，一敵一友，均於中國和會成敗攸關。

日本政府聞陸外長將經由日本轉美赴歐，極表歡迎，卽通知章宗祥公使轉達北京政府，俟陸代表過日時，卽予以隆重接待，日皇且預定由避寒地回京接見。北京政府卽轉電陸代表，陸氏亦回電應允，請轉謝日政府❶。不意陸專使抵奉天時，忽發坐骨神經病暨傴麻質斯症（類似癱瘓病），行動頗為不便❶，遂囑外部電辭日政府之接待。北京政府以事出意外，恐開罪日本，立電陸外長，勉力疾從公，其電云：

---

❶ Fifield, op, cit., p. 183.
❶ 《順天時報》，民國 7 年12月 2 日。
❶ 《時報》，民國 7 年12月11日。
❶ 曹汝霖，《曹汝霖一生之回憶》（臺北傳記文學出版社，民國 59 年），頁 146。
❶ 《時報》，民國 7 年12月10日。

此次執事由日赴歐，　本為接洽起見，　表示親善之意，日皇定期
覲見，政府按日接待，若臨時變更，不特易滋誤會，誠恐惹起惡
感，　與在京商定計畫不符，務望力疾即行按期入覲，萬一不能
支，只能酌減酬應，緊要接待不可忽略，事關國際，務應慎重將
事，毋負委任。㉓

　　陸氏出發時已值隆冬，沿途感受風寒屬實，惟至下關經日本醫師診
治後，已無大礙。陸外長抵東京後，仍按計畫即訪日本內田外相與牧野
媾和委員，至徐世昌總統贈日皇之親書及相片，陸氏因抱病未能進謁，
遂託由內田外相代為轉呈。陸徵祥訪日任務完畢，即於十二月十日下午
三時由橫濱港搭乘「諏訪丸」渡美㉔。據《時報》透露，陸氏之稱病，
與小幡酉吉之出任駐華公使有關，蓋陸氏前與日方談判二十一條時，頗
受參事官小幡之氣也㉕。陸氏抵日本國境後稱病不至東京，曾連帶引起
駐日公使章宗祥之辭職，而北京反對陸氏為媾和特使之一派亦主張另委
他人以代陸㉖。

　　陸氏日本之行的另一風波，乃秘密文件之失竊。當時北政府預備和
會應用之一切重要文書，皆由陸氏親帶，船經日本，忽被日人竊去丁字
文書一箱，日本所以出此手段，蓋急欲探找我國提案之內容也㉗。有關
文件失竊地點，一說係在對馬海峽附近㉘，一說係在奉天安東間之火車
上㉙，傳聞殊異，真相難明。甚至外傳陸氏之稱疾，即係因秘密文件遺
失之故㉚。此事經報章揭露後，有人據而探詢日使署，使署某員答謂不

㉓　《時報》，民國 7 年12月11日。
㉔　《時報》，民國 7 年12月15日。
㉕　《時報》，民國 7 年12月11日。
㉖　《時報》，民國 7 年12月 9 日。
㉗　劉彥，前引書，下冊，頁542。
㉘　《時報》，民國 7 年12月12日。
㉙　《時報》，民國 7 年12月15日。
㉚　同㉘。

確且不必，因陸使離京前，彼輩早得公文之底稿矣❸。此項洗刷不啻表明，其政府已向中國外交部私人購得此項副本矣！又外部參事劉崇傑曾隨陸氏到東京逗留數日而後折回，再陪梁啓超赴歐。劉氏回京後曾招待記者，聲言公文被盜，全屬子虛❷。惟據曹汝霖稱，陸曾電外部，云秘件箱遺失，囑再速抄一份即寄巴黎使館❸。足見非純屬空穴來風也。

　　陸外長過東京，先是稱病無法覲見日皇，又傳秘件箱失竊，疑雲叢生，然最值得重視者，厥爲陸氏與日本內田外相談話時，究竟有無任何實質上之承諾？因爲此事不僅關係到中國在和會中之努力，且影響及於中國代表團本身之團結，陸首席甚至爲此不安於位，忽然離法。

　　民國八年二月十五日上午，在中國代表團例行高層會議第十八次會議時，嚴鶴齡參事首先報告送交日本代表團有關山東問題各項文件經過（該項文件係提交五國會議之用），據日方透露，「中日兩國前有約定，凡交會文件必由兩國全權委員先行接洽」。於是顧維鈞提出質問，究竟政府有無與日本此項約定，因前月英法報上載有總長過日本時，曾與日本政府接洽對於和會之事，中日兩國一致進行之語。顧氏認爲此必係日本私囑報館登載，用意甚深，想美國報紙上亦必有此說❹。顧使只敍事實，不加評論，但已頗令主持會議的陸總長難堪。當場，陸氏答以「未必有據」，並說明其過日本時，與彼政府往來全屬禮節上之周旋，並無何種接洽。

　　同日下午，顧使與嚴鶴齡接見日本牧野男爵秘書官吉田茂時，嚴氏對於中日有無約定事，曾向吉田澄清說：

❸　《時報》，民國 7 年 12 月 18 日。
❷　《時報》，民國 7 年 12 月 24 日。
❸　曹汝霖，前引書，頁 147。
❹　〈參與歐洲和會全權委員處會議錄〉（甲）（中央研究院近代史所藏外交檔案），第十八次記錄。

余今晨回來回報陸總長，陸總長對於伊全權（集院）所稱「商量」、「約束」及「陸總長必知之」之語頗為詫異。陸總長謂，大約經東京訪責國外部大臣時，談話中偶及和會中我兩國鄰邦，遇事終須互相提攜，此種客套容或有之，至于送交文件必須互相商量，受有約束，此決非意中所有也。㉟

　　根據日方瞭解，陸徵祥過東京停留時，曾應允內田外相與牧野男爵，中國將在巴黎和會與日本提攜合作。至一月二十五日的全體大會上，陸氏尚對牧野透露，中國態度不變，並答應不日過訪對方，共商遠東情勢。一月二十七日當五國會議討論山東問題時，陸使並未到場，而由顧、王兩人出席。日本代表團見狀頗感意外，遂判斷陸之意見係被顧王兩氏壓倒㊱。覆查會議紀錄，中國代表團在此前並無類似之爭論。五國會議於二十七日下午三時在法外部開會，中國代表團至下午一時半始接某要人通知，囑派能操英語者二員到會，其時陸使臥病，遂派顧、王兩人出席㊲。據陸氏自述，「關於青島問題，先由秘書通知，並密告預備，囑祥暫避，先派他員前往，藉留餘地。法總理一時始來，通知祥，並通知顧王兩使出席。」㊳足見陸氏之缺席，係事前故意一番安排也。

　　至三月中旬，巴黎中國留法學生所組織之「平和促進會」，曾致函中國代表團，於中國對日交涉表示不滿，並指責劉崇傑參事為親日派，來歐使命不顯明，致陸總長不安於位，驟然離法㊴。風波於是再度掀起。三月十七日，王正廷主持第四十八次會議時，曾就此當面質問劉崇傑，究竟陸總長過東京時與日本外交當局所說何語？據劉氏表示，當時在場

㉟　同上，顧全權嚴參事見吉田秘書官問答。
㊱　Fifield, op. cit., p. 140.
㊲　梁敬錞，前引文。
㊳　《陸徵祥傳》，頁112。
㊴　〈參與歐洲和會全權委員處會議錄〉（甲），第四十八次會議錄。

者，日本方面僅內田外相一人，中國方面除總長外，尚有駐日公使章宗祥，嚴參事鶴齡及劉本人。至談話內容，劉始終諱莫如深，僅稱：「如承王先生以全權名義問崇傑，崇傑不敢答，因崇傑爲通譯，例不敢言。」❹疑雲益增。

按劉崇傑早歲留日，畢業日本早稻田大學，劉氏雖強調「彼亦中國人，愛國之心豈在人後」，但觀彼在巴黎之行動，似難脫「親日派」之嫌。茲舉一事實爲證：當和約已定，中國代表團正醞釀是否簽字時，劉私下告訴吉田謂，中國代表團內分兩派，一派以顧爲首，一派以王爲首。王正廷個人不主張簽字，態度始終強硬，而陸使身體羸弱，與顧、魏兩人相處甚睦。劉本人坦承，彼亦竭力贊成簽字❹。此內容由劉氏洩露予吉田，再轉致日本外交部，而由法國所截得。由此一事實來看，劉崇傑不僅是個道地的「親日派」，甚且有私通敵國之嫌。

四、簽字意見之激盪

巴黎和會在三巨頭操縱下，關於山東問題所作之最後決定，深令中國失望，經我專使提出種種理由，竭力磋商，節節退讓，仍舊回天乏術。當時王正廷首先表明，若保留一層不能辦到，則無論如何，彼決不簽字❹。五月二十八日，中國代表團舉行秘密會議，對於簽字問題曾有激烈之辯論。會中，王正廷重申他的意見，從三方面分析不保留則不簽字的理由：

❹ 同上。
❹ *Ministère des Affaires Etrangères*, A. Paix 139 Serie A. Carton 1151, p. 361.
❹ 王芸生，《六十年來中國與日本》，第七卷，頁351。

就德國言，彼自顧不暇，何能害中國？

就英、法、美方面言，如果欲分割中國，此次雖簽和約，亦無可挽救。至美總統勢力近已甚薄，彼于美國國會之信用及財政上之計畫皆非前一、二年可比，此後亦不可恃，中國當自存自活。

就日本方面言，日本得隴望蜀，其志叵測，中國當以全國精神對付，此次簽約亦無益。㊸

觀王氏之慷慨陳詞，一面似已洞燭日本之奸，一面又已覺悟外力之不可恃，故竭力主張中國奮發圖強。而如不簽字，尚可鼓勵全國民意，並可促成南北之統一。

駐德公使王廣圻不同意王正廷的看法，認為南北相爭是國內問題，和約簽字與否，與南北統一問題無甚關係。王廣圻傾向於簽字，他首先表示不簽字的三種憂慮：（一）如日本想出種種方法擾亂中國，將如何？（二）如不簽字，則與英、法、美三國脫離，倘日本以武力相加，更無望三國出而相助，將如何？（三）德約不簽，則簽約能簽與否是一問題。其次，他強調「簽字，則國內之害在目前，不簽字，則國際之害在將來。至國際之害，將來達于何點則尚不可測」。最後王氏結論說：「就今日外交情形言，簽字則南方人民責備北方太弱，倘將來國際鉅害發生，則北方人民亦將責備南方不審國勢。」㊹

此外，王廣圻曾於五月初旬電外部，陳述他對簽字的意見，內云：

查國際條約不簽字或簽字，而將某條款聲明保留，原係消極之作用，藉免履行之義務。今膠州於事實上早為日兵佔據，而此次和約條文內之當事者為日、德兩國，若因地主之中國不肯簽字，而

㊸　＜參與歐洲和會全權委員處會議錄＞（甲），第七十五次會議錄。
㊹　同上。

使日德之間可以發生障礙，則不簽字斯有關係。所恐我不簽字，
於日德間應有之效力毫不變更，而中日之間則兩國轉不能單獨取
締，是徒保持日人於條約所得之權利，仍可繼續完全享受於承認
交還之間，轉可藉詞別爲計畫，卽其對於三國會議所允相讓等事
均可因此變計，日後我雖欲向三國責言，彼亦振振有詞，不免擔
保之責。全權諸君目前情勢，爲個人計，自以不簽字爲宜，若顧
國家豈宜出此。況簽字之後，尚須國會通過，政府批准，倘日後
詳察情形實有不宜之處，則國會仍有從容操縱之餘地，手續似較
相宜。❹

伍朝樞參議附和王廣圻意見，亦贊成簽字。他認爲不簽字有三層顧
慮：(一)此次和約已收回德奧租地、租界，並取消爲數不少之德奧賠
款，以此再學練兵，中國未嘗不可以自強，不簽約則失此權利；(二)山
東問題原可再提出于國際聯合會，假如不簽約，則自屛於國際聯合會之
外，將來能否加入，殊難逆料；(三)簽字並不作爲承認，尚有批准餘
地，若不簽約，恐日本將與我爲難，阻力橫生。伍氏亦指出，「南北相
爭，並不因山東問題而起，故南北統一不能與國際上利害併爲一談。簽
字對外利多而害少，惟對國內害多而利少。」❹

駐法胡惟德公使於會中亦贊成伍氏之說法，他另於五月十六日致電
外部，縷析其主張簽字的六項理由：(一)不簽字於四年、七年（之約）
仍難廢止；(二)和議載明，經三大國批准卽能實行，故我之簽字與否，
於日本無足輕重；(三)國際聯合會於中國國際地位關係綦重，此會列在
和約首章，該會辦法，國分三種：(甲)協約國簽字者卽爲入會之國；
(乙)和約開列之中立國，由簽字隨後邀請入會；(丙)德奧等敵國，異日

❹　收法京王公使電，《巴黎和會卷》（近代史所藏）。
❹　同❹。

入會須俟該會議決。我不簽字，既自屛於甲種，列在乙種，將來入會尙須審查。（四）國際聯合會乃世界和平基礎，弱國恃以保障獨立，故日本不堅持種族問題，義全權亦不敢冒世界不韙，以期順序入會。我若自屛於國際團體外，在勢爲孤立，在理爲背衆，仇我者更覺有詞，助我者末由援手。（五）山東問題，英、法、美大使非無意助我，奈英法拘於成約，美以堅持種族平等之故，不得不徇日本所求。事非得已，心實無他。如不簽字，徒傷三國感情。（六）此次和約中，對於敵國，除恢復已失權利外，尙享受協商國公共利益。若世界和議告成，中國尙處戰爭地位，異日單獨媾和，恐敵國多方要挾，迎拒兩難。綜此六端，足見不簽字，於山東已失權利仍未收回，於中國已得權利轉多拋棄 **❹**。故胡氏主張「似可一面抗議，一面簽押，庶不致因此缺憾，貽誤將來」。

另戴陳霖公使亦反對不簽字，主張「不可負一時之氣，而忽久遠之圖」。他於五月二十日電外部云：「若不簽字，則我國將在聯合會之外，勢更孤立，而日本以我旣未承認，則原議自可取消，轉有藉三國憾我，不受調停，亦將袖手漠視，均在意中。遠東情勢終須借列強以相牽掣，未便有傷感情，且中日成約並不能因此次不簽字而可作無效。……卽保留一層，大會縱許我，亦徒畀日人以悔翻之餘地，我仍無收回之能力，其害與不簽字異。至或慮因簽字而擾及國內安寧，則膠澳一日在日人之手，民憤一日不平，簽與不簽二者與安寧之關係一也。但於對外一面，始終表示失望，簽字非所得已耳！」**❹**

主簽派的論點大同小異，綜合言之，不外一怕開罪日本，二不願傷協約三國之感情，使中國更形孤立。在代表團中，主張簽字者似乎人多勢衆，理直氣壯，惟王正廷並非勢孤力單，其意見仍獲顧維鈞與施肇基兩氏相當程度之同情。顧使指出，「日本志在侵略，不可不留意；山東

---

❹ 收公府鈔交駐法胡公使電，《巴黎和會卷》；王芸生，前引書，頁363-364。
❹ 收法京戴公使電，《巴黎和會卷》。

形勢關天，全國較東三省利害尤鉅。不簽字，則全國注意日本，民氣一振，簽字則國內將自相紛擾」。施氏亦表示，「此次和約，各小國均不滿意，恐不能永久踐行，中國亦可以不簽字，然仍當研究。」❹據此而論，以王氏為首之反對簽字派，於代表團高層人員中雖不一定獲得壓倒性多數，然實具有舉足輕重之影響也。

陸徵祥為中日二十一條之簽訂人，於五月四日北京學生之棒打「賣國賊」，自不能無動於衷。對德和約既與國人初願相違，鑒於「國人目前之清議可畏，將來之公論尤可畏」，身為首席全權，陸氏面對內外與國際層層壓力，不得不對簽字問題力持慎重。

陸使為挽回大勢，一面抗議，一面再三請示政府究竟是否簽字，焦灼之狀，溢於言詞。惟於王氏所稱，保留不能辦到，彼決不簽字一節，陸徵祥亦表示不能「獨任其責」❺。幸國務院回電，勉陸使詳切轉告王氏，「以國家為重，黽勉共濟，俾無隔閡」。國務院同時指示，倘王仍堅持，則派顧使會同簽字，若顧使已行，則派施使。「事關國家大計，政府自當與公等同負其責。」❺如此始稍解陸氏之困窘。

北京政府最後考慮之結果，認定簽字較為有利，乃決定第一步辦法自應力主保留，如保留實難辦到，則主簽字，並以此意於六月二十三日電告中國代表，囑相機辦理。六月二十八日為對德和約簽字之期，中國代表團分函聲明，保留山東條款，遭最高會議退回，遂決定不簽字。

五、結　論

　　陸徵祥以所謂「無黨無派」身分和個性溫順易與之故，迭次出任民初外交總長要職，在政壇上頗顯活躍。陸氏雖以「忍耐持重」，「處事謹慎細密」著稱，惟其出任巴黎和會首席代表，從各方面而言，似非最適宜之人選，此實為北政府之失着。茲分析如下：

　　第一、陸氏所受教育純屬舊式傳統訓練，雖曾歷任駐荷蘭與駐俄公使，惟其接觸範圍仍以歐洲為限，與美國政治領袖素無淵源，難免限制其在和會之活動。一月十八日巴黎和會揭幕之後，美國總統威爾遜周旋於各國議和代表之間，見王正廷氏則握手為禮，狀極懇摯，而遇陸氏則僅報以一笑[52]。又和會雖在巴黎舉行，但英語仍為多數國家所採用，陸徵祥除於開幕、閉會之際用法語發言外，遇重要問題均推顧維鈞以英語答辯，故其風頭似不若顧氏之健。

　　第二、陸氏與日本曾有二十一條交涉之經驗，多年來懾於日人淫威，似與若干北洋外交官員同患有所謂「恐日病」，一見日人卽處處退讓，以致過日本時風波迭起，削弱自身之聲望。

　　第三、陸氏身體素來屏弱，以之應付如此久長而又任務艱鉅之和會，實有心餘力絀之感。在代表團中，他不僅未能建立起鞏固之領導權，甚且處處抱持息事寧人與自責自愆態度，以致形成羣龍無首狀態，影響中國在和會之積極佈署與努力。

　　中國在巴黎和會之失敗，因素甚多，衡諸情理，自不能由陸氏一人獨負其咎。惟陸氏性格保守，遇事缺乏主張，常居於被動地位，似不合此次折衝樽俎的革命外交之要求。對德和約簽字問題，若無王正廷之特識及國內羣情之激昂，與乎巴黎中國留學生和工人之阻撓[53]，則以陸氏之性格，能否堅持到底，實屬疑問。

原載臺灣師大《歷史學報》第二期（民國六十三年二月）

[52]　《東方雜誌》，十六卷十期，頁13。
[53]　李宗侗，〈巴黎中國留學生及工人反對對德和約簽字的經過〉，《傳記文學》，第六卷六期，頁42。

肆

中法文化、外交關係

華法教育會的成立及其活動

一、前　言

　　留法勤工儉學運動由李煜瀛（石曾）、吳敬恆（稚暉）、蔡元培（子民）、吳玉章（永珊）等人所發起，倡議於民國初年，盛行於歐戰結束之後，是一項鼓勵家境不富裕的年輕人到法國「勤以作工，儉以求學」的留學活動。這些五四型的知識分子認爲，在當時的世界上，法國是「民氣民智先進之國」，因此「欲造成新社會新國民」，以留學法國爲最宜，從而「輸世界文明於國內」，以改良中國社會❶。

　　繼「留法儉學會」（Societé Chinoise d'Education Française）、「勤工儉學會」（Societé Chinoise d'Education Postscolaire）之後，民國五年三月，中法兩國文化教育界人士蔡元培、李石曾、歐樂（Au-lard）、穆岱（Marius Moutet）等人，在巴黎共同發起組織「發展中法兩國之交誼，尤重以法國科學與精神之教育，圖中國道德、知識、經濟之發展」爲宗旨的「華法教育會」（Société Franco-Chinoise d'Education），做爲旅法華人文化教育事業以至實業的總機關。它的任務主要是發展中法友誼關係，組織中國學生到法留學，辦理華工教育，在法國創辦華人學校和講習班，編輯刊印中法文書報，促進中法兩國經

---

❶　張允侯等編，《留法勤工儉學運動》（一）（上海人民出版社，1980年10月），頁11。

濟文化交流等。

「華法教育會」在巴黎發起後，也在國內各地成立分會，展開各項活動。對勤工儉學生而言，「華法教育會」有若他們的褓姆，其密不可分關係，自不待言。不料物極必反，兩者之間摩擦時生，最後竟然惡臉相向，演出一場斷絕關係的絕妙好戲，爲一部勤工儉學史平添不少精彩情節，令人唱嘆!

二、巴黎華法教育會的發起及其活動

1.從發起到成立

李、吳、蔡等幾位具有留法、留歐背景的五四型哲人，爲倡導旅歐教育，並督促旅法事業之進行，先後早就成立各種團體，例如世界社❷、中華印字局❸、人地學社、法文協社、留法儉學會、勤工儉學會等，這些都可視爲華法教育會的先導。

及民國五年，由於袁世凱稱帝，國體顚危，爲聯結同盟國之需要，李、吳、蔡等人本擬組織「華法聯合會」，以發揮兩項功用：一是短程目標 —— 當革命之時，可利於革命之進行；二是長程目標 —— 傳達教育

---

❷　世界社1912年成立於上海，是中國旅法人士所編「世界」畫報在國內的總發行所。該社宗旨爲「傳布正當之人道，介紹眞理之科學」。會務分書報、研究、留學、傳布四類。發起人有吳敬恆、汪兆銘、李煜瀛、陳璧君、張人傑、褚民誼、譚熙鴻、蔡元培八人。參閱《旅歐教育運動》（旅歐雜誌社發行，民國5年秋），頁99-103。

❸　在清末，爲傳布革命事業，李石曾、吳稚暉、李曉生等人遂有印字局的組織，初設於巴黎。其後法國都爾印字局曾求助於中華印字局印刷東方特品。及巴黎中華印字局難以維持，並有併入都爾印字局之議，至民國5年實行遷入，但中華印字局仍不失其爲獨立的組織，在歐洲刊行的華文報章雜誌，如《旅歐週刊》、《華工雜誌》、《華工旬刊》等均由其印刷。參閱＜華人在法經營之各種組織＞，《赴法勤工儉學運動史料》（清華大學中共黨史教研組編，1979年），第一冊，頁153。

事業，爲永久之進行。其後與法國同志相商，多主張劃分爲二事：旅歐之國民黨一部分，專力於政治之進行；其他一部分專力於教育與社會之進行。這是聯合會易名爲教育會之原因❹，亦卽「華法教育會」成立之緣起。

民國五年（1916）三月二十九日，「華法教育會」假巴黎自由教育會會所，召開發起會，到會者（包括通信報名及一向盡力於旅歐教育者）有法方文化教育界人士歐樂、穆岱、赫里歐（Edouard Herriot）、法露，中方有吳稚暉、汪精衞、李石曾、李聖章、張繼、張人傑、張競生、彭濟羣、蔡元培、褚民誼等各三十人。首由穆岱發言，略謂：「自吾與留法中國團體諸君交接以來，見其關於教育之計畫精深宏博，頗有裨於中法兩國精神上之發展，亦有裨於人道。」並宣示其宗旨與作用，列爲三部（詳後）。次由蔡元培演說該會之旨趣，強調「承法國諸學問家、道德家之贊助，而成立此教育會。此後之灌輸法國學術於中國教育界，而爲開一新紀元者，實將有賴於斯會。」次由李石曾發言，指出從中華印書局之刊行書報，遠東生物研究會、留法儉學會之組織，工人團體之結合等，印證該會之內容非惟理想與計畫而已，實已見諸實行。

最後推舉幹事，皆法華各半，茲誌名單如下：

會長　歐樂（法）；蔡元培（中）。

副會長　穆岱（法）；汪精衞（中）。

書記　罩納、法露（法）；李石曾、李聖章（中）。

會計　宜士（法）；吳玉章（中）。❺

同年六月二十二日，「華法教育會」仍假巴黎自由教育會會所，舉

---

❹　《旅歐教育運動》，頁105。
❺　同上，頁106-110。

行成立會。首由巴黎大學革命史家歐樂敎授演說，說明「中華民國與法蘭西民國相同，皆欲以敎育爲要務。諸君欲爲眞實之革命，非僅易其衣表，實更易其身心；非但求中國之益，實求人道之益也。諸君爲此高誼之行爲，而求助於法國，因其有改革之經驗。然華法敎育會之助中國，亦卽所以助法國也。此並力之工作，誠與二國以平等之益，與平等之榮也。」次由書記輩納君報告，並宣布擬定之會綱，經全體認可通過。最後由法士乃演說中國近狀，卽數年共和事業之經過❻。

　　爲統一及擴張留法各團體會務之「華法敎育會」，自此積極展開各項活動。

2.宗旨與作用

　　「華法敎育會」的成立，象徵旅法各團體的一次大整合，因爲它實際上是管理旅法華人文化敎育事業乃至實業的總機關。根據「華法敎育會」大綱，其宗旨在「發展中法兩國之交誼，尤重以法國科學與精神之敎育，圖中國道德、知識、經濟之發展。」

　　其作用可分下述三部分：

　　　(一)管理與精神之部分 —— 以傳達法國新敎育爲務，如編輯刊印
　　　　　中、法文書籍與報章。
　　　(二)科學與敎育之部分
　　　　　(1) 聯絡中法學者諸團體；
　　　　　(2) 創設學問機關於中國；
　　　　　(3) 介紹多數中國留學生來法；
　　　　　(4) 助法人遊學於中國；

---

❻　同上，頁111-113。

(5) 組織留法之工人教育；

(6) 在法國創設中文學校或講習班。

(三)經濟與社會之部分 —— 其作用為：發展中法兩國經濟之關係
　　與助進華工教育之組織，以法蘭西民國之平等、公道諸誼為
　　標準。❼

　　由上述可知，「華法教育會」是一個充滿理想主義色彩的團體，它
的基本精神在於發展中法兩國之交誼，尤重以法國科學與精神之教育，
圖中國道德、知識、經濟之發展。而其主要任務則在發展中法友好關
係，組織中國學生到法留學，組織華工教育，在法國創辦華人學校和講
習班，編輯刊印中法文書報，促進中法兩國經濟文化交流等。因此，舉
凡留法儉學會、勤工儉學會、華工學校等各項事務均歸由「華法教育會」
主持。

　　平心而論，不管中法友好關係的促進或兩國經濟文化的交流，均非
立竿見影、一朝一夕可以見功，何況由一個並無固定經費，組織且不甚
縝密的民間團體來負責推動？其後，「華法教育會」的主要功能，除了
出版刊物雜誌外，大抵侷限在大批青年學生的遣送和照顧方面，但即使
這一項工作，後來也引發軒然大波，且待第四節專述之。

3.組織與經費

　　一個學會或團體，除了領導人的才幹和能力外，貴在有嚴密的組織
分工與充足的經費來源，如此才能開展工作，也才能維持會務於不墜。
吾人若想檢驗華法教育會的功效，可先從這兩方面作一論述。

　　按華法教育會大綱，共十八條，可區分為宗旨與組織、經理、存款

---

❼ 同上，頁115-116。

與常年經費、章程之改變及會之解散、內部辦事章程五大部分。

就有關組織部分，大綱規定會員有名譽會員（由大會推舉）、公益會員、實行會員三種（第三條），後兩種入會者，須有會員三人保薦（第四條）。「華法教育會」每年開大會一次，其居法國之會員皆與會（第十一條）。其最高權力機構為評議會，設評議員二十四人，於大會時由公益會員與實行會員中推舉之，任期三年。評議會之職權有三：

(一)認可公益會員與實行會員之入會權（第四條）。

(二)決議因重大問題或因過期一年未付會費會員之除名（第五條第二款）。

(三)對本會之財產事業有完全經理之權（第十條）。

此外，評議會並推舉幹事，以組織幹事會。幹事會設會長二人，副會長二人，書記二人，副書記二人，會計二人，皆中法各一人。幹事會員任期一年，期滿可續任（第七條）。

評議會每三月開會一次，每次開會由會長召集，或由三分之一之會員請之。必有四分之一之會員到會，則所決議事件，方作為有效（第八條）❽。

觀以上有關內部組織的條文，大抵有以下幾點可議之處：

(一)幹事會組織採兩頭馬車式的中法各一之合作辦法，用意雖善，並不切實際，蓋容易形成爭權或相互推諉的現象，對於會務的推行弊多於利。

(二)會員為一切學會團體之基礎，竟未列專案規定其權利與義

---

❽　同上，頁116-118。

務,甚至只盡義務並無權利; 會員大會僅在選出評議員而已, 對工作計畫及經費之預決算, 幾無置喙之餘地。

(三)評議會獨攬大權,不但推舉幹事以組織幹事會, 而且對該會之財產事業有完全經理之權,萬一用人不當或所經營事業發生紕漏,如何進行超然而獨立之監督與制衡? 再者,評議會之集會,由該會所推舉擔任會長的幹事之一來召集,亦不合情理。

「華法教育會」既列有編輯刊印中法文書籍與報章, 組織華工教育, 在法國創設中文學校或講習班之實際工作項目, 自不能不寬籌經費,以期達成。關於該會之經費來源,大致不外四個途徑:

(一)為會員會費 —— 按大綱第三條規定, 除名譽會員由大會推舉,不納會費外,公益會員每年付會費至少二十法郎,實行會員每年至少納會費五法郎。各項會費可於一次繳納,以免按年零付,即公益會員須交四百法郎,實行會員須交一百法郎,即可取得永久會員資格。

(二)為公款補助 —— 如向僑工局之借款。另法政府補助華工教育每年一萬法郎。

(三)為各界捐款 —— 如張繼曾為華法教育會籌款。

(四)為產業(包括會費)之生息。❾

以上四項收入的數目與各項支出的情形,因缺乏資料,無法做一交代。

---

❾　同上,頁119。

4. 活　　動

「華法敎育會」自民國五年六月二十二日成立後，在巴黎比若街 (Rue Bugeaud) 八號設址辦公，積極展開各項文化工作，茲分述如下：

(一)刊行雜誌書刊

(1)《旅歐雜誌》—— 創刊於民國五年八月十五日，在法國中部名城都爾 (Tours) 出版，係半月刊，三十二開本，每月一日與十五日出版，共發行二十七期，至民國七年三月一日爲止。

《旅歐雜誌》可視爲華法敎育會的機關刊物，因爲該會的主要負責人，如蔡元培、李石曾、汪精衞（汪於民國 6 年 1 月間回國後，由褚民誼代理其編輯工作）等也是這個刊物的主編，該刊大部分文章也是他們撰寫的。

《旅歐雜誌》是「以交換旅歐同人之知識，及傳佈西方文化於國內爲宗旨」。它的內容分圖畫、論說、紀事（有世界大事、國內要聞、旅歐華人近況）、通訊、叢錄雜俎等欄。該刊特別注意報導勤工儉學會的活動，以及旅法華工的情況[10]。

(2)《華工雜誌》—— 創刊於民國六年一月十六日，先爲半月刊，後改成月刊，亦三十二開本，爲勤工儉學會與華法敎育會、中華印字局所協力刊行，共發行四十九期，至民國九年十二月二十五日爲止。

《華工雜誌》以提倡勤、儉、學三者爲宗旨，它的內容具有三項特色：第一，它的文章通俗易懂，卽使是刊登了一、二篇文言文，也都另附白話。同時爲了便利不識字的工人閱讀，該刊還附有拼音字母。第

---

[10]　中共中央（馬克思、恩格斯、列寧、斯大林）著作編譯局硏究室編，《五四時期期刊介紹》（北平，1978年），第三册，（上），頁193。

二，在這個刊物上，國內外新聞報導佔了很大篇幅，重要的新聞如第一次大戰的情況，參戰各國工人的罷工等都有詳細的報導，於增進華人的時事知識與啓發工人的覺悟都產生相當的影響。第三，爲了便利工人在工餘時間學習外國語，該刊每期都附載有英、法、中文會話對照⑪。

(二)華工教育

華工招募時，因巴黎招工局與留法儉學會所訂合同有華工教育一條件，故「華法教育會」初發起時，即先着手設立華工學校，意在選吾國工人之較有知識者，授以普通知識及中法文，使得分赴各工廠爲譯人，並以工餘時間轉教華工。經法政府贊成，撥借校舍，並每歲津貼一萬法郎⑫。可見華工學校之設，在培養翻譯與充華工教育之材。

華工學校與華法教育會同年同日發起，並於四月三日開學。其中課程爲：法文、中文、算學、普通理化、圖畫、工藝、衞生、修身與工會組織諸科。擔任法文與法語者爲米什、歐思同、黎乃德諸君；擔任中文者，爲李聖章、徐廷瑚（海帆）、夏震聲等人；蔡元培編輯智育、德育諸講義；李石曾演講人生術，即衞生、修身諸問題。入校者共二十四人，其名單爲王章、王文元、王志仁、朱明俊、白夢林、呂士杰、李友三、車駿聲、胡玉樹、段立、段同仁、段樹勛、段肥洽、馬志遠、馬執中、陳申如、曹福同、張慶友、楊夢遊、趙鳳洲、蔣樹芳、齊全純、齊福祥、劉瑞祥等⑬。

除在巴黎設華工學校外，並在法國華工所到之處開設夜班，共設三百二十三處。

(三)編輯法文與科學教科書以及華工學校講義

---

⑪　同上，頁197–198。
⑫　〈旅歐華人紀事〉，《旅歐雜誌》，第一期，1916年8月15日。
⑬　《旅歐教育運動》，頁85。

三、國內分會的成立及其活動

　　蔡元培、李石曾、吳玉章等人爲推展會務，決定在中國組織會所，
這是國內分會成立的由來。蔡氏等返國後，華法教育會卽於民國六年四
月分別向教育部、內務部立案。並由教育部撥借大方家胡同圖書館房舍
爲會所及開辦學校等事。在圖書館未遷移之前，暫以南灣子石達子廟爲
臨時會所❹。

　　「華法教育會」成立後，國內各地也紛紛成立分會。根據資料，已
知者有京兆分會、直隸第一分會、山東分會、上海分會、湖南分會、四
川分會、福建分會、廣東分會與陝西分會等九個分會❺。

1.章程之比較

　　分會亦頒有分會簡章，共十四條，大抵較巴黎華法敎育會大綱爲簡
略，其相異處爲:

　　(一)分會簡章不談宗旨與作用，只列職務，共有四項: (1) 推廣
　　　　留法儉學學生及工學學生; (2)勸各學校增加法文班次; (3)
　　　　輸入關於法文諸著作; (4) 聯合會員募集款項以擴充本會事
　　　　務。

　　(二)會員不分種類，僅訂出會員資格如下: (1) 在本分會或本分
　　　　會所辦事，捐款十元以上者; (2) 為本分會勸募捐款至五十
　　　　元以上者; (3)任本會事務者; (4)盡義務於本分會或本分會

---

❹　《留法勤工儉學運動》㈠，頁80。
❺　同上，頁87-88。

所辦事務者。

(三)分會職員每二年改選，與巴黎之一年改選幹事不同。

(四)設駐京代表二人，由本分會會員中推舉。❶

事實上，這個簡章並未爲各分會所普遍採用。其後各自訂立簡章者有上海、廣東、陝西等處，內容各有詳略不同。上海、廣東大體依循巴黎總會大綱精神，以其宗旨爲宗旨，以其會員種類爲種類，但廣東頗能顧及地方特色，特別在宗旨之條，標出其作用如下：

(一)聯絡中法兩國在粵人士之情誼，其法國商人及遊歷者均同；

(二)輔助中國學生赴法留學，資其利便，並組織教育機關；

(三)輔助發展法蘭西教育於中國南方；

(四)輔助發展中國南方與法國經濟上之關係，使兩方國民生計日益發達。❷

陝西分會的章程共二十四條，區分第一章總則，第二章會員及職員，第三章經費，第四章會期及會規，第五章選舉及任期，第六章附則，不僅比上海、廣東分會章程完備，且較巴黎華法教育會的十八條大綱爲詳盡。可見其有所本外，並有所延伸發揮。例如在履行華法教育會宗旨下，特訂定如下職務：

(一)紹介譯著：搜羅新出書籍、雜誌，翻譯國文，以傳達法國教育精神；

(二)推廣留學：研究儉學方法，勸導學生留法，以聯絡華法學者，

---

❶　同上，頁86-87。
❷　同上，頁90-91。

灌輸科學知識；

(三)創設學校：設立學問機關，研究實用學理，以冀提倡學藝，發展內國經濟；

(四)勸學法文：勸誘學問機關研習法文，以為留學之準備；

(五)擴充會務：聯合會員，募集款項，以擴充本分會及總會事務。

第五條涉及會員資格者，也有更具體明確的規定，茲條列如下：

(一)有學識經驗者；

(二)為本分會勸募捐款者；

(三)在本分會擔任事務者；

(四)在分會每年照納會費者。⓲

以上兩項，均較原分會章程進步落實。此外，關於會員及職員之權利義務均有明白規定，這也是以前所沒有者。

四川分會則將職員區分為執行部職員與評議部評議員兩種。執行部除正副會長外，均將幹事地位提升，創設總務主任、會計主任、文牘主任、交際主任等頭銜；評議部除設評議長外，並廣設評議員達九十二人之多⓳。

2.活　　動

各地成立分會的章程，雖有大同小異之處，但其主要活動的項目，似可從陝西分會中找到具體的答案。一言以蔽之，那就是「推廣留學，

⓲　同上，頁95。
⓳　同上，頁93。

創設學校，勸學法文」。

　　關於各地設立預備學校的情形，可分述如下：

(一)民國六年儉學會組織人(亦卽華法教育會組織人) 多自法歸，
　　且歐戰旣久，亦將有終結之希望，又加以有華法教育會之發
　　展，更足以促成此事之進行，適值馬景融君創設民國大學於
　　京都，遂由華林、馬景融與蔡公時、夏雷、白玉璘、江季子、
　　時明行、劉鼎生、羅偉章等人，於六年六月續辦儉學會預備
　　學校於北京儲庫營，入校者三十人。復於六年秋遷於東城方
　　巾巷，又於八年春遷於西華門內。❷⓪

(二)民國六年保定蠡縣布里村設有留法工藝實習學校，以法文、
　　圖畫及工藝實習為主科，附以中文及普通知識各班。保定育
　　德中學校附設有留法高等工藝預備班，以法文及鐵工為主要
　　科目，機器學理、工藝圖畫、土木工程等科副之。❷①

(三)民國七年，北京「華法教育會」在中法協進會的贊助下，發
　　起高等法文專修館，分設北京各城及長辛店。以蔡元培為館
　　長，李煜瀛為副館長，分設本科及專科，專科又分師範科與
　　工業科，前者以養成法文教育為宗旨，後者以養成法文工業
　　技師為宗旨。高等法文專修館又設長辛店分館工業科，課程
　　有法文、圖畫、科學、實習等。❷②

(四)此外，四川成都、重慶均有留法勤工儉學會預備學校，上海
　　先後開辦法文專修學校、留法勤工儉學預備科，長沙先後開
　　辦了遊法機械科預備班、法文晚塾、法文新塾，福州有私立

---

❷⓪　同上，頁38-39。
❷①　同上，頁163-164。
❷②　同上，頁161-163。

法政專門學校附設的留法預備班，廣州有留法勤工儉學預備
學校，安慶有省立第一中學附設留法預備科等。㉓

　　據統計，以「華法教育會」名義所辦的留法預備學校或預備班，全
國約有二十餘處之多，其中大部分是既授法語，又敎授鐵工、木工、繪
圖等技藝，但也有專門補習法語的。在各地分會的推動下，不僅學習法
文的風氣大開，而且赴法勤工儉學的運動也如火如荼的進行。

四、華法敎育會與勤工儉學生的分合

　　華法敎育會旣是旅法華人敎育事業的總機關，隨着勤工儉學運動的
蓬勃發展，它自然取代原來的留法儉學會、勤工儉學會，負起了學生出
發前的各項照料工作以及抵達法國後的覓工、覓校等事宜。茲逐一縷列
如下：
(一)代訂船票船位
　　勤工儉學生的赴法，多半由上海搭乘法國郵輪出發，但法船每月通
航一次，每次僅能容納學生百餘人左右。所以大批勤工儉學生到滬後，
候船赴法在吃、住等方面的困難甚多。爲此，華法敎育會上海分會特設
立留法勤工儉學招待所和俱樂部，負責安排他們的住處，訂購船票和協
助辦理出國手續等㉔。
(二)派人接船
　　勤工儉學生乘船到法後，由於言語不通，情形不悉，手續未諳，所
以華法敎育會必須派人前往馬賽照料，然後一同搭車到巴黎。如蕭光炯
自述道：「船抵馬賽，卽有華法敎育會派來之招待員數人上船料理一切。

㉓　同上，頁127。
㉔　黃利群，《留法勤工儉學史》（北京，1982），頁35。

行李等件交其發運，無須自理。」㉕

(三)代學生覓校、覓工

「華法教育會」爲了照顧勤工儉學生，特設一學生事務部，以劉厚（大悲）爲主任。嗣將事務部辦事處遷入巴黎近郊的華僑協社，爲學生覓住、覓校、覓工。經華法教育會安排與介紹就讀者，主要爲私立中學，而以團體名義和工廠交涉者多達八六九家。

(四)文教活動

「華法教育會」除爲學生覓校、覓工外，爲促進與勤工儉學生間的感情，職員並熱心爲學生組織演講會，成立遊覽團，補習法文，不遺餘力。按演講會與法文班均假華僑協社進行。演講會每週一次，除第一次由張繼主講:「巴黎之價值」外，其他演講題目有張競生 —— 希臘哲學之刻苦派與勤工儉學之精神，周覽 —— 戰前戰後之國際地位，李宗侗 —— 法國之學制等。法文班原定爲每週三次，後又增加二次，係向迪璜、李璜每人各加一次㉖。

(五)維持與救濟

「華法教育會」在勤工生少，經費充足的情況下，對勤工生或住布棚，或在學校，一律貼款維持，直至覓到工作爲止。有的進工廠後，工資不夠，仍得靠會維持。「華法教育會」且成立「留法勤工儉學生救濟互助會」，救濟貧病學生，計一年中，重病經醫瘉者十一人㉗，對學生照顧尚稱無微不至。

其後，勤工生逐漸對華法教育會不滿，批評會中辦事人拿架子、官僚派，或布置私黨，排斥善良，指責學生事務部主任劉厚九大罪狀:(1)覓工不力不實; (2)借款不公; (3)任用私人; (4)曠棄職務; (5)浪

㉕　蕭光炯，＜留法通訊＞，《長沙大公報》，1920年10月2、3日。收入《留法勤工儉學運動》㈡(1986年5月)，頁106。

㉖　《赴法勤工儉學運動史料》，第一冊，頁97-98。

㉗　同上，頁97。

費公款；(6)招待作弊；(7)喪失國體；(8)摧殘同學；(9)僅照顧有錢之新同學❷。因而發生劉厚遭勤工生毆打之不幸事件。

至民國十年初，勤工生愈來愈多，總數已近二千人。此時法國正面臨經濟危機和失業問題，許多工廠停工，尋覓工作更加不易，致許多勤工生欲工無門，必須靠教育會所發的維持費度日。爲此，「華法教育會」照顧倍感困難，故雖一方面挪借經費勉力維持，但紛紛仍然迭起。身爲中國會長的蔡元培恰於此時到法也受到侮辱，不得不毅然聲明教育會與勤工生脫離一切經濟關係；一方面電請教育部轉知各地教育機關，以「學生多不合所訂條件，旣無作工志願，又乏工作技能」爲理由，勸阻學生赴法❷。通告一出，在法的勤工生大起恐慌，當此之時，飢寒凍餒，誰給衣食？若負笈而返，則大負初心。不久中央政府亦回電，以「度支奇絀」，表明「無款可資」❸。在希望幻滅下，遂爆發了民國十年二月二十八日勤工生包圍駐法使館，向公使陳籙請願，要求生存權與求學權的大風潮。

五、結　語

「華法教育會」爲中法兩國文化事業之總機關，成立原意在統合雙方文化教育界的力量，爲赴法勤工儉學運動之進行發揮更大作用，故在遣送學生赴法，接洽並代購船票，乃至到法後之照料，包括覓工、覓校以及維持與接濟方面，都有它不可抹滅的貢獻。

惟在勤工生一多，滋擾迭生，困難增加後，「華法教育會」不免暴露出力不從心的窘況，在先天的組織方面與後天的應變技巧上，均出現

---

❷　《留法勤工儉學運動》㈠，頁709-711。

❷　《教育雜誌》，十三卷三號，記事，頁1-2。

❸　覃仲霖，〈留法勤工儉學生之窘況〉，《時事新報》，1921年4月6日。收入《留法勤工儉學運動》㈠，頁793。

莫大的敗筆。

　　首先是名稱上的混淆。「華法教育會」一開始卽未與「留法儉學會」、「勤工儉學會」在名稱上、性質上、隸屬上、權限上有明確劃分，究竟前兩者是分立的機構，抑納入其事業之一部分，在大綱中並未註明，易滋混淆。及發生責任歸屬問題，「華法教育會」才開始撇淸關係，甚或推卸責任，急忙爲兩會進行亡羊補牢的改組工作，惜爲時已晚矣！

　　其次爲組織上不夠完善。李、吳兩人原信仰無政府主義，只講互助，不重組織，特別是負責照顧全體勤工生的巴黎學生事務部，以劉厚爲主任，上乏人監督，下未明確分工，大權獨攬，易生弊端，引起衆憤。及至憤懣積久爆發，劉厚挨揍，始改組學生事務部，其因循泄沓，充分證明組織本身沒有應變能力，並喪失化危機爲轉機的契機。

　　最後爲人謀不臧。李石曾以其留法背景以及與法國政治文化界人士的密切交誼，實應負留法教育成敗的重責大任。然其爲人忠厚，喜人逢迎，不納忠言，在用人方面頗多識人不深，用人不當之處。如最早辦理豆腐公司，曾發生韓某竊款數十萬事件❸。旣辦儉學會，又有上海幹事洪誠舞弊案發生❸。現成立教育會，又有劉厚被毆事件。蔡元培雖身爲中國會長，事實上他很少管事，只不過代人受過而已。

　　歸根結底，李石曾、吳稚暉、蔡元培等人發起華法教育會，倡導赴法勤工儉學，動機並無可厚非，但他們同樣不能推卸運動失敗的責任。這些應負的責任包括：事先但憑天眞空想而欠缺縝密計畫，把法國影像當做「現代性」（Modernity）的模型；組織不健全，因爲反對偶像崇拜，厭惡權威，崇尚自由結合，標榜互助精神，無寧是無政府主義者的本色；急躁求功，西化中國之念過切，以致選送浮濫；最後遇困難則退

---

❸　東蓀，＜勤工儉學事件之責任問題＞，《時事新報》，1921年4月6日，
　　《留法勤工儉學運動》㊀，頁866。
❸　參閱＜張繼與勤工儉學＞，《中央研究院近代史研究所集刊》，第十五期
　　（民國75年6月），頁179-184。

縮逃避，沒有堅持到底的勇氣。當然，以李、吳兩氏的性格而言，均屬
先知先覺型的理論家、提倡者，而非行政者、組織家，故由彼等實際領
導此一運動，若無良好的輔佐人才，焉得不失敗！

　　　　　　　　原載《第二屆國際華學研究會議論文集》(民國八十一年五月)

法國前總理班樂衞訪華之行的意義

一、前　言

　　自東西海道大通後，西學跟著傳入，法籍人士在其間扮演著舉足輕重的角色。論中法兩國之間的文化學術交流，至少可以上溯至明末清初之際，主要透過耶穌會士而爲之。耶穌會士的東來，不僅傳播西洋思想與文化於中國，同時也傳播中國思想與文化於西洋❶。早期這種以耶穌會士爲媒介的文化學術交流，大抵可以說是一種「以傳教爲體，學術交流爲用」的文化對等關係❷。

　　一般而言，法國對華的政治活動，比英、美消極，但其文化活動與對華研究，則在歐洲最著先鞭❸。蔡元培曾說，「西洋各國，在文化上與中國最有關係的是法國。只看從儒蓮 (Stanislas Julien, 1832(?)~1873)以來，中國的經書都有法文譯本。從沙畹(Edouard Chavannes, 1865~1918) 以來，中國最偉大的古物美術品，都有法國的照（影）印本」❹，便可了然。所以法國漢學家從沙畹、伯希和（Paul　Pelliot,

---

❶　陳受頤，《中歐文化交流史事論叢》(臺北，臺灣商務印書館，民國59年
　　4月初版)，頁1。
❷　<十九世紀法國的殖民主張>。
❸　羅益增譯，<日本人之中法文化運動觀>，《旅歐周刊》，第八十一號，
　　1921年5月28日出版。
❹　蔡元培，<在華法學務協會招待法國公使傅樂猷等宴會上的演說辭>，見
　　高平叔編，《蔡元培全集》(北京，中華書局，1984)，第四卷，頁149。

1878～1945）以至於馬伯樂（Henri Maspero, 1883～1944)、葛蘭言
(Marcel Granet, 1884～1940)等人，莫不於清末民初之交紛紛東來，
堪稱絡繹於途!

惟回顧民初以來的中法文化學術交流，直至民國八年爲止，幾乎可
以說是一條並不平衡對等的單行道，但見我國公、自費生、儉學生、
勤工儉學生大批赴法，摩肩接踵而去，卻少見彼邦教育學術界人士之東
來。

蓋直至歐戰結束後，法人始由戰後疲困之歐洲，逐漸轉移注意於東
方，並竭力鼓吹將法國文化輸入中國，積極進行中法兩國之文化交流。
其所抱之希望，無非想在中國造成法蘭西之勢力，一方面於商業競爭中亦
得佔一席之地；一方面則更想開發中國之天然富源❺。故民國八年七月
間，先有國立里昂大學校長儒朋(儒班,Paul Jobin, 1862～?）與該校漢
學暨日文教授古恒（古朗，Maurice Courant, 1862～1935）之聯袂東
來，抵華訪問；後有法國前內閣總理、巴黎大學教授暨中國學院院長班
樂衞（Paul Painlevé, 1863～1933）訪問團之到訪,這在近代中法文化
交流史上，都是一件值得大書特書的事情。班樂衞的訪華，其重要性尤
過於儒朋、古恒，而且班氏一行的足跡除北京外，亦遍及天津與上海等
地，並與中國政界、議會、文化學術界、實業界有較廣泛的接觸，亦引
起報章雜誌較多的注意和報導，故資料也較爲豐富。基於以上考慮，本
文擬專就班樂衞的訪華，特從北京政聞報(*La Politique de Pékin*)、
申報、大公報、北京晨報、上海民國日報以及東方雜誌、教育雜誌等的
追踪報導，作一綜合論述，並探討其在中法文化交流史上的重大意義。

---

❺ ＜西報論中法今後之關係＞，民國9年7月8日《上海民國日報》。

二、班樂衛的生平事略

1.家世與教育

　　班樂衛於一八六三年十二月五日出生於巴黎，先世爲法國西部的不列丹人 (Breton)，父親是個石版畫家 (dessinateur lithographe)。孩童時，進入巴黎富爾街 (rue de Four) 的區立小學，接受世俗教育。一開始，因天資過人，便獲得敎師們的賞識，除授以比同年齡學童更多的科學知識外，更學習初級的拉丁文和希臘文。在聖路易中學 (Lycée Saint-Louis) 與路易大帝中學 (Lycée Louis-le-Grand) 肄業期間，他是全校競試的榮譽得獎人❻。一八八三年，他以二十歲之英年考進巴黎高等師院理科就讀，一八八六年畢業後，奉派前往德國研究一年，而於翌年以優異成績通過巴黎大學理學博士學位❼。

2.學術歷程

　　班樂衛的學術歷程十分康順，甫獲博士學位，卽於一八八七年起在法國北部的里爾大學 (Université de Lille) 任敎，授「理論力學」(mécanique rationnelle) 一課約五年之久。其後轉調巴黎大學，歷任數學科講師 (1892～1895)、副敎授 (1895～1897)，嗣擔任巴黎高等師院講師 (1897～1903) 與敎授，並出任國立多藝專校 (Ecole Polytechnique) 敎授。及一九二〇年巴黎中國學院成立，班氏出任院長。

---

❻　Paul Painlevé, *Annales Franco-Chinoises,* N° 6 (1928), p. 2.
❼　*La Mission Painlevé en Chine,* La Politique de Pékin, (Pékin, 1921) p. 4.

班氏博學多能，他的學術成就在二十世紀法國科學史上可謂罕與倫比。一八九〇年，在其走出高等師院大門甫滿四年之際，法國科學院卽頒給他以數學大獎之榮譽，而於十四年後，卽三十七歲之壯年，同一科學院卽選他爲院士❽。班氏著作等身，他有關微分方程氏（équations différentielles）、力學原理的發現，以及與愛因斯坦（Albert Einsten, 1879～1955）之間的討論，使他成爲國際知名的學者。班樂衞並不以抽象的理論研究爲滿足，他亦躋身航空先驅者的行列，曾與美國的萊特（Wilber Wright, 1867～1912）、法國的法爾曼（Henri Farman, 1874～1958）同機作處女航，並研究空氣動力學定律（Lois de l'aéro-dynamique）。他同時預見航空在未來科技發展上的重要性，曾領導並推動國會通過第一筆的軍事航空預算❾。

3. 從政生涯

做爲一位政治家，班樂衞的從政生涯則旣單純又積極。一九〇九年，他由巴黎第五區選出，擔任法國衆議員，其後仕途卽一帆風順，歷任公共教育部長、國防技術發明部部長、陸軍部部長，並於第一次大戰最激烈之際挑起法國內閣總理之重任（1917）。

三、訪問團成員簡介

法國前內閣總理、巴黎大學教授暨巴黎中國學院院長班樂衞等一行，應我交通部之邀請，於一九二〇年五月十九日自法國勒哈佛港（Le Havre）出發，乘船取道美、加，經橫濱、海參威，再乘火車經瀋陽於六月二十二日抵北京訪問，進行中法交換教育之計畫，並考察中國鐵路

---

❽　Ibid,

❾　*Annales Franco-Chinoises*, N° 6.

之情形❿。

　　班樂衛訪華團一行五人，除團長班樂衛已介紹如上外，尚包含四位成員，茲簡介如下：

　　(一)巴黎高等師院 (Ecole Nomale Supérieure de Paris) 院長波萊爾 (Emile Borel)，氏於一八七一年一月七日生於聖亞佛利各 (St. Affrique, Aveyron)，一八八九年進高等師院理科攻讀，一八九二年畢業，一八九四年獲理學博士學位。一八九三年起，任里爾大學理學院副教授，一八九七年轉任巴黎高等師院副教授。一九〇九年被提名爲巴黎大學理學院教授，一九一〇年出任巴黎高師副院長，一九二〇年爲同校名譽院長。

　　歐戰期間，波萊爾在第四軍服勤，於凡爾登之役立下彪炳軍功，其後離開戰場，出任國防技術發明部技術司長 (1916)，嗣改任陸軍部技術司長 (1917)，最後出任內閣總理辦公室秘書長 (1917)。

　　波萊爾也是法國科學院院士，著作甚豐。較著名的有《函數理論講義》(Leçons sur la Théorie des Fonctions)、《或然率講義》(Leçons Sur les Probabilités)、《機運》(Le Hasard)、《航空》(L'aviation)等書，尤其後一書係與班樂衛合著，成爲當時年輕飛行員最愛讀之書。氏並先後主編兩份科學性期刊，對於法國科技的發展有重大影響與貢獻❶。

　　(二)巴黎大學法學院政治教授馬丁 (Germain Martin)，氏出身夏特國立專校 (Ecole Nationale des Chartes)，並獲巴黎大學法律學博士暨經濟學博士，歷任廸戎大學 (Université de Dijon)、蒙伯里葉大學 (Université de Montpéllier) 教授，著作甚豐，其有關經濟發展、企業組合、信用貸款等方面的專著，均獲得極高的評價。氏亦

❿　《東方雜誌》，十七卷十四期 (民國 9 年 6 月)，頁130。
❶　La Mission Painlevé en Chine, pp. 9-10.

從事實務工作，如參與法案的起草、國際開發計畫的推動以及刊物的創辦等工作[12]。

(三)鐵路及礦務總工程師那達爾（Joseph Nadal），氏於一八六四年出生於土魯斯郊區，一八八二年入國立多藝專校，一八八四年入國立礦業專校。畢業後卽進入國營鐵路局工作，最後晉升至總工程師職位。

氏爲鐵路與礦務技術專家，並長於科學論著之寫作，自一八九二年至一九〇八年他經常在《鐵路評論》（*Revue Générale des Chemins de Fer*）、《機械學評論》（*Revue Mécanique*）、《礦藏年鑑》（*Annales des Mines*）等刊物上發表專論，並於一九〇八年因出版《蒸汽火車頭》（*les locomotives à vapeur*）一書而深受重視[13]。

(四)文學作家勃恩那（Abel Bonnard），氏爲法國文壇知名之士，於一八八三年出生於法國中部的保瓦蒂葉（Poitiers），一九〇六年以詩集《熟悉的常客》（*Les Familiers*）獲得公共教育部的全國大獎；一九〇八年，又以詩集《王位》（*Les Royautés*）榮獲法蘭西學術院（Academie Française）獎。氏亦創作小說，曾出版《生活與愛情》（*La Vie et l'Amour*）、《帕馬卡米尼宮》（*Palais Palmacamini*）兩部膾炙人口的小說，並撰寫文學與戲劇評論，其文經常出現於《非加洛報》（*Le Figaro*）、《詩人評論》（*Revue des Poètes*）、《巴黎評論》（*Revue de Paris*）等刊物上[14]。

總之，訪華團的成員都是法國文化知識界的一時之選，除班樂衛身負中法文化交流重責外，波萊爾是他從政後的老搭檔，曾在國防技術發明部、陸軍部及內閣總理任內有三度共事之誼。那達爾屬技術專家之列，可以答聘中國，在鐵路管理及礦藏開發方面有所建言。馬丁是法律經濟

---

[12] Ibid. pp., 6-7.
[13] Ibid. pp., 8-9.
[14] Ibid. pp., 5-6.

方面的專家，另外勃恩那是詩文界的代表，也有一定的影響和作用。

四、訪問團在華活動

　　班樂衞訪華團一行自六月二十二日抵北京，至九月十一日由上海乘輪離華，一共在中國約停留二個月又二十天之久，其活動舞臺主要在北京、天津與上海三地，其中又以北京所停留的時間最長，除官式酬酢外，並曾接受北京大學授予理科榮譽博士學位。茲以地點爲主體，按時間先後，就其各項活動略述如下：

1.北　　京

　　在北京的活動，主要可分爲拜會酬酢、參觀與演講兩方面分述之。

(一)拜會與酬酢

　　班樂衞一行抵北京略事休息後，即於翌日展開各項活動。二十三日晚出席法國公使柏卜 (Auguste Boppe) 的晚宴，參加者都是法方的重要人物，飯後並有演奏、詩歌朗誦、短劇等節目助興。二十四日接受交通總長曾毓雋的晚宴，華方參加者有外交總長陸徵祥、胡惟德、葉恭綽、吳鼎昌、韓汝甲等人。席間，班樂衞致答詞強調，此行非僅以個人身分受邀，也獲得法國當局有力支持，旨在加強兩國之間的思想與精神上的聯繫 (les liens intellectuels et moraux)。二十五日下午三點，班樂衞由法國公使柏卜陪同，晉見徐世昌總統，雙方交談三十分鐘。是晚接受法國公使晚宴，出席者有中法雙方名流。席間，班樂衞說明係以我交通部高級技術顧問頭銜應邀前來，旨在爲促成中國鐵路的統合而努力，並擬透過接觸，而有效的發展兩國之間的思想與科學關係❶。

---

❶　Ibid., pp. 13-24.

二十六日接受徐世昌總統午宴，晚接受外交部晚宴，由陳籙次長代表陸總長接待。

　　由上述可知，第一星期純屬為使客人習慣的熱身活動，僅限於禮貌性的拜訪與酬酢飲宴，尚未展開較有實質性的活動。

　　第二禮拜起，班樂衞由法國公使等陪同，於二十九日下午四點拜會國會（參衆兩院），由參議院議長李盛鐸與衆議院副議長劉恩格共同接待。七月一日，參觀北京大學，是晚蔡元培校長聯合北平各大學校長假中央公園設宴招待，中方應邀作陪的有代教育總長傅嶽棻，參議員吳宗濂、王景岐、吳鼎昌、高魯、李煜瀛、何子才等人。七月二日下午三時，由梁士詒、葉恭綽以中法經濟協會的名義，在中央公園舉行盛大茶會，歡迎法國訪問團。是晚，應代國務總理薩鎮冰晚宴。三日，梁士詒與葉恭綽再以「中華全國鐵路協會」名義，假中央公園以茶會歡迎班氏等一行。四日晚梁士詒於自宅設晚宴招待，梁氏支持中法大學在里昂的創辦，更強調在經濟方面的密切合作。五日中法友誼會（Le Cercle Sino-Français）舉行酒會歡迎。七日歐美同學會在蔡元培、王寵惠等人發起下，以盛大茶會表示歡迎。十日，前外交總長孫寶琦以晚宴招待❶⑥。可見官式的酬酢，仍佔據訪問團大部分的時間。

(二)演　講

　　班樂衞曾於七月四日出席中法協進公會(Le Congrès des oeuvres Sino-Françaises）的閉會式，並發表演講。據《北京大學日刊》七月七日載，中法協進公會在四日午後二時，假織雲公所行閉會式，首由主席蔡元培致閉會詞，次由幹事李石曾報告會務，再由幹事鐸爾孟（André d' Hormon）述班樂衞之經歷與來華之宗旨。略謂：班氏初非政治家，乃獨一無二之數學家。於一九一七年法國危急之時，乃起任

---

⑯　Ibid., pp. 31-79.

閣揆兼陸軍部長，於戰事多所擘畫。因舊式機關砲重大不適用，乃造新式輕便者三千架，其初人多難之，卒不聽，竟以退敵。班氏素爲傾心中國文明之人，嘗謂三、四千年之前，歐洲文明各國尙未形成，而中國之天文學、數學，竟能預測日、月蝕，不稍爽，實足欣佩。故此次來華，卽欲將法國文明輸出中國來，中國文明輸之法國去，以造成最高而適於人類之文明。三時，由名譽主席法公使致祝詞。並出示里昂大學校長來電囑爲贊助中法大學事業，後卽介紹班樂衞先生演說。班君演說大意謂：中法文明雖似不同，然精神上、歷史上皆無所出入，以法國一七八九年之大革命而論，當時學者如盧梭輩，多盛稱中國之事，從可知矣。茲所欲言者，卽法國經五年戰爭之後，非已不能支持。其謂法國已不復能支持者，未悉法國之情形者也。昔美國某文學家嘗謂，法與德戰，有如火之照耀地球，然其終也，法必自燒而死。今則如何，戰爭甫息，美國銀行團代表某入法考察，是否可與共事，初猶不可，數月復來，竟一反其態度，法之情形，卽此可知。……法國開戰之初，軍器缺乏，然其製造之速度、數量，遠非意料所能及。究其何以致此者，以敎育故，蓋法國敎育，以保護人類文明爲主，其有摧殘之者，法國人民，必力求殄滅之。末謂中法文明，旣精神上歷史上相同，自當携手同行，相互提携，以求作成一種最高而適於人類之文明，故深望中法學者，於中法學問互相傳輸，則文明上實受賜非淺也（由鐸君譯爲華語）。次由薩鎭冰總理演說謂，班先生爲前任總理，不肯養尊處優，不遠千里跋涉，提倡中國事業，至爲感謝。次由范源濂（靜生）演說，表明法國大革命與歐戰之重要，謂法國在歷史上實最有貢獻，且富於犧牲精神之民族，吾人不獨崇拜之且當效仿之。吾國危迫至今已達極點，不貴空想，實貴實行。次由鄭毓秀演說，略謂救國須重商業，商業發達，端賴敎育，而女子敎育尤不可忽，譬如機器，缺一釘則全機爲之廢，一國之大，豈可使女子無敎育乎？語畢，復操法語向班氏致意，班氏及其從者，皆爲之動容。

五時，由蔡主席宣布散會，並譯讀法公使所接里昂大學校長儒朋與法參議員于格儒 (Hugue le Roux) 兩電，皆贊助里昂中法大學者。蔡主席並致謝來電者及到會諸君，遂散會⑰。

七月八日下午，班樂衞出席歐美同學會、尚志學會等四團體的歡迎茶會，首由蔡元培致歡迎詞，略謂：「我們今日以科學家歡迎班樂衞先生。世界文化的進步均由於科學，而科學尤以算學爲根基。法國人是算學的民族，上自笛卡兒，下至今日之柏格森及班樂衞先生等人物，都是由算學出發，進而研究哲學等等學問的。……班樂衞先生屢說，對於中國文化極有興味，十五歲卽有世界科學同出一流之感想，我們極盼望他以法國已成的文明提携我們，但是我尤有言者，我們並不只是希望別人的提携，同時尤貴把自己已有的文明貢獻於世界。古代孔老哲學在世界上的影響不用說了，卽唐人李白的詩一到西洋，有幾派抒情詩卽因而起巨大的變化，誰謂中國文明不能有貢獻於世界呢？今日特代表大家以此意爲班樂衞先生述之。」

次由班樂衞演說，略謂今日蒙諸君的歡迎，甚爲榮幸，而得與許多自西洋回來的朋友會面，大爲欣悅。中國物質科學之不發達，不但蔡先生說，我也時時研究，這也許是東方文字含渾不淸的緣故，但這問題太大了，非頃刻間所能回答，我希望此後中國的青年能用心研究西洋的文明，法國青年能用心研究東方的文明，而同時都不忘記自己固有的文明的長處。倘有天資超拔的人能把中西學問貫串起來，這是何等盛事呵！凡事都有目前的和將來的兩種：目前的固屬要緊，但將來的雖然未必一時見效，只要按著理想做去，必有達到的一日。我此來就是帶了兩方文化溝通的使命來的，雖屢有機會遇見政界中人，而我所注重的卻仍是學

---

⑰ ＜中法協進公會開會紀略＞，民國 9 年 7 月 6 日《大公報》；另見清華大學中共黨史教研組編，《赴法勤工儉學運動史料》(北京出版社，1980)，第二冊下，頁595。

術的方面，我最後敬祝中國青年的幸福❶！

2.天　　津

　　在北京停留一段時間之後，班樂衞等一行旋即移駕天津。七月九日上午九時，應天津教育、實業兩廳之請，班氏在東馬路青年會講演國民教育之方針。略謂：國民教育有三種主義：（一）平等；（二）自由；（三）博愛。平等者，非富貴之平等，係自治的平等。自由者，非放縱的自由，乃守法律範圍以內之自由。博愛者，乃愛有道德者，有學問者。此種教育普及於中學、小學與教會之學校，是爲革命教育。中國爲文明古國，所辦教育爲有道德的思想，不僅中國人宜保守之，卽歐洲各國亦均宜效法焉。班氏爲造就幾百個貫通中西之學生，提出兩種辦法：（一）由外國來之青年敎員研究中文；（二）派遣有學識者到歐洲留學研究西文。如此不出十年，必有幾百人。此兩種辦法，班氏已在法國實行，在巴黎大學教中國文學，並在中國設立科學大學，以傳授於華人。彼此交換學問，不出十年，則貫通中西學識之學生必不少矣❶。天津各界爲歡迎班樂衞之到訪暨慶祝法國國慶，曾舉辦一連串之活動。首由外交部駐津特派員予以隆重接待，並邀中歐貴賓參加。十三日晚，天津租界舉行例行的火炬遊行。是晚由法國商會主席波卜魯（Poplu）以盛宴款待。會上，班氏致答詞謂，能夠到中國來，這是他年輕時夢想的第一次實現。由於從事科學（數學與天文學）研究的關係，不禁對古老而深邃，至今仍然神秘的中國文明好奇省思；他認爲歐洲文明與中國文明同是主幹的兩大分支，只是前者的歷史遠不及後者久遠。班氏憶起，當一九一二年初，民國剛成立之際，沒有任何歐洲國家願意承認年輕的民國政府，而他是支持承認民國政府的人士之一。

───────────────

❶　〈四團體歡迎班樂衞記〉，民國 9 年 7 月 9 日《北京晨報》。
❶　〈天津學界歡迎班樂衞紀盛〉，民國 9 年 7 月 10 日《大公報》，第二張。

十四日爲法國國慶日，班氏訪問團全體參加在豐大業路(rue Fontanier）的閱兵典禮；典禮畢，並跟隨隊伍前往法國公墓，向法國死難官兵致敬。其後，班氏並訪問醫院、教堂，參觀法國市立學校、海軍醫術官校（Ecole Navale de Médécine）、租界劍術協會（Cercle d'Escrime）等，而於下午四點半乘火車返北京[20]。

3. 上　　海

除北京、天津兩地外，班樂衞等一行亦曾南下抵上海參觀訪問，考察實業。上海商界爲表示歡迎，曾懸掛國旗一天，藉敦邦交[21]。茲將其在上海的活動分述如下：

(一)上海商學交誼會

九月六日上海商學交誼會設宴款待，中方參加者有王正廷、余日章、黃任之、陸伯鴻、宋漢章、晏陽初、史量才、張竹平、徐靜仁、許秋帆、楊小堂等三十餘人，由余日章任主席，致歡迎詞，略謂：中法兩國同爲共和國，兩國人民之感情亦素融洽，除深願班君多惠教益外，更盼對於中國之重要問題代爲播達，並予以誠懇之援助，平時亦可多約法國人士來華遊歷。關於庚子賠款之將付而未付者，並願法國之濟助蠲免，俾得如美國之助吾華興教育。次由黃任之演說，指出吾人景仰班君之原因有三：(1)班君爲世界著名之數學大家；(2)當吾國辛亥革命成功時，法國承認最早，其襄助亦最力，班君實有以使之；(3)班君近最提倡中法兩國文化之灌輸，且更熱誠助辦各種組織，使法國文化尤易輸入吾國。現班君遊歷中國北方以後，切實注意南方，如上海一埠交通最便，消息最靈，故人民意旨發表亦最速而有力，屢次政變莫不以上海輿論爲指歸，請班君更注意現在所留之市街，卽上海亦卽全國報界中心點，而

---

[20] *La Mission Painlevé en Chine,* pp. 84-87.

[21] 民國 9 年 8 月 5 日《上海時報》。

現在所居室，卽全國開辦最早，効力最大之申報館。

　　繼由班氏起而致詞，對於主席所言庚子賠款一節，曾表示法國戰後財政稍形支絀，但此事安知將來之不能行乎？對於教育問題，如里昂之中國海外大學，現已由政府助給房地等，巴黎大學之側，近又創中國文化學院，以資研究，其餘如北京等處，法人亦無不樂於興辦教育事業。總之，中法兩國實爲共和姊妹國，應相提絜也❷。

(二)上海總商會

　　九月十日下午五時，滬商朱葆三、朱志堯、宋漢章、陸伯鴻、傅宗耀(筱菴)等在霞飛路傅宅開茶話會，歡迎班君，到場者有中外貴賓四十餘人。茶點後，傅君起立致詞，述歡迎之意。班君致答詞，由陸伯鴻君傳譯，謂歸法後，當正告其國人曰：東方之中華民國，現隨處具有新氣象，吾法人宜力佐使隆盛也。

　　是日晚七時，上海總商會諸會董設宴歡迎班君，由副會長秦潤卿（祖澤）主持，除致歡迎之意外，並謂今歐戰已畢，兩國商業關係不特恢復原狀，必且益臻進步，深望我兩國國際之友誼，垂之永久，並望中國因工商業之發展得致強盛，俾爲法國永久携手之聯邦。班君起致謝辭，略謂商業之發達，甚賴鐵路之便利，法人擬力助中國擴設鐵路等，此實根本利益之計也。又說中國人衆而富工作力，在法華工之功績，令人誠不能忘，故法政府尚擬爲死於戰事之華工立紀念碑也❸。

(三)答宴中國軍政紳商界

　　九月八日晚，班樂衞設席於上海徐家滙路中法實業銀行（Banque industrielle de Chine）。行長李雍（G. Lion）君宅內，束請中國軍政紳商各界人士，與宴者有海軍總司令藍建樞、上海護軍使何豐林、交涉使許秋帆、上海縣沈韞石暨名流王正廷、張繼、陳震東、余日章、朱

---

❷　＜滬團體歡宴法前總理紀＞，民國9年9月7日《申報》。
❸　＜商界歡迎法前總理兩會紀＞，民國9年9月11日《申報》。

葆三、張菊生、宋漢章、錢新之、傅筱菴等人。席間，藍總司令致答詞時，曾向法方表示三點意見：(1) 請用電影片將法國風土人情及工商之歷史作一介紹，使國人之不能出洋者，得享受教育兼遊戲之快樂，有如親臨其境；(2) 法國出版家能調查中國教育情形，編輯專銷中國之法文書籍，銷路必佳；(3) 華人至外國遊歷，每因缺乏完善招待遊客之機關，而感種種之不便，若能在法國創立一特別機關，專為研究中法兩國遊客之利益，使其無論在遊歷上、辦事上受有價值之補助，則遊客必日見其多。因此特建議組織一華法廣告會，並創辦一法文週刊或月刊。

另商務印書館謝福生指出，中法邦交有三大吸力：

(1) 法國商務，組織完善，信用昭著；

(2) 法國教育，以正確為樞紐，無差以毫釐失之千里之弊；

(3) 法國居華教士所創辦之學校、醫院、工藝社及所印行之科學書籍，使中國受益匪淺。❷

從上述可知，班氏抵滬後，各界歡宴幾無虛日，除一般性之酬酢外，班樂衞及其秘書波萊爾，曾由法商會秘書高博愛 (Ch. Grosbois) 陪同，於九月六日上午參觀商務印書館，由經理李拔可接待，先至該館發行所參觀，繼至寶山路該館印刷所參觀。班君等略有演說，由該館謝福生君翻譯❷。參觀畢，該館監理張菊生及經理李拔可請班氏至徐家滙路李宅內午膳。在座者，有中法實業銀行行長李雍、法商會高博愛、僑工局局長蘇永理、省教育會黃任之、北京觀象臺高魯（叔欽）等。席間，班氏對於中國教育之進行計畫，曾提出幾點看法：

---

❷　〈法前總理宴中國軍政紳商界〉，民國9年9月10日《申報》。
❷　〈法前總理參觀商務書館〉，民國9年9月7日《申報》。

(1) 保存國粹，必要採用科學的方法，庶不致造成機械的心理。

(2) 中國學生之研究科學，往往在二十歲左右方始用功，此為可憾之事。兒童由十二歲起，即當授以科學的知識，蓋彼時腦力正在發育之際，好奇心盛，記憶力健，覺察力敏，此時而能導之以科學的興趣，求科學的知識，則中國他日科學人才，絕不致有缺乏之虞也。

(3) 科學教本，須配合學子之學問及明悟，此端於課讀時之興味深淺有密切之關係。敝國之科學書籍，鄙人敢介紹於貴國教育家者，以其文詞簡明正確也。㉖

　　班氏在上海的活動除一般性的拜會參觀外，亦安排有演講的節目。九月八日下午三點半,中國科學社㉗假四川路青年會,敦請班樂衛講演,題目是「科學與中國建設之問題」，由該社社員胡敦復、黃任之、胡剛復、宋梧生、胡明復等招待，楊子嘉主席、宋梧生擔任傳譯。其主旨在強調國民教育之重要，茲誌內容要點如下:「此次遊期雖促，而感想實多，其最大者，即希望貴國之漸進於富強之域，以取得其應有之位置也。顧欲求富強，首宜實行國民教育。當百五十年前，敝國（謂法國）始著力此事，迄今日獲粗備，其間經歷艱阻，不能盡述。故貴國實行此事時，亦可視艱阻若理所應有，但勇忍袪除之，即大佳矣! 自此次大戰後，敝國等頗有多種發明理物，足供貴國等之採用，嗣當逐漸謀互相灌輸一切耳! 愚意敝國之所以能戰勝德、奧等國者，當歸功於國民教育，

㉖ ＜官商學界歡迎法前總理紀＞，民國9年9月8日《申報》。

㉗ 由趙元任、胡適、任鴻雋、胡敦復等十幾位在美國哈佛、康奈爾大學專攻自然科學的留美學生所組織，正式成立於民國4年10月，以研究學術、灌輸新知、謀中國科學與實業之發達為宗旨。民國7年，該社辦事機關由美國移歸國內，設事務所於上海及南京，執行社務，全面展開推動科學教育之計畫。陶英惠，＜中國科學社＞，《中國現代史辭典——史事部分》(一)(臺北，近代中國出版社，民國79年)，頁206-207。

蓋人人皆有國家統一之思想，舉凡一切不公道之事實，必不難摧陷廓清之。貴國地大物博，果能使人人有此種思想，則又何所用其鰓鰓顧慮哉（衆鼓掌）！以現勢言，貴國本民治主義之精神，策勵進行，將來之情況，或不似敝國而與美國相彷彿耳。現貴國急宜多關學校，以致富強，且普通敎育外，對於專門敎育，尤應注重，深願貴國各校於英文外，更稍加意於法文及其敎育精神，因敝國之專門學者，極擬多所貢獻於貴國也。敝國學者，往往富於理論，較鮮實習，視諸英美，似爲稍遜，然理論者能創造，而實習者僅善因應。當大戰之初，敝國工廠悉暫停輟，嗣卽復開，奮志創製，是以軍事方面力進無虞，此實羣衆所欣念者也。貴國人士倘擬擷採敝國戰後之新工藝等，實所愉企。愚意科學學者，本不僅爲學治學之精神，貴國文化垂數千年，科學方面亦久有闡發，其根柢實甚堅厚，世謂貴國人之腦力不近科學之說，誠屬大謬不然也。予嘗見貴國有留學敝國礦業者，學力一切俱不稍後於其同學，詎意歸國以後，竟無繼續研究之機會，更無論乎發展，深可慨已。故貴國人士，爲研究計，爲發展計，必須組織各種團體，羣策合行，則二、三十年以後予將老矣，而英英諸君，鴻猷克著，倘得復相聚首，其樂如何？況中法兩國，同屬共和，東西提挈，亦固其所，此後科學文化種種，將有無限樂觀，世界永久和平亦願共勉負維持之責也。」

繼由波萊爾君演講，大旨希望中國宜多養成師資，因法國現尙有敎師二萬人，以中國人口如此之衆，自應十百倍之也。語意均極懇摯，衆爲怡然。張繼（溥泉）接著演說，述歡迎班君之旨凡三：

(1) 中國爲尊重學者之國，班君爲學界泰斗，自所欽佩。

(2) 歐戰時，班君任法總理，一切戰守之準備，班君以科學方法籌定之，後雖未及停戰卽卸職，大致規劃，功極可欽也。

(3) 班君對於中國現在及將來之借箸談，無不切中肯綮，固不待

闊項間所論，吾人已實感荷無既，故竭誠以歡迎也。㉘

　　班氏的這場演講，可視爲其中國觀的總表現。面對一批留美專攻自
然科學的學生所組織的學術團體，班君不亢不卑，誠摯平實的演講，除
了獲得張繼的讚揚肯定外，亦產生「舉座怡然」的效果。

五、北大頒授名譽博士學位

　　班氏此次來華，除了上述各項拜會酬酢、參觀和演講外，最主要的
一項活動，就是北京大學首開先例，於八月三十一日授班樂衛以名譽博
士學位。事屬創舉，故特闢一節專述之。
　　班氏係數學家，此次獲頒的是理學名譽博士學位，典禮在北京大學
第二院，卽理科大講堂舉行。是日大門交懸國旗兩面，禮堂門外又有國
旗及北大校旗交懸，檐下橫掛紅綵，並紮杉門。禮堂設在講堂正中，松
花輝映，上紮禮堂兩大字，壇上置小桌，後設座七，最後交懸五色、三
色旗兩面，壇之兩旁，分置坐椅，作半月形，院中置軍樂一隊。北大
校長蔡元培暨教務長顧孟餘均著大禮服，陪同班樂衛及特別來賓教育總
長范源濂並班氏秘書入席，並有引導員賀之才與李石曾兩教授導之以行
㉙。
　　在典禮中，蔡校長首先爲授與學位事由做了說明，他說:

　　今日爲本校第一次授與名譽學位之期，承中外來賓惠然莅會，至
　　爲榮幸。本校教務會議議決，現在應授與名譽學位者，爲班樂
　　衛、芮恩施、儒班（朋）、杜威四位先生。但芮恩施先生已離京、

㉘　〈法前總理昨日留滬盛況〉，民國9年9月9日《申報》。
㉙　〈記北大第一次舉行授與外人學位式〉，民國9年9月4日《申報》，第二張。

杜威先生在北戴河，須於本校開學後來京。儒班（朋）先生去年曾到本校參觀一次，不知何時再來。惟班樂衛先生正在北京。今日之會，實專為班樂衛先生而設。儒班（朋）先生與班樂衛先生有同國關係，而且班樂衛先生願為代表，所以亦於今日舉行授與式。至芮恩施與杜威兩位先生，當俟杜威先生回京後，再定期舉行。

接著，蔡元培指出，授與班樂衛學位的重大意義，略謂：

> 北京大學第一次授與學位，而受者為班樂衛先生，可為特別紀念者有兩點：第一，大學宗旨，凡治哲學、文學及應用科學者，都要從純粹科學入手。治純粹科學者，都要從數學入手。所以各系次序，列數學為第一系。班樂衛先生為世界數學大家，可以代表此義。第二，科學為公，各大學自然有共通研究之對象。但大學所在地，對於其他之社會、歷史，不得不有特別注重之任務，就是分工之理。北京大學既設在中國，於世界學者共通研究之對象外，對於中國特有之對象，尤負特別責任。班樂衛先生最提倡中國學問的研究，又可以代表此義。所以我以為本校第一次授與學位屬於班樂衛先生，不但是北京大學至重要之紀念，實可為我國教育界之大紀念。❸

繼由教務長顧孟餘略述受學位人之經歷。班樂衛歷任教員、校長及教育、陸軍各部長、國務總理，並謂其著述有二百餘種，尤以發明微積分方程與函數論關係，為數學界開闢新途徑，又謂力學與航空學理論，

---

❸　高平叔編，《蔡元培全集》，第三卷，頁441-442；《教育雜誌》，第十二卷第十號（民國9年10月20日），記事，頁1。

亦為班氏之特長，凡歐美各科學學會，該氏皆為重要會員。其在政治上，對於中國更有最好之感情，前在一九一二年任眾議院議員時，即力持承認中華民國之議，後來對於中法間興辦實業之事，亦有所盡力。最近則於中國學院之設立，更為注意籌劃，是精神上實為我中國之好友，是以本校教授會議，決授與理科博士名譽學位❸。

授學位畢，班氏乃起立致答詞，由賀之才翻譯，首述感謝之意，認為此次得受學位，乃莫大之榮幸。將來回國之後，當益謀中法兩國精神上之聯絡。次述一己此次來華之目的如下：

(一)將法國學者對於中國舊學之同情帶到中國。
(二)對於中國興辦新教育竭力幫助。

班氏並謂代表巴黎大學，復有兩種任務：

(一)為中國人在巴黎設立求學機構；
(二)籌劃在中國設立巴黎大學分部。又謂北京大學贈儒朋以學位，
　　則里昂大學便可予中國學生以種種方便。❸

班樂衞答詞畢，蔡元培復作簡單講話，略謂：「現在我尚欲聲明一事：世界上積學而又熱心於中國如班樂衞先生者，我等實願時時領教。但先生現在於政治上極有關係，決不能常留中國，已允以所欲發表之意見，寄示我等。且班樂衞先生答詞中，有在中國設立科學院之計畫。他日或因此再來中國，指導我等。我等受教之機會正多。敬本教務會議所議決者，請為本校名譽教授，以表我等敬慕之意。」❸

❸　同❸。
❸　同上。
❸　《蔡元培全集》，第三卷，頁442。

同時獲頒名譽博士學位者，尚有去年訪華的儒朋氏。其後，十月十七日，北京大學舉行第二次授予名譽博士典禮，授予美國學者杜威以哲學博士學位，前美國駐華公使芮恩施以法學博士學位❸。

六、結　語

法國素來對華的文化活動甚爲注意，並不落於其他歐洲國家之後。民國九年夏秋之交，法國前內閣總理、巴黎大學教授暨中國學院院長班樂衛等一行應我交通部之邀前來訪問，這在近代中法文化交流史上，是一件意義頗不尋常而值得重視的事情。

無論就規模、停留時間、接觸面和重要性等方面而言，班樂衛五人行都遠超過前一年來華訪問的國立里大校長儒朋與該校漢學教授古恒。但在輿論的聲勢上與影響力方面，顯然又遜於同一時期訪華的美國學者杜威（John Dewey, 1859～1952）。杜威之來華，係由他的學生 —— 北大教授胡適、南京高等師範學校校長郭秉文和《新教育雜誌》的主編蔣夢麟所共同促成，而由北京大學及江蘇、浙江兩省教育會等五個學術團體出面聯合邀請。他除公開演講外，每到一處均受教師、學生、知識分子、政府和社會領袖以及一般民衆的熱烈歡迎。他的名字常與同時在華訪問及演講的羅素（Bertrand Russel, 1872～1970）的名字聯在一起，成爲中國當時各大城市的每位受教育者個個耳熟能詳的人物❸。

班樂衛等的中國行，雖以例行之官式拜會、酬酢、參觀爲主，僅作北京、天津、上海等處的定點訪問，間雜以若干場公開演講，並略作名勝古蹟之遊覽，但整體而言，實不能以尋常遊歷酬酢視之。蓋無論人與

---

❸　孫常煒編著，《蔡元培先生年譜傳記》（臺北，國史館，民國75年6月），中冊，頁419-420。

❸　吳俊升，〈杜威在華演講及其影響〉，收入吳氏編著，《教育與文化論文選集》（臺北，臺灣商務印書館，民國61年4月），頁336。

人交，或國與國交，貴先從認識和瞭解開始；在美麗的外交辭令包裝和禮貌性的周旋寒暄下，從無數次的觥籌交錯中，雙方展開了一次層面較前廣泛，幾乎史無前例的密集接觸，透過這種面對面的接觸、對話，無疑縮短了人與人之間的距離，增加了彼此的瞭解，並對某些問題的看法達成了共識。這是文化的一次漂亮出擊，更是國民外交成功的一個範例。

　　班樂衛此次來華，受到國人的熱烈歡迎，除了增進中法彼此間的瞭解，使兩國國交益臻親善外，尚有一些實質上可立竿見影之成果，諸如：

(一)里昂中法大學的籌設，普獲中法兩國朝野人士的支持，乃得在原定計畫下，繼續展開，如期開學。

(二)由於中國教育界人士的一再呼籲，透過班樂衛的溝通與協助，促成法國庚子賠款的提前退還。

(三)巴黎中國學院係由班樂衛所創辦主持，因獲得中國政府精神與物質上的支持，乃得更求發展，成為中國與歐西文化溝通的橋樑。

(四)法方提議重印《四庫全書》，共二十五萬卷，可做為法國漢學家與學生研究中國文明之重要資料與教材。

　　英國詩人吉卜林 (Rydyard Kipling, 1865～1936) 曾說：「西方是西方，東方是東方，兩者永不相遇。」事實上，當西方遇見東方時，不一定出之以衝突、戰爭的狀態，亦可以和諧、合作的方式；換言之，彼此可衝破高山大洋的空間阻隔或意識型態上的偏執，追尋文化的另一半 (in search of culture's other half)[36]這正是班樂衛訪華之行所

---

[36]　王家鳳、李光真著，＜當西方遇見東方──國際漢學與漢學家＞(一)(臺北，光華畫報雜誌社，民國80年1月)，序4。

透露的訊息和顯現的重大意義!

原載《中華民國建國八十年學術討論集》（民國八十年十二月）

抗戰初期中法交涉初探

一、前　　言

日本處心積慮侵略中國已久，其發動戰事只不過時間問題而已。當盧溝橋事變發生前，國民政府正忙於剿匪的安內工作，實無餘力單獨攘外，以對抗積極對外擴張的侵略者。爲阻止日本軍事行動之發展，除本身積極備戰禦侮之外，當時不外兩種可循之外交途徑：一是呼籲列強之軍事干預；一爲透過各國之經濟制裁，予侵略者在軍事和經濟上之打擊，或徹底之摧毀。但此二措施均有其最低限度之要求：(一)列強干預之意願必須出之事實絕對之需要與各國一致之體認；(二)此一共同行動必須以完全之成功爲前提；(三)各國必須調派足夠之兵力以支持此一決定。但就當時各國情況而言，似均無法滿足此三項條件，列強既各有自己之打算，不能出面干預，中國唯有單獨抗戰直至珍珠港事變爆發爲止。

抗戰初起，法國對華外交政策，係以九國公約及英美對華態度爲立場，其始對我抗戰頗表同情，並不斷與英美採取平行行動，一面斥責日本破壞條約，一面對我亦有若干物質之援助。其後，法國爲維護越南主權，終於對日本一再讓步，先將滇越路關閉，復允日軍假道越南攻滇，對我造成極不利情勢，及歐戰爆發，法國面臨重重危機，自顧不暇，更無能力對遠東戰局作出積極之干預。

抗戰初期的中法交涉，雖不若對英、對美、對蘇重要，但亦有可逃之處，茲以(一)假道越南運輸問題；(二)中法軍事合作問題；(三)法國與汪僞政權三大專題略作探討。在《法國外交檔案》尙未完全公開之前，本文暫以顧維鈞使法期間（1932～1941）❶ 爲探討對象，然掛一漏萬之處必多，故曰初探。

二、假道越南運輸問題

抗戰開始不久，日本卽以海軍對我東南沿海實施封鎖，影響我交通運輸至深且鉅。日軍自一九三七年至一九三九年所欲切斷的中國補給線有下列四條：

(1) 對自由港施以更有效之封鎖；

(2) 由北越到雲南的滇越鐵路；

(3) 由緬甸入中國的公路；

(4) 由蘇俄經外蒙古或新疆到中國的通道。❷

按當時中國軍火最大來源，百分之八十來自德國，其餘來自蘇俄。中國在歐洲購買軍火，並非用現款，而採以貨易貨辦法，中國輸出者爲礦產、茶葉、羊毛等，輸入者均爲軍械、汽油、飛機及交通工具等。中國輸出者因係大宗西南礦產，須有龐大之運輸負荷與交通之安全，故越南與香港兩地，在抗戰初期對中國後方的交通運輸，實居舉足輕重之地位❸。

---

❶ 顧維鈞於1932～1936年任駐法公使，1936～1941年爲駐法大使。

❷ J-B. Duroselle, *Histoire Diplomatique de 1919 à Nos Jours* (Paris, Dalloz, 1966), p. 373.

❸ 蔣永敬，<抗戰期間中法在越南的關係>，《中國現代史專題研究報告》第一輯（中華民國史料研究中心，民國60年12月），頁162。

　　面對日軍封鎖東南沿海的新形勢，蔣委員長為謀利用滇越鐵路運入軍火與物資，曾迭令主管機關及駐法大使顧維鈞，為中國假道越南運輸問題，與法國當局不斷交涉。而早在民國二十六年三月，行政院副院長兼財政部長孔祥熙奉派為「中華民國慶祝英皇喬治六世加冕典禮特使」，名為賀英皇加冕，其秘密使命實為赴歐商洽借款及購買軍火，以準備對日抗戰❹。抗戰並非徒託空言可以辦到，由此可見，最高當局不僅對日本的侵略野心瞭若指掌，也暗中做了許多鮮為外人所知的高瞻遠矚準備。四月二日，孔祥熙等一行三十餘人由上海搭義輪「維多利亞」號出發，數月間遍訪義大利、捷克、德國、英國、瑞士、比利時、美國等國家，並於六月間及八月間兩度抵法，與法總理、外長會晤，除與法國銀行團簽訂貸款合同外，並對假道越南一事有所洽詢。據法總理蕭洞（Camille Chautemps）❺表示，軍用品供給與運輸，牽涉中立問題，恐引起對日糾紛，不得不從長考量。又說滇越鐵路係單軌，實際運輸量恐有限，仍須殖民部研究❻。

　　假道一事，法方反應顯得慢條斯理，然中國卻因俄軍器一批近期即將由俄裝出，備船運安南起貨而急於促成。蔣委員長遂分別於九月十七日及二十一日致電（由中國銀行董事長宋子文轉）在法的國民政府委員李石曾及孔祥熙特使，囑速與法政府交涉❼。

---

❹　郭榮生編著，《孔祥熙先生年譜》（未註明出版書局與時間），頁121。
❺　蕭洞係激進社會黨人，1937年6月至1938年3月，擔任法國內閣總理。參閱吳圳義，〈從假道越南運輸問題看抗日時期的中法關係〉，《近代中國》，第四十期，頁117。
❻　駐法大使顧維鈞自巴黎呈蔣委員長報告偕孔祥熙特使訪法總理洽詢關於假道越南運輸等問題之談話情形電，民國26年8月6日。秦孝儀主編，《中華民國重要史料初編——對日抗戰時期》（黨史會，民國70年出版）第三編，〈戰時外交〉（二）（以下簡稱〈戰時外交〉），頁731。
❼　蔣委員長自南京致中國銀行董事長宋子文告以蘇聯軍貨擬假道安南運華請電李石曾委員與法政府交涉電，民國26年9月17日；蔣委員長自南京致孔祥熙特使囑從速與法政府交涉先准蘇軍器運安南起貨電，民國26年9月21日。〈戰時外交〉（二），頁732。

　　至十月十八日，據顧使來電，此一希望已暫告破滅。經法內閣議決，軍火運華，無論爲國有或私有，均可照准，但假道越南轉運一節，因慮日人轟炸交通機關，則在禁止之列。顧使詫異失望之餘，即訪法外次，面遞備忘錄，歷引滇越鐵路合同第二十三、二十四條，中越專約第六條，證明軍火假道爲成約所規定，並引本年中立國國聯通過之決議，要求法政府對於假道越南問題重加考量❽。法外次答復如下：

（一）法政府自中日衝突以來，對華在國際上或在國聯，或在供給材料，曾有友誼之表示，此次並將國營軍用品開放，且飛機可准其由越飛華，假道限制實出不得已，請告政府萬勿視爲法政府無意協助。

（二）條約根據純屬法律問題，實際上越南每遇中國內戰，必禁止軍用品假道，且此次亦從未實行假道，不能謂失望。

（三）在英、美、俄與法尚無具體諒解前，法如單獨假道，勢必當日之衝。因據各方確息，日本必採取適當辦法，破壞假道之舉，而法在越南旣無有力艦隊，又無空軍，不得不持之審慎。

（四）如日本實行轟炸滇越鐵路，係損害法國資本，中日雙方旣不能允賠償，勢必爲法國股東之損失。且如炸毀桂越邊境道路，破壞運輸，雖允假道，仍於中國無益。

（五）日本有侵佔瓊島與西沙島之意，經法使三次向日外相商勸，彼諉言事屬海軍省，尚未肯復，窺其用意，如越允假道，則必佔據該二島，以相威脅。此二島地居廣東、香港、越南、

---

❽　駐法大使顧維鈞自巴黎呈蔣委員長報告法閣議決定禁止軍火假道越南轉運擬即訪法外長交涉電，民國26年10月18日，＜戰時外交＞（二），頁733。

新加坡之衝要，如被日本侵佔，與中、英、法三國之利益均有莫大危險。此外，日本且將鼓動暹羅與越南為難❾。

這是法方在日本恐嚇下，為求自保，不得不禁止華方假道的一些理由和藉口，表面看來尚能自圓其說，但總是顧慮太多，政策小心謹愼，怕開罪日本的託詞。

另一方面，國民政府委員李石曾稍後（10月20日）從巴黎致電財政部長宋子文，卻表示法方「取消假道，受日威迫及陰謀所致」，仍可補救的樂觀看法。李氏所以持比較樂觀看法，因最近兩大友黨選舉勝利，「親華派極堅強，轉危為安，更將益我」之故❿。

民國二十七年一月，法國內閣改組，但仍以蕭洞為新閣總理。新閣對越南運輸方針有無改變，自為國民政府所關注。經顧維鈞大使探悉，新閣尚未討論運輸問題，然據外長彭納（Georges Bonnet）透露，對助華條件，須英、美結合，否則日如攻越，無力防禦。語氣間，以後轉運，不易通融，除非社會黨再起，或有希望等語⓫。

顧使又訪法外部，獲悉前批俄貨二月間到越後，日方即來抗議，外部答以此貨係十月十日運出，例符不禁運。旋經日方查得係十一月二十日起運，與法調查結果不符，日方又表抗議，故不得不照十月閣議決定實行，希望我能速將餘貨運港⓬。新閣所以力主執行去歲之閣議，據法方

---

❾ 駐法大使顧維鈞自巴黎呈蔣委員長報告與法外次交涉軍貨假道越南問題之談話情形電，民國26年10月18日，＜戰時外交＞（二），頁734-736。

❿ 國民政府委員李石曾自巴黎致財政部長宋子文告以法兩大友黨選舉勝利於我更將有益電，民國26年10月20日，＜戰時外交＞（二），頁737。

⓫ 滇緬公路督辦曾春甫自廣州呈蔣委員長報告得顧維鈞大使復電謂法新閣尚未討論運輸事惟對助華條件須與英、美結合電，民國27年2月1日，＜戰時外交＞（二），頁737-738。

⓬ 駐法大使顧維鈞自巴黎呈蔣委員長報告訪法外部據稱蘇貨到越後日方即來抗議希望我能速將餘貨運港電，民國27年2月11日，＜戰時外交＞（二），頁739-740。

表示，實因中國駐越代表辦理不密，以及滇越鐵路股東與一部分議員反對所致[13]。事實上，至二十七年三月，德軍佔領奧國，歐洲局勢緊張，法國備戰甚急，對於遠東方面已感無力兼顧。六月二十八日，法外次仍向顧使表明，法國政府之正式立場始終禁止中國軍火通過越南，但實際如何另是一事。此時，達拉第 (Edouard Daladier) 擔任法國總理，其內閣同意以另一變通辦法，使軍火能假道越南，轉運至華[14]。

八月，我政府繼立法院長孫科之後，復派駐蘇大使楊杰赴法，協助進行軍事談判，假道運輸事亦呈現轉機。至二十八年一月間，終獲法方具體答覆：對越南運輸允予便利，凡軍火各貨抵海防後，即視同法貨由軍隊代運。九月初，歐戰爆發，法國對遠東更無力兼顧，其對日委曲求全之心，益形迫切，法越當局對華貨經越轉運，更多顧忌，雖經我駐法使節屢與交涉，法方惟以處境困難，希望中國諒解之語搪塞[15]。

二十九年六月，法國在歐戰中敗績，向德屈服，貝當元帥 (Le maréchal Pétain) 所組織之維琪政府宣告成立，日本乘機壓迫法國，於六月二十日停止中越運輸。九月二十二日，法國復被迫與日本在河內簽訂協定，允日軍假道越南攻滇。簽字時，越督戴古 (Jean Decoux) 即向中國駐河內總領事許念曾表示，簽字出於不得已，希望中國軍隊暫勿開入越南，以免日本藉口增兵。法國維琪政府亦在同日對中國駐法大使館表示，希望中國軍隊不要入越，否則越必抵抗，甚至聯合日本共同對華[16]。

九月二十四日，我外交部向法國大使館致送節略，提出嚴重抗議，節略有云：

---

[13] 外交部長王寵惠自漢口呈蔣委員長報告據顧維鈞大使電告法新閣仍禁止軍貨假道電，民國27年2月11日，〈戰時外交〉(二)，頁739。
[14] 吳圳義，前引文，頁115。
[15] 〈戰時外交〉(二)，頁719-720。
[16] 蔣永敬，前引文，頁168-169。

查法方徇日方要求，始則停止對中國之運輸，繼又與日本訂立協定；允許日軍利用越南領土及鐵路設施攻擊中國。中國政府在此種情形之下，根據中法滇越鐵路公司章程第二十四條之規定實施調度。為使調度圓滿執行起見，施行軍事措施，實為必要之步驟，所有該公司職員均應一體遵從。乃法國大使館於法國政府破壞中法條約，違背國際公法，不顧中法善良鄰誼之餘，竟復反對中國政府對於滇越鐵路施行管理權，此種態度，殊不可解。所提抗議，外交部礙難接受。❶

中國政府不僅因法日訂立協定而提出嚴重抗議，並劍及履及的派出川滇鐵路公司總經理薩福鈞前往接管滇越鐵路公司滇段鐵路❶。

十月二十六日，法國駐華大使戈思默（Cosme）在重慶晉謁蔣委員長，解釋法日間簽訂越南協定之經過，希望中國政府能予諒解。戈思默謂，最初日方所要求者，為越南全部之控制權，嗣經長時間之磋商，始將此項要求減至兩點：（一）佔領北越富壽、老街、嘉林三處飛機場；（二）日軍六千人在海防登陸。法國因兵力不足，越南尤缺乏飛機及坦克車等項軍備，故為中法兩國之利益計，對日方要求，未能加以抗拒，此實出於萬不得已。惟日方目的，旨在切斷中越交通，使其不能恢復。據法方一般軍事專家之推測，日方並無假道越南進攻中國之意，日法協定，對中國實亦無真正危險。委員長當向其表示，中國素重信義，對於法方處境困難，極為了解，況此事係由於特殊及不得已之環境，情有可

---

❶ 外交部致法國大使館節略，民國29年9月24日，《中日外交史料叢編（六）——抗戰時期封鎖與禁運事件》（中華民國外交問題研究會，民國56年1月編印），頁121。
❶ 外交部駐雲南特派員公署致法駐滇領事官照會，＜抗戰時期封鎖與禁運事件＞，頁121。

原，中法友誼仍繼續不變，決不受此事之影響❶。

三、中法軍事合作問題

自九一八事變發生後，我政府鑒於國防建設之重要，對於興辦軍需工業，改良兵工製造，以及儲備彈藥器材，莫不積極籌劃進行。惟以我國工業落後，財力物力亦異常缺乏，且因連年剿匪，消耗甚多，國內兵工生產不敷供應，故各種武器與兵工材料，多仰賴國外輸入，以資補充。二十六年七七事變爆發後，我最高統帥審度敵我情勢，遂一面籌建後方工業，致力兵工生產；一面以易貨、價購或租借方式，商請各國以軍火物資相助，支持戰爭❷。

八月下旬，顧維鈞先後在巴黎訪法總理與外長，商借軍火武器，總理謂政府鑒於歐局尚不敷自用，撥借少數，無裨於事，多則有礙法國國防，恐遭國會人民責問❸。外長則表示，原則上法政府礙難直接接濟，惟凡商辦之廠一概聽其自由供給裝運。渠又稱，凡屬該部管轄之一切機械業經訂購者，可以設法全部交貨，惟未訂購務請勿購官有❹。足見顧氏請求法國政府予中國以軍火武器之援助，尚須多費唇舌。

民國二十七年三月，德軍佔領奧國，歐洲局勢緊張，我政府鑒於日軍終必南進，中法兩國應行互助之處甚多，乃令駐法大使顧維鈞與法方進行中法合作之商討。同時，我第四戰區副司令長官余漢謀亦與法國駐越南人員商洽瓊越合作計畫，藉以防止日軍侵佔海南島❺。

---

❶ 蔣委員長在重慶接見法國駐華大使戈思默聽其報告日法間簽訂關於日本在越南軍事便利協定之經過後表示中法友誼仍繼續不變談話紀錄，民國29年10月26日，＜戰時外交＞（二），頁770-771。

❷ ＜戰時外交＞（一），頁3-4。

❸ 巴黎大使館來電，民國26年8月21日，《中日外交史料叢編（四）——盧溝橋事變前後的中日外交關係》，頁492-493。

❹ 巴黎顧大使來電，民國26年8月20日，同❸，頁493-494。

❺ ＜戰時外交＞（一），頁5。

同年六月間，顧維鈞大使曾就法國派遣軍事顧問來華及聯合抵制日本侵略事宜，與法國外交部進行交涉，法國對於派遣軍事技術人員一事，表示如派遣現役軍官易滋誤會，贊成借用後備軍官❷，但對於聯合防止日軍侵佔海南島，及遏制日軍擴充在華軍事佔領地區，則因看法不同，又恐引起國際糾紛，而舉棋不定❷。

民國二十六年底至二十七年夏，立法院長孫科根據中國抗戰時期外交政策「多求國際友誼合作之方針」，奉派赴歐洲各國進行活動，先後到達蘇俄、法國、捷克及英國等國家。其在法國期間，曾與法軍部密洽中法合作互助事宜，所獲結果如下：

(一)中法在遠東利害共同，我抗戰勝利可以永久保障安南安全，基此立場，中法須密切合作，相互援助。

(二)除人事援助外，軍部可於一年內供給我三十至五十師最新器械，輕重砲、坦克車俱全，延期付價不成問題。

(三)擬卽依法在巴黎設立商業公司，經理器械事，內容由我方擔任資本，彼方須人主辦，資額假定一千萬法郎，約合國幣百萬，成立後所有雙方交接手續，全由公司居間辦理，絕不與他方發生關係，以期慎密敏捷。

(四)關於軍事專門問題，俟楊杰（駐蘇大使）到後，妥商進行。❷

❷ 駐法大使顧維鈞自巴黎致外交部報告晤法外長承告派遣後備軍官來華當無不便並先代催滇省所訂軍火電，民國27年6月10日，＜戰時外交＞（二），頁742。
❷ 駐法大使顧維鈞自巴黎致外交部報告法外次表示對日軍欲佔領海南島事法只能以外交方法設法勸阻電，民國27年6月22日，＜戰時外交＞（二），頁743。
❷ 立法院長孫科自巴黎呈蔣委員長報告與法軍部密洽中法合作互助之結果電，民國27年7月1日，＜戰時外交＞（二），頁745。

　　孫科在法，並分訪法總理兼國防部長達拉第、殖民部長、國防部秘書長與參謀部特派員，洽談請法接濟軍械問題。達總理對我抗戰甚表同情，但因歐局緊張，對華大量供給，頗感困難，允考慮分批供給。殖長允盡力促成合作。國防部秘書長則表示，國、參方面原則上決定秘密接濟我方，望我積極協同籌備公司，以免外間指責政府。並告我對外間軍火商人，應加防範，避免損失。參謀部主張必要另設商事機關，居間經理。據孫科綜合觀察，法方願在軍械上助我，似係參謀部主張，經總理及國防、殖民兩部贊同。但事關國際，深恐洩露，引起敵國報復與國內政敵攻擊，故一切接洽，均假手三數親信接洽❷。

　　駐蘇大使楊杰於二十七年八月到法，主要軍事任務有三：（一）協助訂購軍火（但奉命以分期付現，分批原料抵償爲條件）；（二）洽訂信用借款；（三）洽聘軍事顧問（規定總顧問資格爲大將或中將階級，但只管轄法國籍顧問，而與他國總顧問並行，總顧問受中方直接指揮）❷。歷經數月之交涉，至二十八年一月間，法方始答應協助訂購中國所需軍火，但要求分批付現及分批以原料抵償，並同意派遣現役軍官白爾瑞（Berger）等九人來華。

　　據楊杰報告，所訂軍火足敷兩年內抗戰之用。至與軍火有關之借款，內容如下：

　　（一）金額四千萬鎊；

　　（二）年息五厘半；

　　（三）六年償清，第一年不償；

---

❷　立法院長孫科自巴黎呈蔣委員長報告與法總理達拉第及參部特派員等洽談關於請法接濟軍械問題之經過情形電，民國27年7月13日，＜戰時外交＞（二），頁746-747。

❷　立法院長孫科自巴黎呈蔣委員長報告關於顧問事法方催復甚急請電示以定人選電，民國27年7月31日，＜戰時外交＞（二），頁748。

(四)以金屬原料及商品抵償；

(五)請蘇擔保；

(六)借款悉數購械，一年內分批運華。㉙

關於法顧問團之待遇、性質及工作，也有如下之規定：

(一)總顧問照原訂，沙萊、馬納二人月薪五百，津貼三百，特別
　　費二百，其餘均減二成，議定月薪三百五十，津貼三百，特
　　別費一百五十，半數給美金，半數依法定滙率給法幣，惟對
　　外不提有津貼特別費，以免他顧問援例要求。㉚

(二)顧問團作用不限於參贊軍務及幫助訓練軍隊，如有其他需
　　要，可透過總顧問、副總顧問轉告法政府辦理。

(三)顧問團皆現役軍官，由法總理批准給予短假。彼等宣誓盡忠
　　中華民國，在蔣委員長指導下竭誠工作，其服務之範圍，或
　　任參謀擔任作戰計畫，或任軍隊訓練，或任陸大教官，或派
　　遣至各戰場指導作戰，悉聽蔣委員長之指示。

附法顧問團名單如下㉛：

㉙　駐蘇大使楊杰自巴黎致行政院長孔祥熙報告四千萬鎊軍械借款合同要目及
　　顧問待遇切商之結果電，民國28年2月25日，＜戰時外交＞(二)，頁753。
㉚　＜戰時外交＞(二)，頁753。
㉛　駐蘇大使楊杰自莫斯科呈蔣委員長報告法顧問派遣之性質及其工作之規定
　　函，民國28年3月2日，＜戰時外交＞(二)，頁753-755。

軍銜	姓　名	年齡	出　　　　身	略　　　歷
中將	白爾瑞 （Berger）	58	聖西耳(Saint-cyr)軍校 陸軍大學戰略專科畢業	曾任高級軍官訓練處主任
上校	沙萊 （Salel）	58	聖西耳軍校畢業	歷任殖民軍(步兵)服務，曾任安南陸軍與地局主任，曾往華南。
少將	馬年 （Magnin）	57	凡爾賽軍校畢業	歷在空軍服務並爲白爾瑞中將助理。
少校	駱更 （Legrand）	49	聖西耳軍校畢業	歷在殖民軍(步兵)服務，曾任中國駐軍參謀長，往中國兩次。
少校	杜蒙 （Dumont）	51	凡爾賽軍校 陸軍大學砲兵機械專科	歷在殖民軍(砲兵測量)服務。
少校	何汝克西 （Renucci）	42	聖西耳軍校 陸軍大學戰略專科	歷在殖民軍(步兵)服務。
上尉	牛爾德 （Noldé）	35	軍事業學校畢業	歷在殖民軍(砲兵)服務曾往中國。

　　法國顧問團的派遣，法方最初贊成借用後備軍官，免滋誤會，後來卻密派白爾瑞等現役軍官九人來華，其轉變原因是：(一)接受英美建議[32]，以現役軍官代替後備軍官；(二)受殖民部長穆岱(Marius Moutet)的影響，穆岱係李石曾好友，曾任衆議員，與李氏等人共同創辦里昂中法大學，對中國極友好。穆岱與殖民軍總監比和將軍受總理達拉第委任，負責選派顧問團，在人員選派上自有相當決定權，其中副總顧問沙萊（Salel）係比和將軍之親信，對於中日軍事夙有研究，尤其對於軍事組織一道頗精[33]。(三)基於工作上指揮方便，現役軍官對情況較熟悉，上下各方面關係不致脫節，易收指臂相使之效。

　　民國二十八年二月，蔣委員長鑒於歐洲一旦發生戰爭，日本必進攻

---

[32]　駐蘇大使楊杰自巴黎致行政院長孔祥熙報告與法洽商越南運輸及信用借款等問題之結果電，民國28年1月30日，〈戰時外交〉(二)，頁751。

[33]　〈戰時外交〉(二)，頁753-755。

越南，曾電楊杰大使，囑其轉詢法國當局，應否由中、法兩國預定一共
同作戰計畫，以便應付事變[34]。楊杰遵囑向法方提商，殖民部長穆岱表
示，倘歐洲發生戰事，日攻安南，中法軍事合作極為必要，主張雙方互
派代表商談，俟具體方案定後，再商訂中法遠東互助協定[35]。

　　因此，除法國顧問團的派遣外，一時中法接觸頻繁，合作之門大
開。軍事委員會參事室為配合歐洲局勢的變化，並確保安南的地位，特
由參事周鯁生、張忠紱等人擬定「關於中法軍事合作問題節略」，其要
項為：

(一)我國應允準備以精兵十師或十五師，於歐戰爆發安南受外來
　　威脅時，開往安南，助法國防守其屬地。

(二)此種軍隊需要之重軍器由法方供給，其細目另定。

(三)法方應允此後經由安南輸入中國之一切物品，不論在何種情
　　形下，法國或安南政府不加以阻礙。

(四)法方應儘歐戰未爆發前，將大量武器及軍需品輸入安南存儲，
　　並在安南境內迅即籌設規模較大之兵工廠及飛機工廠，俾歐
　　戰爆發海上交通發生阻礙時，即可作為保衛安南並備中國訂
　　購之用。

(五)法國應允除現擬借與中國之小借款外，另以較鉅款項貸予中
　　國。[36]

---

[34] 蔣委員長自重慶致駐蘇大使楊杰囑詢法政府中法兩國應否於日攻安南前先
　　預定一個共同作戰計畫電，民國28年2月25日，＜戰時外交＞(二)，頁
　　784。
[35] 駐蘇大使楊杰自莫斯科呈蔣委員長報告向法提商軍事合作及軍械借款情形
　　電，民國28年3月1日，＜戰時外交＞(二)，頁784。
[36] 軍事委員會參事主任室王世杰自重慶呈蔣委員長關於中法軍事合作問題節
　　略簽呈，民國28年4月4日，＜戰時外交＞(二)，頁788-790。

　　另一方面，兩廣外交特派員甘介侯與法國駐遠東特務機關負責人茂萊，亦商定一「中法軍事合作計畫」，並徵得安南總督及法陸軍總司令之原則同意。計畫要點有：

　　(一)中國對於安南供給人力，選送之中國人民在安南訓練、組織
　　　　與武裝，中國同時供給勞工，分往法國、安南或其他地方工
　　　　作。
　　(二)法國供給中國關於抗戰所需要之軍火、機器與材料。
　　(三)興築中國通安南之鐵路以利運輸。❸⁷

　　從「合作節略」到「合作計畫」，可謂大同小異，軍火武器、貸款、假道運輸等軍事合作項目，均為抗戰以來對法外交所努力的目標，中國希望因安南的唇齒關係，而與法國有更具體的合作。

　　至五月間，楊杰在巴黎與法方達成「中法軍事協定草案」❸⁸，呈報蔣委員長，經軍事委員會參事室批註意見，認為該協定草約雖對中國仍屬有利，但缺乏下述各條件：

　　(一)此項軍隊之重兵器由法方供給；
　　(二)安南方面自簽訂協定日起予中國以軍火運輸之便利；
　　(三)法方於事前在安南境內存儲大量武器；
　　(四)對華貸款為交換條件。❸⁹

---

❸⁷ 兩廣外交特派員甘介侯自重慶呈蔣委員長報告中法軍事合作計畫內容大要函，民國28年4月4日，＜戰時外交＞(二)，頁785-786。
❸⁸ 駐蘇大使楊杰自巴黎呈蔣委員長報告中法軍事協定草案之內容電，民國28年5月16日。草案內容甚長，請參閱＜戰時外交＞(二)，頁794-795。
❸⁹ 軍事委員會參事室主任王世杰自重慶呈蔣委員長報告對於中法軍事協定草約之意見簽呈，民國28年5月25日，＜戰時外交＞(二)，頁796。

協定若簽訂，雖有政治上、戰略上的作用，但實質上於法國片面有利，於中國有不平等之感，且未能滿足中國原先之期望，遂胎死腹中。至九月下旬，法國因歐戰爆發，無力兼顧遠東，其對日妥協之心，遂更形迫切，乃下令召回在華之軍事顧問團，關閉了雙方合作之大門。

四、法國對汪偽政權的態度

民國二十九年三月三十日，汪精衛在南京盜用「中華民國國民政府」名義，舉行「還都」典禮，正式成立偽組織。

同日，我外交部照會各國大使公使代辦，勿對偽組織作法律或事實上之承認，否則，「既屬違背國際公法與條約，自應視爲對中國民族之最不友誼之行爲，而承認者應負因是所發生結果之全責。」[40]

汪偽組織的成立，對我抗戰前途與民心士氣，持平而論，當然有不利之影響，故政府極不願列強予以承認。友邦中最能以實際輿論行動，支持我國者，當首推美國。自日本發動盧溝橋事變後，美國總統羅斯福(Franklin D. Roosevelt)曾於二十六年十月五日在芝加哥發表「隔離檢疫演說」(quarantine speech)，認爲世界上之非法行爲一如瘟疫，必須予以阻止，庶免蔓延[41]。次日，美國國務院復發表宣言，斥責日本在華侵略行動，實破壞九國公約與非戰公約。二十八年十月九日，美國駐日大使格魯(Joseph Clark Grew)在東京發表演說，更明白指出日本政府所謂「建立東亞新秩序」，純係出於侵略野心，並對日軍在

---

[40] 外交部照會各國大使公使代辦勿對偽組織作法律或事實上之承認，民國29年3月30日。秦孝儀主編，《中華民國重要史料初編——對日抗戰時期》（中國國民黨中央委員會黨史委員會，民國70年9月初版），第六編，＜傀儡組織＞（三）（以下簡稱傀儡組織），頁416。

[41] 董霖譯著，《顧維鈞與中國戰時外交》，（傳記文學出版社，民國67年2月），頁32。

華野蠻橫暴之行為，深致憤慨[42]。及汪僞組織在南京成立，美國務卿赫爾 (Cordel Hull) 即發表聲明，不加承認[43]。民國三十年七月三日，因德、義政府承認汪僞組織，美副國務卿威爾斯 (Sumner Welles)復重申，美國承認現在重慶之國民政府為唯一合法之中國政府，軸心承認汪組織一舉，並不足以改變美國既定之政策[44]。

英國雖明瞭日本侵華之野心，但為保持其在華之利益，對日本種種行為並無積極政策，亦無意對日採取警戒步驟，僅表示英國對國際公約及聯盟決議始終履行，且不忽視與美國在遠東採取平行行動[45]。汪僞組織成立前，駐日英國大使克萊琪 (Sir Robert L. Craigie) 曾告日方，汪政權不能解決中國事件，欲謀解決非以國民政府為對手不可[46]。及美國發表不承認汪僞組織後，駐英大使郭泰祺即於四月三日訪英外相艾登 (Anthony Eden)，告以我願望英政府對南京僞組織能作類似赫爾之聲明，又謂英駐日大使克萊琪之演講詞，頗引起我方及英、美輿論之反感，並指摘其不合之處，願英外長有以聲述，以釋疑慮，外長答將即往上議院作一簡單聲明，表示英對遠東政策及對中國合法政府態度，均無變更，盼能使我方滿意，惟不便含闊斥克萊琪之意[47]。四月三日下午，英外長及政務次長在國會分別發表聲明，表示英政府對於遠東問題之一般立場，並無更動，關於英政府必須繼續承認何者為中國之合法政府，殊屬不成問題[48]。

---

[42] ＜戰時外交＞(一)，頁3。

[43] 郭廷以，《中華民國史事日誌》(中央研究院近代史研究所編印，民國74年5月初版)，第四冊，頁132; ＜傀儡組織＞(三)，頁203。

[44] ＜傀儡組織＞(三)，頁202-203。

[45] ＜戰時外交＞(二)，頁20。

[46] 郭大使倫敦來電，民國29年3月21日，＜傀儡組織＞(三)，頁199-200。英使演說，另有英日目的相同，在謀永久之和平，穩含承認新秩序之意。同註，頁201。

[47] 駐英大使郭泰祺自倫敦致外部報告英外長為南京僞組織事先即前往上議院作一簡單聲明電，民國29年4月3日，＜戰時外交＞(二)，頁37。

[48] 郭大使倫敦來電，民國29年4月3日，＜傀儡組織＞(三)，頁201。

其後，因軸心國承認「南京政府」，英工黨議員諾爾倍克（國際反侵略大會副會長）特請外相艾登，就英國政府與在重慶之中國國民政府間之關係加以說明。艾登於三十年七月九日重申，英政府之遠東政策，依據於承認現在重慶之中國國民政府為合法之中國國民政府[49]。由上述可知，英國雖步美國之後塵，不承認汪偽組織，但係透過國會中政府官員與議員間之問答為之，其態度顯已較美國之直接聲明為軟弱。

除美英外，法國態度攸關我抗戰前途，亦不可忽視。早在民國二十八年十月間，國民政府委員李石曾與法殖民部長在巴黎晤面，對方曾表示，法絕不作中日妥協運動，亦不贊助汪精衛賣國行動，以減少華方抵抗精神[50]。惟法國對遠東問題的態度，向以美英為馬首是瞻。在汪精衛未粉墨登場前，法國駐華盛頓大使曾於二十九年三月二十八日拜訪美國務卿赫爾，表示一旦汪偽組織成立，法國即將在各種問題上，與中國派駐各國的外交代表對質（confront），而且法國政府已訓令駐中國大使，在一些相關問題上，與美英大使協商[51]。

自汪偽組織成立後，外交部除致送各國照會，籲勿對偽組織作事實或法律之承認外，並電告駐英、法大使，稱美國務卿赫爾之聲明極合時宜，希促英、法兩政府作同樣之說明。四月一日，駐法大使顧維鈞即訪法新總理兼外長雷諾（Paul Raynaud），主要談三事：（一）告以南京新偽組織全屬日軍閥傀儡，為我舉國人民所反對，不能變更遠東情勢，我仍努力抗戰，諒法政府對華政策亦無變更。彼答毫無變更，對我政府

[49]　英外相在下院聲明絕不承認南京傀儡，民國30年7月11日，＜傀儡組織＞（三），頁202。

[50]　國民政府委員李石曾自巴黎呈蔣委員長報告法殖民部長表示法絕不作中日妥協運動亦不贊不助汪精衛賣國行動電，民國28年10月21日，＜戰時外交＞（二），頁762。

[51]　The Secretary of State to the Ambassador in China (Johnson), Washington, March 28, 1940. *Foreign Relations of the United States,* 1940, Vol. IV, p. 305.

一如既往之同情，無意承認偽組織。(二)促其注意美政府三十日聲明，商請為同樣聲明，不但為我國所願意，亦必為美所歡迎，更可表示民主國家反對侵略精神團結，彼頗動容，謂極願研究。並問英態度如何，告以我亦已向其提商，且英首相在下院屢有聲明對我態度。(三)勸義取消承認，彼以法義邦交現狀似感困難，鈞謂駐義大利法使現回法，可由彼面囑該大使回義後，相機勸告，彼允考慮❺❷。

然法總理除當日之口頭表示外，並無進一步之實際行動。顧使久等不耐，又不便再提，只得針對能夠影響總理的周圍人物進行一連串的催促工作。四月八日與總理辦公室秘書長勒傑 (Alexis Leger) 晤面，提及與雷諾總理談話內容，並問聲明內容已否決定。勒傑表示不知情，允即與總理報告❺❸。四月十七日，顧使應羅馬尼亞大使午宴，與法殖民部長孟德爾 (Georges Mandel) 同席，談及此事，孟德爾甚表支持，答應與總理一談❺❹。四月十九日，顧使在大使館以午宴款待法國友人赫禮歐 (Edouart Herriot, 眾議員) 與穆岱 (Marius Moutet)，他們皆同意有必要作此一聲明，問題在於時機的選擇。二十四日總理將出席眾議院外交委員會發表國情咨文，穆岱允於事前往見總理。顧使一再催促，事情不能拖延，以免失去時效❺❺。至四月二十三日，顧使參加美駐法大使蒲立德 (William C. Bullitt) 午宴，與法國副總理蕭洞 (Chautemps) 碰面，又舊事重提，指出法國有許多理由不能對此事保持緘默：(一)證明英美法三大民主國之一體；(二)法國本身在遠東的聲望。蕭洞解釋，法國議會不像英國有提供問與答的機會，但他仍表示願與雷

---

❺❷ 顧大使巴黎電，民國29年4月2日。《中日外交史料叢編(五)——日本製造偽組織與國聯的制裁侵略》，頁549-550; *Reminiscences of Wellington Koo* (Columbia University, 1976), Vol. 4, pp. 1043-1044.

❺❸ *Reminiscences of Wellington Koo*, Vol. 4, pp. 1044-1046.

❺❹ *Reminiscences of Wellington Koo*, Vol. 4, pp. 1049-1051.

❺❺ *Reminiscences of Wellington Koo*, Vol. 4, p. 1051.

諸總理一說❺。

　　顧使經過多方的外交佈置和一連串的努力，最後仍歸失敗。法方所答應研究的不承認汪僞組織聲明，在拖延一個月後終於不了了之，沒有下文。在對汪政權的態度上，美國有國務卿的聲明，最受中國歡迎，英國有外相在國會的公開表示，尚差強人意，唯獨法國的表現曖昧不明，最爲軟弱。

五、結　　語

　　抗日戰起，中國雖因面臨存亡絕續之最後關頭，不得不奮起抗戰，但由於抗戰準備尚未充分，國力仍然薄弱，故於軍事之外，不能不運用外交，以積極爭取各友邦之同情與援助合作。

　　就對法交涉而言，中國除透過駐法大使顧維鈞的正常外交途徑，不斷與法政府磋商，請求法政府予以物質上之援助，包括購買軍械軍火與假道越南運輸的便利，以及促成法軍事代表團的東來外，並派出孔祥熙特使、立法院長孫科、國民政府委員李石曾、駐蘇大使楊杰等大員先後抵法，從事半官方非正式的接觸，或情商貸款，或專談軍事合作，或運動法國友人，充分發揮多元外交的功能，目的無非欲利用一切可資運用的人際關係，求取最能符合中國願望的成果。惟這些專使或特使，以其身分地位特殊，往往直接向蔣委員長或宋子文請示或報告，有時基於軍事保密理由，一些重要商談並未透過大使館，甚至事後始知會顧大使（如中法軍事協定條款），置顧使於相當尷尬地位。顧維鈞屬於「英美系」（Anglo-American group）的傑出外交官，歷任北洋政府及國民政府的外交要職。一般而言，北洋政府時代的外交官對於外交政策的制

---

❺ *Reminiscences of Wellington Koo*, Vol. 4, p. 10ɔ2.

定與影響，較之國民政府時代者為大；換言之，國民政府時代之外交官通常依訓令行事，主動之機會較少[57]。顧使雖因其聲望崇高，經驗豐富，加以足智多謀，政府常於研究外交問題過程中，徵詢顧氏之意見，而每為最高當局所重視，但在其回憶錄中，仍不免提到其與李石曾間關於交涉假道越南運輸問題的歧見[58]，也隱約透露對楊杰全權受命與法方談判軍事協定的不滿[59]。

中法兩國同屬一九四〇年代的不幸國家，中國在東方有日本的侵略，法國在西方遭受德國納粹的蹂躪，當然中國的不幸還要遠甚於法國。大體而言，法國對於中國頗表同情，但在外交上卻採取一種「順應時勢，見風轉舵的政策」（policy of temporizing），對日本曖昧不明，對中國搖擺不定，常隨國際局勢與國內政情的變化而轉移。造成法國此一政策的主要背景，根據顧維鈞的看法有二：

(一)法國對於日本伴隨擴張政策而來對中南半島的野心，並非懵然不覺；但由於歐戰的陰影，使得法國政治領袖相信，法國的一切努力應以贏得在歐洲的戰爭為優先，而視其他一切事務為次要，包括它對越南的保護以及在遠東的利益在內。法國甚至一再暗示中國，即使與日本暫時妥協，接受不甚滿意的條款，但卻於中國長遠有利。法國政治界，特別是政府官員，更普遍流行一種看法，認為在贏得歐戰後，法國與英國在幫助中國解決遠東難題方面，將更居於有利地位。

---

[57] Pao-Chin Chu, V. R. Wellington Koo, *A Case Study of China's Diplomat and Diplomacy of Nationalism*, 1912~1966(The Chinese University Press, Hongkong, 1981), p. 186; 董霖，《顧維鈞與中國戰時外交》，頁76; *Reminiscences of Wellington Koo*, Vol. 3, pp. 556–574.

[58] *Reminiscences of Wellington Koo*, Vol. 4, p. 295.

[59] *Reminiscences of Wellington Koo*, Vol. 4, p. 335.

(二)由於法國國內政治衝突和紛爭激烈，黨派意見對立，輿論分
　　歧，也影響到政策決定的遲緩和態度的搖擺不定。⑩

　　抗戰前期的中法關係，一般而言，問題並不複雜，除了中國向國聯
控訴日本侵略與九國公約會議的召開與法國有關外，兩國之間主要交涉
不外假道越南運輸，中法軍事合作與對汪偽政權的態度等幾個課題。大
致說來，中國有求於法國者多，法國有求於中國者少，所以交涉主動多
操之在我，中國表現較爲積極。惜由於法國在歐洲處境困難，無暇東
顧，故中國對法外交雖奮鬥不懈，但並未獲取理想的交涉成果。

　　　　　原載《抗戰建國史研討會論文集》(民國七十四年十二月)

---

⑩　*Reminiscences of Wellington Koo,* Vol. 4, pp. 1053–1054.

中法斷交前的一段外交秘辛

——法國專使團的艱困訪華行

一、前　言

一九六四年一月二十七日，法國戴高樂政府不顧與中華民國數十年的友誼和邦交，毅然宣佈與中共建交，不但嚴重損害了中華民國的權益，並且違背了聯合國憲章的基本精神。

法國在與中共建交之前，戴高樂曾於同年一月十九日派遣其私人代表貝志高將軍（General Zinovi Pechkoff）❶與紀業馬（Jacques Guillermaz）❷教授，專程抵達臺北，晉謁蔣總統並面遞其親筆函。

---

❶ 貝志高，1884年生於俄國的 Nizhni-Nov-Gorod,其父爲名作家Maxim Gorki。第一次世界大戰期間，在「法國外籍兵團」（French Foreign Legion）服務，因受傷而鋸去一腿。二次大戰期間，駐紮在摩洛哥多年。1940年歸附戴高樂。1943～45年，在重慶擔任駐中華民國大使。1946～49年，在日本東京擔任法國代表團團長。參閱吳圳義著，《戴高樂與現代法國》（臺灣商務印書館，民國78年2月），頁384，註❸。

❷ 紀業馬，1911年生於法屬馬丁尼克群島首府法蘭西堡（Fort deFrance），先後畢業於Prytanée軍校與聖西爾軍校（Ecole Militaire de Saint-Cyr），爲炮科軍官，1933～36年間派駐非洲馬達嘉斯加（Madagasca）服務。1937年5月，奉調至北平法國大使館，任軍事副參贊，翌年升參贊。1941年夏，紀業馬經由上海、河內，抵達重慶，加入戴高樂領導之「自由法蘭西」陣營。1943年10月離開中國，飛往阿爾及利亞，加入光復法國的戰鬥。戰後又以其長才被派回中國任職，但隨著大陸的淪陷，終於在1951年1月奉調離開中國。1958年受命籌組現代中國研究及資料中心。其重要著作有《中華人民共和國》（*La Chine Populaire*）、《中國共產黨史》（*Histoire du Parti Communiste Chinois, 1921～1949*）、《中國共產黨當權》（*Le Parti Communiste Chinois au Pouvoir, 1949～*

根據外交部情報司長兼政府外交發言人孫碧奇的說法，該函除說明法國政府決定與中共政權建交外，曾表示其一向對蔣中正先生之崇高敬仰並無變更，但並未涉及中法兩國既存之邦交。但《紐約時報》(*The New York Times*) 卻認爲，貝志高來華之使命，在於說服蔣總統接受延續邦交的某種安排❸。 明言之， 專使團的任務， 在向中華民國政府轉達法國政府之決定與其在中國事務上將採取「兩個中國」之立場，而不主動與我國斷絕外交關係。 惟政府基於當時之國策， 並顧及倘接受此一「兩個中國」之安排，深恐影響與其他有意與中共建立邦交，卻又希望同時與我維持邦誼國家之連鎖反應，復因其時我仍爲聯合國會員國，故未同意法國 此一提議， 遂於同年二月十日宣佈與法國 完全斷絕外交關係❹。

　　究竟這段重要史實的眞相如何？事隔近三十年，是否已經到達檔案應該解密的地步。 惟迄今爲止， 我外交部迄未公佈這一事件的相關檔案，中國國民黨黨史委員會所主編之《總統蔣公大事長編初稿》對此亦諱莫如深❺；國史館新近出版之《中華民國史事紀要》❻，對於法方專使團的來華並無一語道及。孫碧奇所著的《滄海浮生記》，也避而不談❼；甚至當時擔任外交部長的沈昌煥更始終三緘其口，令歷史工作者因

1979)、《回憶錄──一生爲中國》(*Une Vie pour la Chine*, 1937~1989)。參閱許文堂，＜學人簡介──紀業馬＞，《近代中國史研究通訊》，第十二期（民國80年9月），頁56-59。

❸　吳圳義，《戴高樂與現代中國》，頁366。

❹　呂慶龍，＜當前中法關係之探討與展望＞，輔仁大學，《中華民國與歐洲國際學術研討會論文集》(1989.5)，頁55。

❺　秦孝儀主編，民國67年10月31日出版，其卷八，在民國53年中，僅在2月10日條標明：「法國戴高樂政府竟承認匪僞政權，我斷然與之絕交」21個字。

❻　國史館，《中華民國史事紀要》，中華民國53年1至6月份（民國81年2月）。

❼　孫碧奇，《滄海浮生記》(傳記文學出版社， 民國62年7月)。該書第104頁只有一句：「倒是法國承認匪共一事,使國際間籠罩著一幢不祥的陰影」。

缺乏資料而無法針對此一段外交秘辛作一較爲深入而完整的探討，這是無可奈何之憾事！所幸，法國方面已有紀業馬教授出版其回憶錄《一生爲中國》(*Une Vie pour la Chine*) ❽，對臺北行的艱困任務、行程以及與蔣總統間的兩次會談經過和內容，均有詳實的記述；另外，《戴高樂的書信集》(*Lettres, Notes et Carnets*) ❾，共十二冊，也已出版，對建交前的一些安排也有所披露。據此資料，再輔以筆者對陳雄飛大使❿的口述訪問，雖不敢斷言可以還這段歷史以原貌，但至少可以幫助歷史工作者作一些奠基性的砌磚工作。

二、法國代表團的任務及行程

紀業馬將軍是位中國通，他的回憶錄——《一生爲中國》，由一九三七年寫到一九八九年，共分三十八章計四百五十頁，其中的第二十七章有三個標題，分別是：臺灣行的秘密任務 (Mission Confidentielle a Taiwan)、蔣介石的辯詞(Un plaidoyer de Chiang Kai-Shek)、法國承認中華人民共和國 (La France Reconnait la Chine Populaire)，全文不過十頁。

根據紀業馬教授的追憶,他當時擔任現代中國研究及資料中心主任,

❽ Jacques Guillermaz, *Une Vie pour la Chine, mémoires 1937-1989*, Paris, Robert Laffont, Laffont, 1989.

❾ Charles de Gaulle, *Lettres, Notes et Carnets*, Paris, Plon, (1980、1981、1982、1983、et1984).

❿ 陳雄飛，民國前1年 (1911) 生，上海市人。上海震旦大學畢業，曾執行律師業務，旋赴法國巴黎大學進修，獲法學博士學位。返國後不久，進入外交部工作，歷任外交部條約司專員、科長、專門委員，駐法大使館參事銜一等秘書兼理總領事事務。民國45年任公使銜參事並代理館務，民國47年升任爲公使，迄52年3月調任駐比利時大使並先後兼駐盧森堡公使及大使，民國60年5月奉調任外交部常務次長，曾一度暫代部務，民國62年9月調任駐烏拉圭大使。現爲外交部顧問。參閱《中華民國當代名人錄》(臺灣中華書局，民國67年)，頁136。

在一九六四年一月的某個下午，一通來自法國前駐重慶大使貝志高的意外電話，要他立刻往見，共商一件重要而秘密之事。原來幾星期或幾天前，戴高樂總統決定要承認中共。關於此事，已由法國前總理佛爾(Edgar Faure) 在一九六三年十月到十一月訪問北京時作了安排，一些技術性的商談由法方與中共方面在瑞士的伯恩 (Berne) 舉行。一月二十七日將由巴黎與北京同時發表聯合聲明，建立外交關係。爲禮貌起見，要知會在臺灣的蔣介石。而貝志高將軍曾任法國軍事代表團團長，駐華、駐日大使，在戴高樂看來，特別適合擔任這項微妙的任務。戴高樂認爲以其所具備的將軍和大使的雙重身分，必定可獲得蔣介石的重視。而已經與中國事務睽違近二十年的貝志高，則希望有位中國問題專家同行，這是紀業馬應召同行來華的緣由❶。

由貝志高與紀業馬兩人所組成的專使團，於一月十七日中午搭乘日航班機起飛，經哥本哈根 (Copenhague) 小停，再越北極於安哥拉治 (Anchorage) 略作逗留，然後抵達東京。同機的法國駐日大使鄧乃禮 (Dennery) 爲避免專使團曝光，特安排住進他的大使官邸。十九日飛抵臺北，中午驅車到法國駐華大使館，蔣總統立刻安排接見，但地點不在城裏，而在陽明山總統官邸，總共會談兩次（詳見第四節）。

代表團在臺共停留兩天，而於二十一日離華前往香港。貝志高等一行爲怕新聞記者追蹤採訪，爲免不必要的干擾，而神不知鬼不覺的住進九龍的半島酒店。經過曼谷一天的逗留，終於一月二十四日返抵巴黎。其後，貝將軍單獨往見戴高樂總統，報告此行的經過。一月二十七日，正如事前安排，法國與中共雙方正式發表簡短的建交公報❷。

---

❶　Jacques Guillermaz, *Une Vie pour la Chine*, pp. 290-291.
Ibid., p. 296.

三、中華民國方面的肆應

蔣總統與戴高樂之間經常有書信往來，在已發表的《戴高樂書信集》中，至少已發現三封戴高樂給蔣總統的信函：一為一九五八年六月三日，這只是雙方互相問候，純禮貌性酬答之語[13]；二為一九六一年十月二日，戴氏答覆蔣總統九月十二日的信，主題有二：其一，涉及戴高樂對柏林問題的最近宣言；其二提到中華民國反對外蒙古加入聯合國事[14]；最重要的是第三封，早在一九六三年十二月二十四日，蔣總統即去信質問戴高樂，法國政府是否眞的要與中共建交？戴高樂於一九六四年一月十五日覆信，毫不隱瞞的承認，法國政府即將於最近的將來，與中共建立外交關係。最後強調，其本人與許多法國人對蔣先生個人的崇高敬仰，並無改變[15]。木已成舟，事實擺在眼前，我們如何面對與肆應，這將是考驗政治家智慧的時候了。

在獲知法國已決定要承認中共之後，中華民國政府即提出一連串的抗議。抗議分三方面進行：行政院長嚴家淦在報紙發表聲明；遞交抗議照會給法國駐華代辦薩萊德 (Pièrre Salade)；中華民國駐法使館向法國外交部遞交抗議照會[16]。

另一方面，我外交部於一月十五日收到法國即將承認中共，並將派專使團前來臺灣的照會後，即電召駐比大使陳雄飛兼程返國。陳氏初以為，政府可能要他走訪非洲，先做一些防堵工作，以免法中（共）建交在非洲產生骨牌效應，正與駐西班牙大使周書楷電商直接由巴黎前往非

---

[13] Charles de Gaulle, *Lettres, Notes et Carnets,* Juin 1958~Déc. 1960, p. 18.

[14] Ibid., 1961~1963, p. 145.

[15] Ibid., Jan. 1964~Juin 1966, pp. 22-23.

[16] 吳圳義，《戴高樂與現代法國》，頁366。

洲的可行性，及至看到電報中有「奉諭」兩字，乃立刻摒擋一切，於十
七日上午自比京啓程，搭法航班機返國。至羅馬，因臨時未辦香港簽
證，法航公司爲怕違規受罰，竟不讓他登機。幸陳大使與法航總經理係
舊識，並出示外交官身分，簽字願自行負責，始得順利成行❼。他於十
八日下午抵達香港，立卽改搭 CAT 班機，趕到了臺北，下榻中國大飯
店。行裝甫卸，當晚便由沈昌煥部長召見❽，是時才得悉法國專使團將
於翌日到臺北的消息❾。在這緊張而關鍵的時刻，陳大使的奉召返國述
職，除了借重他對法國政情的瞭解備供諮詢外，主要可能在會談過程中
或結束後，尚有若干技術性的事務必須請他提供服務。

四、兩次會談的經過

茲將兩次會談的時間、地點、參加者及會談內容，用最簡明的方式
敍述如下：

1.第一次會談

時間：民國五十三年一月十九日午後
地點：陽明山總統官邸
參加者：中方：蔣總統
　　　　　　　沈昌煥（外交部長）
　　　　　　　王季徵（大使兼翻譯）❿

---

❼ 《陳雄飛大使口述訪問》，民國81年5月19日。
❽ 許今野，〈中法關係惡化前後〉，《新聞天地》，第八三四號（民國53年
　2月8日），頁11。
❾ 《陳雄飛大使口述訪問》。
❿ 紀業馬的《回憶錄》，對中方參加人員只提到一位大使兼翻譯，而未舉
　出王季徵的名字。按王季徵，福建林森人，1914年生於上海。幼隨父景

陳雄飛（駐比大使）㉑
　　法方：貝志高
　　　　　紀業馬
　　　　　薩萊德（法駐華代辦）

會談經過：

首先由貝志高呈給蔣總統戴高樂的私函，並略作口頭說明，強調此行純爲傳話任務，說畢熱淚奪眶而出㉒。

蔣總統並不立即拆信觀看，而開始長篇大論的辯白，據紀業馬記述，歸納其要點如下：

(1) 承認自由中國過去在宣傳上做得不夠；

(2) 希望戴高樂不要上共產黨的當，要對自由世界之戰勝共產主義有信心；

(3) 我反攻大陸的可能性；與當年戴高樂在倫敦的處境相同；

(4) 對英國始作俑者之承認中共，大加撻伐，因為損人而不利己；

(5) 對於美、英、蘇三大盟國在二次大戰期間及戰後，或出賣我國或幫助中共所造成的傷害，深表痛惡！

(6) 推崇戴高樂，認為他是個將原則置於小利之上的人，中法兩國的處境，猶如當年的法國，法國不應該在臺灣處境最艱難的時候，不但不出面扶持，反而落井下石。

歧赴歐，入北京聖米雪小學、中學讀法文、拉丁、希臘及德文。畢業後入北京大學獲得哲學、文學碩士、法學博士，又轉英國牛津大學研究經濟學。回國後，歷任交通部專員、秘書、設計委員、外交部禮賓司科長、幫辦、司長，駐巴拿馬、薩爾瓦多、宏都拉斯、黎巴嫩公使，復升任駐黎巴嫩、利比亞、中非共和國大使，並出任外交部研究設計委員，外交領事人員講習所教授等職。參閱《中華民國當代名人錄》，頁538。
㉑ 紀業馬的《回憶錄》此處有一小錯誤，將陳雄飛的職銜誤爲巴黎使館代辦，按陳氏已於1963年3月調升駐比大使，而巴黎代辦應爲高士銘。
㉒ 《陳雄飛大使口述訪問》。

據紀業馬的記載，在會談過程中，蔣總統曾提出一個不謹慎（in-discrete）而笨拙的（maladroite）問題，問貝志高將軍，戴高樂有沒有告訴你，法國爲何要與我們的敵人發展直接的關係？貝將軍借用蔣總統的話，僅只簡單的回答說：「戴高樂將軍沒有告訴我他爲什麼要與中共建立關係的原因」[23]。

在長達數小時的獨白和自辯中，蔣總統曾經提出一項「亡羊補牢」的具體建議，那就是希望法國專使團多停留一段時間作深入的調查，以判斷臺灣反攻大陸的可能性。對於這項有意延緩法國承認中共時間的建議，貝志高恰如其分的簡單回答說，他在臺灣停留的時間不能逾越訓令所規定的期限。

法國想承認中共，雖然事前有蛛絲馬跡可尋，但對中華民國而言，仍有事出突然，難免措手不及之感，爲了面對這個新情勢，並應付接踵而至的各種變局，必須給予一段痛定思痛，重新檢討出發的時間。蔣總統在會談上已意識到，事情已難有轉機，故使出緩兵計，希望法國延後五年或三年，再不然一或二年，甚至六個月才承認中共[24]。但即使最低的六個月也不可得，眞是「老戴有權承認中共，蔣公無力拖延半年」!

2. 第二次會談

時間：一月二十日中午

地點與人物：同前

會談經過：

蔣總統繼續獨白，其要點如下：

(1) 強調中法兩國民族的親密性與相近性；

---

[23]　Jacques Guillermaz, *Une Vie pour la Chine*, p. 293.
[24]　Ibid., p. 292.

(2) 自許有四十年的反共經驗，對共產黨的表裡不一有深刻的認識；

(3) 自由國家與之接近，必有危險；唯一可能的政策是，不斷的與共產黨戰鬥；

(4) 承認中共的英國、印度和南斯拉夫，未蒙其利反受其害；中蘇共因意識型態不同而分手；中共現在又來狐媚加拿大、澳大利亞、西德、義大利、比利時、日本與法國；

(5) 共產黨威脅到法國過去在非洲的殖民地，有朝一日也將反擊到法國；北京透過埃及的仲介，供應武器給阿爾及利亞、突尼西亞與摩洛哥，就是要摧毀法國文化輻射發光的地方。

(6) 北京今天之所以向巴黎討好讓步，是為了摧毀西方世界的力量；下一步將直接打擊其主要敵人（暗指美國）。

(7) 共產黨只認識武力，一切的接近與姑息政策，將招致危險。㉕

最後，蔣總統義正詞嚴的說：「戴高樂這樣做，要對法國人民負責，更要對歷史負責；我自己也責無旁貸，願對人民負責，對歷史負責。」㉖

在整個會談過程中，貝志高很少插嘴，偶而只作禮貌性的表示，而不具任何政治含意。他此行宛如一個啞吧信使，扮演的是個尷尬而痛苦的角色，他無權進入談判一件已經無法扭轉的決定，他所能做的，就像一個國家利益與個人感情無法兼顧的老兵，向蔣介石元帥致最後一次的敬意!

㉕　Ibid., pp. 293-294.
㉖　《陳雄飛大使口述訪問》。

五、餘　論

　　法國之所以與中共建立外交關係，無疑的是政府決策與輿論醞釀的結果。當然事前更少不了一番穿針引線的工夫。擔任穿針引線這個主要角色的人，名叫佛爾，他曾任法國第四共和的內閣總理（1952～1955）和外交部長，是位右派的敎授和律師，以機智圓滑而出名。自一九五五年以後，他雖然在政壇上幾呈銷聲匿跡狀態，但在公衆心目中仍保有很高的聲望。他曾兩度訪問大陸，第一次在一九五七年，可視爲一次試探性的活動；至於一九六三年的第二次，則半受政府之委託，爲一次有任務的旅行[27]。請看一九六三年九月二十三日戴高樂給佛爾的訓令中，有兩點值得特別注意：

(1) 爲法國對於中共將來取代中華民國席位進入聯合國，甚至安理會所取的立場；

(2) 有關法國與駐在臺灣之中華民國關係問題，法國認爲這種關係的維持是「合乎願望的」（desirable），更正確的說是「適當的」（convenable）。必要時，法國可以降低層次關係，在北京設立大使館，而在臺北維持一個代辦（Chargé d'affaires）。[28]

　　戴高樂是政策的最後決策者，從訓令中可以看出，他是個現實主義者，一開始並非主張「兩個中國」，而是標準的「一中一臺」，承認大陸

---

[27] 陳三井，〈從法國輿情看承認中共〉，《現代法國問題論集》（學海出版社，民國66年10月），頁3-4。

[28] Charles de Gaulle, *Lettres, Notes et Carnets*, 1961～1963, p. 375.

是法律的實體，將來勢必要將它引進聯合國，入據安理會的位置，而臺灣只是個政治實體，仍然可以透過代辦的方式，維持雙方外交關係。這個模式是否為中共所接受，直到法國與中共發表建交公報時，似尚未有具體的決定。因為在一九六四年一月底，戴高樂尚有訓令給外交部長辦公廳主任波馬榭（Jacques de Beaumarchais），重申與中共的談判，是在達成一種沒有條件，沒有先決問題（sans conditions, ni préalables）的協定❷。至於以後的變化，是法國受到中共的壓力，抑戴高樂被佛爾所誤導，在此無暇深論。

政策既定，而建交日期復已早作安排，故貝志高專使之臺北行，僅是傳話任務，轉達法國政府即將與中共建交之訊息，但並不獲任何談判之授權，並無所謂說服蔣總統接受「兩個中國」安排之使命，更無權作延緩半年建交的任何承諾。明乎此，則可知當年兩次會談上的一切說詞和所作的挽回努力，真有「本將我心向明月，奈何明月照溝渠」的多此一舉了。

從我們的立場看，所可檢討的是，當法國正向中共頻送秋波，透過私人與官方管道，一再企圖與大陸建交的關鍵時刻，卻將熟悉法國事務的陳雄飛公使調升駐比利時大使，而留一位在法國施展不開的高士銘代館，且一代就是幾個月，更遲遲派不出一位能扭轉乾坤的繼任館長，任令使館呈真空狀態，這未嘗不是件失策的事❸。

有人因而指責外交部長沈昌煥失職，事實也不盡然。沈部長乘到梵蒂岡慶賀教宗保祿六世就職典禮之便，曾於一九六三年九月初，順道到法國訪問，目的即在設法挽回法國與中共交往的不利情勢。沈氏曾透過駐比大使陳雄飛的安排，與戴高樂直接晤談，讓法國總統了解我方立

❷　Ibid., Jan. 1964～Juin 1966, p. 30.
❸　于衡，＜揮淚話外交＞，《新聞天地》，第八三二號（民國53年2月1日），頁9。

場。可見，沈昌煥對此事仍有務實而不打高空的一面；至少，他沒有報喜不報憂，存心向蔣總統蒙蔽的想法，因爲外交官或許可以公然撒謊，卻不能不對自己的長官說眞話。

六〇年代，我們的首要敵人是中共，凡是與我們的敵人 —— 中共打交道的朋友，都以激烈憤慨的態度待之，以姑息逆流視之，所以始終堅持「漢賊不兩立」的國策，「寧爲玉碎，不爲瓦全」。這個政策的最高決策者當然是蔣中正先生，以他個人四十年的反共經驗，加上大陸淪陷的慘痛敎訓，而發展與中共誓不兩立的強硬政策，當然有其歷史的背景和個人的心理因素。但政治家放眼世界，揆情度勢，應也可彈性運用，不必處處或一味採取高姿態，爲一個空洞的原則問題，或不切實際的面子問題而造成重大遺憾，其結果不僅「玉碎瓦也不全」，「賊立漢更難立」。今天外交上的種種困境，豈非種因於當年中法斷交的若干不當因應乎？

原載《第二屆中外關係史國際學術研討會論文集》（民國八十一年九月）

伍

附　錄

中法戰爭的法方檔案與法文著作

一、前　　言

　　一部三百年的臺灣開闢經營史，可以說就是一部外患頻仍史。自十七世紀開始，先有荷蘭人入據臺灣南部，後有西班牙人佔領臺灣北部；至十九世紀則有英、美、日、法交相犯境。總計外禍的憑凌，幾達一百五十年之久；換言之，臺灣的一半歲月在憂患黑暗中渡過❶。

　　中法戰爭雖起於越南宗主權的爭執，但後來雙方衝突擴大，閩海成了主要戰場，臺灣更成為直接遭受攻擊的目標。中法之間從爭執到戰事的發生，為時雖不過十年，但有其重大的歷史意義在：

(一)據孫中山先生自述，自乙酉中法戰敗之年，「始決傾覆清廷，創建民國之志」。

(二)中法越南問題發生，引起朝野注意海防，擔心戰事可能波及臺灣，於是展開一場臺灣的保衛戰。

(三)法方採「據地為質」的政策，擬佔領臺灣一港口，以為談判威脅北京之條件，臺灣自此由「七省之藩籬」（劉璈語）、「南北洋關鍵」（劉銘傳語），一躍而為與「中國存亡有關」之重

---

❶　郭廷以，《臺灣史事概說》（正中書局，民國47年），引言，頁2。

要樞紐。中國真正視臺灣為一體，恐怕是由此開始。

談中法戰爭的法方檔案與法文著作，涉及法國的遠東殖民政策及對臺灣的企圖與種種佈置，自與臺灣發生密切之關係。

二、法國檔案

1.已出版檔案

（一）《黃皮書》（*Livre Jaune*）——係法國外交部針對某一歷史事件告一段落後，選輯而成，發送議會或其他機構參考之中法交涉文牘。由於時間接近，現實顧慮較多，故頗有刪節改動之處。若與原檔對照，可發現刪改之處為：(1) 法國駐華使節報告中之情緒性字眼或批評性語句，有時整段刪除；(2) 牽涉第三國如德國者，為免生枝節，均加刪除或以「外國」字眼代替。如此資料雖有欠完整，但仍不失其參考價值。與中法交涉有關之《黃皮書》，有下列三種：

(1) *Affaires du Tonkin* (1874～1883), Paris, 1883.

分上下兩卷，上卷 (1874～1882、12)，頁327。

下卷 (1882、12～1883)，頁268。

(2) *Affaires du Tonkin, Convention de Tien-Tsin du 11 mai 1884, Incident de Lang-Son*, Paris, 1885, 頁76。

(3) *Affaires de Chine et du Tonkin* (1884～1885), Paris, 1885, 頁330。

主要是曾紀澤、李鴻章與法方的交涉文件以及法國外長與駐華使領間的來往文牘，與臺灣直接有關者甚少。《黃皮書》若與中研院近史所

出版的《中法越南交涉檔》❷對照參閱，當更有價值。

（二）《法國外交檔案》(*Documents Diplomatiques Français*, 1871～1914)

法國爲探究第一次大戰的起因，於一九二八年組成編纂委員會，從事外交檔案的編纂，並陸續出版，共分三編：

第一編　1871～1900，共十六冊；

第二編　1901～1911，共十五冊；

第三編　1911～1914，共十一冊。

與中法交涉有關者，集中於第一編之第二、三、四、五各冊。《法國外交檔案》係以整個歐戰爲主軸，歐洲以外的遠東問題，只取其經緯大要爲已足，在取材上儘量避免與《黃皮書》重複。一般而言，《法國外交檔案》，以涉外大問題爲主，材料多，但不免有見林不見樹之憾！《黃皮書》純以中國問題爲對象，材料集中，但亦有見樹不見林之弊，兩者正可相輔相成。

2.未出版檔案

無論是《黃皮書》或《法國外交檔案》，因係選擇性發表，資料不全，不能盡窺法國殖民政策或對中國態度的全貌，故除直接參閱外交部原檔外，尚可查閱：

（一）《殖民部檔案》(*Archives du Ministères de la France d'Outre-mer*)

《殖民部檔案》資料極爲豐富，大致可以粗分爲非洲、印度、中南半島三大部分，其中 L'Indo-Chine (1871～1885) 部分，資料甚多，可以看出一八七〇年代法國少壯軍人企圖併吞安南、北圻，積極對外擴張的

---

❷　郭廷以等主編，民國51年12月出版，共七冊。

一面。

（二）《法國議會公報》（*Journal Officiel de la République Française, débats parlementaires*）

從議會的質詢與辯論紀錄，大致可以瞭解，法國參衆兩院（主要是衆院）基本上反對因殖民政策而轉移了法國的最重要目標 —— 阿爾薩斯與洛林兩省的收復，不贊成因殖民而引發與英國間的衝突，或與德國間緊張關係的鬆弛，議員們甚至指責茹費理（Jules Ferry）內閣沒有把法國在北圻的軍事行動以及對中國的外交談判隨時報告國會，而不斷地要求撥款與增派軍隊，但背地裏卻又以畏縮的方式進行小規模的軍事行動❸。

三、法文著作

有關中法戰爭之法文著作甚夥，無法一一詳列，茲舉其較重要者簡介如下：

1.回憶錄、傳記、文集

這一部分以政策實際負責人、外交官員及軍人爲主，其中以內閣總理茹費理的材料爲最多。

(1) Charles de Freycinet, *Souvenirs* (1878~1893), Paris, Dela-grave, 1913.

佛來西納任內閣總理時間（1879、12~1880、9）甚短，其回憶錄有關中法關係者較少，述法國內部政潮者多。

(2) Jules Patenotre, *Souvenirs d'un Diplomate, Voyage*

---

❸　參閱＜茹費理的殖民思想及其對華政策＞。

d'Autrefois, Paris, Ambert, 2 vols.

巴特諾曾先後出任署理公使(1879～1880)、全權公使（1884～
1885），在中法交涉期間甚為活躍，其回憶錄內容主要為旅行遊
記，有關政治者不多。

(3) Vicomte de Semallé, *Quatre ans à Pékin*, Paris, G.
Enault, 1890.

謝滿祿曾任駐華使館秘書、代辦(1880～1884)，所著《北京四
年回憶錄》係第一手史料，所記中法交涉，多係其經手辦理之
事❹。

(4) Bernard Lavergne, *Mémoires-Les Deux Présidences
de Jules Grévy* (1879～1887), Paris, Fischbacher, 1966.

格列維（Jules Grévy）曾任總統多年，第三共和的總統雖
為虛位元首，但地位超然，不隨內閣去留而進退，故所述人與
事，較為公正客觀。

(5) Alfred Rambaud, *Jules Ferry*, Paris, Plon-Nourrit,
1903.

茹費理曾兩度出任內閣總理（1880, 1885、5），並一度兼掌
外交，素有「近代法國殖民擴張使徒」之稱，故有關之傳記頗
多，論述其各方面事功。

作者為茹費理擔任公共教育部長時的主任秘書（Chef du
Cabinet），故對於茹氏的性格與作風，有旁人所不及的入微
觀察。

(6) Maurice Pottecher, *Jules Ferry*, Paris, Gallimard, 1930.

作者用傳記體裁，以文學筆法,對茹費理的一生有完整的描繪。

---

❹ 中國史學會主編，《中法戰爭》(1955)，第一冊，頁33。

(7) Maurice Reclus, *Jules Ferry* (1832~1893), Paris, Flammarion, 1947.

本書引用前二書之處頗多。

(8) Fresnette Pisani-Ferry, *Jules Ferry et le Partage du Monde*, Paris, Grasset, 1962.

作者係茹費理之姪孫女，利用家庭未出版函件，爲費理的殖民擴張政策辯護，認係時勢逼迫所致。

(9) Paul Robiquet, *Discours et Opinions de Jules Ferry, Publiés avec des Notes et Commentaires*, Tome IV et V, Paris, C. Levy, 1893~1898.

爲茹費理的演講與文集，欲瞭解其殖民思想與政策，不可不參考。

(10) Eug. Ferry, *Lettres de Jules Ferry*, Paris, C. Levy, 1914.

爲費理與家人、親友的通信集，可窺知其從事殖民的心路歷程。

(11) Jules Ferry, *Le Tonkin et la Mère-Patrie*, Paris, Victon-Havard, 1890.

《北圻與祖國》一書，係 Léon Sentupery 所輯，介紹北圻的地理、資源、風土和人情。茹費理爲寫一長序，名爲「五年之後」，對於中法之役有痛定思痛的坦誠檢討，認爲非失敗於外交（俾斯麥支持法國向外發展，軍事上未作任何干預），而失敗於內部的不團結。他沉痛地說：「法國三色旗的最大敵人，不在遠東，而在我們之間。」❺

---

❺ Jules Ferry, *Le Tonkin et la Mère-Patrie*, p. 19.

(12) Emile Ganneron, *L'Amiral Courbet*, Paris, Léopold, Cerf, 1885.

作者曾任職參議院，對於孤拔的生平、家庭與獻身海軍生涯，報導甚詳，語多讚美之詞。

(13) André Masson, *Correspondance Politique du Commandant Rivière au Tonkin*, Paris, d'Art et d'Histoire, 1933.

作者爲文獻學家，這是李維業的政治函稿集，不失爲第一手資料。

(14) Vice-Amiral de Marolles, *La Dernière Campagne du Commandant Rivière*, Paris, Plon, 1932.

著者爲法海軍中將，少時爲李維業參謀人員，隨同遠征北圻，對於李維業在北圻的軍事行動，記述甚詳。

2.一般性著作

(1) Alfred Barbu, *Les Héros de la France et les Pavillons Noirs au Tonkin*, Paris, Universelle d'Alfred Duguesne, 1884.

是書主要敍述法國殖民英雄安鄴（F. Garnier）與黑旗軍交戰的經過，對黑旗軍的由來與殘暴，有甚多的描寫。

(2) Albert Billot, *L'Affaire du Tonkin*, Paris, J. Hetzel, 1888.

畢樂當時任外部政務司長，且爲一八八五年四月四日中法初步協定的簽訂者；書從法國政府觀點系統地敍述一八八二年至一八八五年間中法越南關係，爲重要參考資料❻。

---

❻ 《中法戰爭》，第一册，頁26。

(3) A. Bouinais et A. Paulus, *L'Indochine Française Contemporaine*, 2 vols, Paris, Challamel Ainé, 1885.

(4) Henri Brunschwig, *Mythes et Réalités de l'Impérialisme Colonial Français* (1871~1914), Paris, A. Colin, 1960.

著者爲法國殖民史教授，利用統計數字，全面檢討法國的殖民帝國主義，頗有新觀點。

(5) Edmond Chassigneux, *L'Histoire des Colonies Françaises*, T.V. L'Indochine, Paris, Plon, 1932.

著者爲法國遠東學院研究員，對於法國殖民中南半島經過，有扼要敍述，書中頗多珍貴地圖，並刊有安鄴、李維業、孤拔、茹費理等人照片。

(6) Jean Chesneaux, *Contribution à l'Histoire de la Nation Vietnamienne*, Paris, Sociales, 1955.

作者曾任巴黎大學史學教授，書中利用越南文獻，對於越南的過去歷史有新的看法，不純粹站在殖民者的立場。

(7) Henri Cordier, *Histoire des Relations de la Chine avec les Puissances Occidentales* (1860~1900), Tome II, Paris, F. Alcan, 1902.

高第係法國著名漢學家，著作等身，是書屬外交史料編輯性質，頗值參考。

(8) Hippolyte Gautier, *Les Français au Tonkin*, Paris, Ch. Ainé, 1884.

作者爲軍官，記述法人在北圻的經營，書中刊布安鄴的許多重要函件，對瞭解其人的殖民動機，極有幫助。

(9) Georges Hardy, *La Politique Coloniale et le Partage*

de la Terre au XIX⁰ et XX⁰ Siècles, Paris, Albin Michel, 1937.

氏爲殖民史專家，於法國的殖民動機、政策和行動有深入的剖析。

(10) Ch. Andrè Julien, *Les Politiques d'Expansion Impéri-aliste (J. Ferry)*, Paris, P.U.F., 1949.

作者爲巴黎大學敎授，以人物爲經，殖民擴張爲緯，探討法國歷代殖民政策的演變。

(11) Pierre Renouvin, *La Question d'Extrême-Orient*, Paris, Hachette, 1946.

著者曾任巴黎大學敎授兼文學院長，專攻國際關係，所著《遠東問題》一書，以中日兩國史事爲主，至今仍被法國學生奉爲研究近代中國史的圭臬❼。

(12) J.F.A. Lecomte, *Lang-Son, Combats, Retrait et Négo-ciation*, Paris, 1895.

著者爲法國北圻遠征軍參謀部軍官，該書主要依據遠征軍出征記錄與少數其他材料編纂而成，詳述法國進軍諒山及最後的慘敗❽。

(13) M, Loir, *L'Escadre de l'Amiral Courbet, Notes et Souvenirs*, Paris, 1892.

作者爲孤拔艦隊凱旋號上的上尉，依其筆記與回憶，敍述一八八三年五月至一八八五年七月間，法海軍在安南及中國水域的作戰行動❾。

---

❼　陳三井，＜法國當代史學大師雷努凡＞，《大學雜誌》，第十三期（民國58年1月），頁11-12。
❽　《中法戰爭》，第一册，頁29-30。
❾　《中法戰爭》，第一册，頁30。

(14) E. Garnot, *L'Expédition Française de Formose* (1884~
1885), Paris, Ch. Delagrave, 1894. (黎烈文譯,《法軍侵臺
始末》,臺灣研究叢刊,第七三種)

為與臺灣最有關係,被引用最多的著作,其資料與圖片均甚珍
貴;惟譯文太白,未多加推敲,稍覺遜色。

四、結　語

　　法國在中國近代對外關係史上,一直扮演着相當重要的角色;研究
中法戰爭期間的臺灣史事,可以參考法國檔案與法文著作之處甚多,藉
以彌補資料之不足。惟國人除從邵循正在《中法戰爭》的書目介紹中,
獲知三十年代以前一鱗半爪的老資料外,似乎甚少有機會引用。這主要
是語言的障礙和風氣問題。故在此鄭重呼籲有關學術文獻機構,不要忽
略對法國檔案和資料的蒐集,更要加強對法文著作的介紹和譯述工作,
以開拓學術研究的廣度與深度。

原載《近代中國史研究通訊》第五期（民國七十七年三月）

中法關係研究之回顧

一、前　言

　　中法發生關係甚早，至少可以上溯至十三世紀，卽蒙古帝國時代。公元一二四五年（宋理宗淳佑五年）至一二四七年間，其時蒙古之勢力方張，歐西諸國亟欲知其虛實，法王路易九世❶曾派遣方濟會士柏郎嘉賓 (Jean de Plano Carpini) 使於欽察汗拔都及蒙古大汗貴由❷，通使之目的除了窺探蒙古的虛實外，當時正逢十字軍時代，不無帶有聯合蒙古夾擊回教徒的意圖。

　　明清之際，西洋敎士陸續來華，其中亦有法人在內。至若中法通商關係，據 H. B. Morse 之說，始於一七二八年（雍正六年），屬私人冒險性質，地限廣東❸。其後法國商船之來廣東者也不多，貿易並不盛。中法之間締結條約，發生正式外交關係，則始於一八四四年（道光二十四年）之中法黃埔條約。

　　大體而言，鴉片戰爭以前兩、三百年間的中法關係，主要是一種文化層面的關係，可以稱之爲「傳敎爲體，學術交流爲用」的一種對等關係❹。透過來華耶穌會士，若法人洪若翰(Joan de Fontaney, 1643～

---

❶　一說爲敎皇英諾森四世（Innocent IV）所派，參閱楊森富編著，《中國基督敎史》（臺北，商務印書館，民國73年4月，四版），頁46。
❷　束世澂，《中法外交史》（上海，商務印書館，民國17年6月初版），頁1。
❸　同上，頁8。
❹　參閱＜十九世紀法國的殖民主張＞。

1710)、張誠（Joan Franciscus Gerbillon 1654-1707)、白晉(Joa～chim Bouvet, 1656～1730)、李明(Louis le Comte, 1655～1728)、馬若瑟 (Joseph Marie de Prémare) 等的介紹和影響，一般法國學者文人對中國文化具有好感， 並推崇備至。 最顯著的例子是十八世紀法國啓蒙時代的巨靈 —— 伏爾泰 (Voltaire，原名 François-Marie Arouet, 1694～1778)，在其著作中不厭其詳的提及中國歷史的悠久，幅員的廣大， 以及制度的完善， 把中國當作是鞭策歐洲「 舊制度 」(Ancien Régime) 的巨杖❺。

　　鴉片戰爭以後，即近代的中法關係，在本質上有了很大的改變。法國素有「敎會的長女」 (fille aînée de l'église) 之稱，由於她堅持以實力保護天主敎的政策，所以敎案不斷在華發生❻。此外，法國當十六、七世紀之交，即已從事海外殖民探險，在一八七〇年普法之役戰敗後，爲圖重振昔日聲威，與英國在遠東一爭雄長，所以不惜因敎務、商務等種種利益而與中國一再兵戎相見，從過去的仰慕推崇中華文化一變而爲與中國的武力抗爭。從清末到民國三、四十年代，無論西力挑戰時期，不管列強瓜分中國或利益均霑時期，法國均扮演一個舉足輕重的地位，使中國在外交上窮於應付。

　　回顧中法關係的研究，大致與法國在遠東勢力的消長和中法兩國關係的緊張程度成互動關係。一般而言，中法關係的重要性，自清中葉到民初，不若英國重要；從二十一條以後至抗戰前夕，不如日本緊迫；而在抗戰發生以後到大陸變色前後，又不如美、俄重要。

　　基於上面粗略的看法，可知中法關係的研究，始終難以構成外交研究的顯學， 它通常包含在中國外交史的通論性著作中， 而甚少單獨成

❺ 王德昭，＜服爾德著作中所見之中國＞，《新亞學報》，第九卷，二期，頁172。
❻ 龔政定，《法國在華之保敎權》，國立政治大學外交研究所碩士論文，民國52年。

書。因此，相對而言，它的成果並不十分豐碩。檢討起來，中法關係研究成果之所以不豐碩，主要還有下列兩個因素：(1) 中法雙方的外交檔案，都沒有大量公布或出版，嚴重影響學者專家研究的興趣和工作的速度。以法國外交部檔案而言，雖能借閱，但不能隨手交印拷貝，也沒有像英國 P.R.O. 那樣做成微捲出售，實在很不方便。而中國的外交檔案除藏於近史所的總理衙門、外務部清檔有完整的編目外，國民政府時期的檔案仍深鎖在外交部北投檔案庫中，使用借閱均不方便。(2) 語文的限制也影響了研究的成果。基於多元檔案的要求，研究中法關係至少必須兼通中、英、法三種語文，這對於歐美學者或許較為容易，對於中國學者則有相當大的困難，因為在中國大學第二外語的選修，並不是很普遍之事。

二、檔案與回憶錄的出版

1.檔案資料

中法雙方有關檔案資料的出版，以中法戰爭這一專題最為豐富，茲舉例稍加說明如下：

(1)《法國外交文書》(*Documents Diplomatiques Français*, 1871～1914)

法國為探究第一次大戰的起因，於1928年曾組成一個五十四人的編纂委員會[7]，從事外交檔案的編纂，並陸續出版，共分三編 (Série)，其內容為：

第一編　1871～1900，共十六冊，其中第二、三、四、五各

---

[7] Pierre Renouvin, Les Documents Diplomatiques Français (1871～1914), *Revue Historique*, juillet-septembre, 1961.

册，與中法戰爭有關。

第二編　1901～1911，共十五册。

第三編　1911～1914，共十一册，其中第一册爲列強對辛亥
革命態度與承認中華民國問題。

法國另出版有以第二次大戰爲主的《法國外交文書》(*Docu-ments Diplomatiques Français,* 1932-1939)，由巴黎國立
印刷廠 (Imprimerie Nationale) 所印行，筆者所知已出第
一編三册（出版時間 1964～1967），其中第一册與我國九一八
事變有關，但資料仍嫌不多。

(2)　《黄皮書》(*Livre Jaune*)

係法國外交部針對某一歷史事件告一段落後，選輯而成，發送
議會或其他機構參考之中法交涉文牘。由於時間接近，現實顧
慮較多，故略有刪節改動之處。與中法戰爭有關之《黄皮書》，
有下列三種：

A.　*Affaires du Tonkin* (1874～1883), Paris 1883.

分上下兩卷，上卷 (1874～1882. 12), p. 327

下卷 (1882. 12～1883), p. 268

B.　*Affaires du Tonkin, Convention de Tien-Tsin du 11 mai 1884, Incident de Lang-Son, Paris,* 1885, p. 76

C.　*Affaires de Chine et du Tonkin* (1884～1885), Paris, 1885, p. 330

(3)　《清光緒朝中法交涉史料》，故宮博物院編，民國二十二年二
月出版，共十一册。

(4)　《中法戰爭》，中國史學會主編，上海新知識出版社一九五五
年出版，共七册。

此爲中國近代史資料叢刊第六種，由邵循正、聶崇岐、張雁深、林樹惠、單士魁等人主編，選輯中法文資料相當豐富。

(5) 《中法越南交涉檔（1875～1911）》，中央研究院近代史研究所編，民國五十一年十二月出版，精裝七冊。

該檔係據清代總理衙門及外務部之有關越南部分「清檔」編纂而成，計包括自光緒元年迄宣統三年間之中越關係、中法戰爭，及中法越南交涉之各項文件。其特色有三：①就已發佈之中法越南關係資料而言，該檔文件多爲他書所未見；②以外交文書及地方性文件爲主，前者包括照會、節略、談話錄等，後者包括函牘、咨札、禀批、告示、新聞紙等；③除缺光緒三年及十四年之部分外，大致完整而有系統。故爲研究中法越南交涉必須參考之資料。

(6) 《法軍侵臺檔》，伯琴編，文海出版社據臺灣銀行《文叢》本影印而成，精裝二冊。

該檔係據中法越南交涉檔有關臺灣者，彙輯印行。卷首加編大事年表，藉以概述中、法戰爭的由來與法軍侵臺的始末。

(7) 《法軍侵臺檔補編》，吳幅員編，文海出版社出版。本書係據故宮博物院先後就清代軍機處檔案所輯的各種史料，集刊光緒十年中法戰爭期間有關臺灣的文件，用補前編法軍侵臺檔之不足。

(8) 《中法戰爭文學集》，阿英編，北京中華書局一九五七年出版。又臺北廣雅出版公司民國七十一年四月再版，列入《中國近代禦外俗文學全集》之一，是書收集有關這項戰役的詩歌、小說、散文、軼事等文學作品，編選而成，以反映當時中越人民的愛國熱情，以及英勇抵抗侵略的決心。

(9) 《中國海關與中法戰爭》，中國近代經濟史資料叢刊編輯委員

會主編，北京中華書局一九八三年再版。

這是《帝國主義與中國海關》叢書第四編的再版，由海關檔案的譯出公開，可以瞭解赫德(Robert Hart)、金登幹(Duncan Campbell) 等人在中法交涉中所扮演的角色。

(10) 《抗戰時期封鎖與禁運事件》，中華民國外交問題研究會編，民國五十三年刊行。是書爲中日外交史料叢編之一，係就外部所藏中日交涉文件選編而成，其內容與我國假道越南運輸，法國受日本壓力禁止軍火通過越南等問題有關。

(11) 《中華民國重要史料初編 —— 對日抗戰時期，第三編，戰時外交》，全三冊，中國國民黨黨史委員會編印，民國七十年九月初版。

本編根據總統府機要檔案（《大溪檔案》）而編成，其中中法關係在第二冊，共收影印文件四件，史料七十四件，僅佔全編約二千六百頁中的八十頁，雖多爲未經發表的重要史料，但在「求精不求全」的編選原則下，仍嫌不足！

2.囬憶錄

與檔案資料一樣，回憶錄的出版仍與中法戰爭有關者爲多，茲擇要簡介如下：

(1) Charles Lavollée, *France et Chine*, Paris, Plon, 1900, 419 p.

作者爲一八四四年剌萼尼 (Théodore de Lagrené) 使節團的成員之一，是書分兩部分：第一部分按時間先後，將剌萼尼與法外長基佐（Guizot）的來往文書刊布；第二部分記述英法聯軍北上，逼清廷訂立北京條約 (1860) 的經過。

(2) Jules Patenôtre (巴德諾), *Souvenirs d'un Diplomat,*

Voyage d' Autrefois, Paris, Ambert, 2 Vols. 巴德諾曾先
後出任駐華署理公使（1879～1880）、全權公使（1884～1885），
在中法交涉期間甚爲活躍，所著《一個外交官的回憶》，內容
主要爲旅行遊記，有關中法關係者較少。

(3) Vicomte de Sermallé（謝滿祿），*Quatre Ans à Pékin,*
Paris, G. Enault, 1890.

謝滿祿曾任駐華使館秘書、代辦（1880～1884），所著《北京
四年回憶錄》係第一手資料，所記中法交涉，多係其經手辦理
之事❽。

(4) A. Gérard（施阿蘭），*Ma Mission en Chine,* 1893～1897,
Paris, Plon, 1918, 347 p. 施阿蘭曾任駐華全權公使多年，
時當中日甲午戰爭期間，對於俄、德、法三國干涉還遼經過，
記述頗詳。

(5) *Reminiscences of Wellington Koo*

顧維鈞氏係我國近代傑出外交官，先後出任中國出席巴黎和會
代表、駐法公使、大使，其回憶錄係哥倫比亞大學口述史計畫
之一，約一萬一千頁左右，共分八卷，其卷二與巴黎和會、山
東問題交涉有關，卷四與第二次大戰期間中法合作及假道越南
運輸物資問題有關，爲研究北洋與國民政府時期中法外交關係
所必須參考者。《顧維鈞回憶錄》，經大陸翻譯，現已出版三冊。

三、專書與論文的成果

1.專　　書

---

❽　《中法戰爭》（中國史學會主編，1955），第一冊，頁33。

六十年來有關中法關係的專著，除中法戰爭一段呈一枝獨秀外，整體而言，成績並不很可觀，較嚴謹而具學術價值的專書仍然屈指可數。

法國漢學家所從事的多半是中國文字、語言、風俗、歷史、社會等方面的研究，較少直接探討中法關係。其中最值得一提的是高第(Henri Cordier, 1849~1925) 其人。高第是著作等身的漢學家，除中國書目 (Bibliotheca Sinica) 外，他在外交方面最重要的著作至少有下列兩種：

(1) *Histoire des Relations de la Chine avec les Puissances Occidentales,* 1860~1902, Paris, 1902, 3 Vols.以史料豐富著稱。

(2) *L'Expédition de Chine de 1857~1858, Histoire Diplomatique,* Note et Documents, Paris, 1905.

除高第外，必須提到專攻國際關係的雷努凡教授 (Pierre Renouvin)，氏曾任巴黎大學教授、文學院長，他在一九四六年出版的《遠東問題：1840~1940》(*La Question d'Extrême-Orient,* 1840~1940)，至今仍被法國學生奉爲研究近代中國史的圭臬。作者之意僅在探討與遠東國家 —— 特別是中國與日本，有關連的一些國際問題。在本書內，作者第一次嘗試對「深遠力量」 (forces profondes) 的分析，提出兩個根本問題：第一是亞洲衆多的人口，第二是歐洲人想獲取此一廣大市場的意願。全書立論由此一觀點出發，但這並不能概括說明各國向外殖民擴張的複雜動機。不論英、法、俄的經濟利益，或是中國的停滯抑日本的進步，雷氏均以一貫的態度，加以經濟的或心理的分析❾。

---

❾ 陳三井，<法國當代史學大師雷努凡>，《大學雜誌》，第十三期（民國58年1月），頁11。

在英國，有 C. B. Norman 所寫的 *Tonkin or France in the Far East* (London, 1884) 一書，這是中法關係緊張的時候出版的，從英國觀點論述法國印度支那政策的反英方面，並說明中法一旦開戰，法國未必可操勝券。書中節引一些法文的原始資料❿。

在美國，早期有馬士(H. B. Morse)的《中華帝國國際關係史》(*The International Relations of the Chinese Empire*) 三巨冊，書中大量引用英美檔案，屬於通論性的佳構，與高第的書可以相互輝映。

John F. Cady 的 *The Roots of French Imperialism in Eastern Asia* (Itheca, Cornell University Press, 1954)，參考法、英、美相關檔案，對於法國在東南亞的殖民活動與早期中法關係有相當精闢的論述。氏特別指出：「法國在遠東殖民的根源，徹頭徹尾都是民族的驕傲，一種光芒四被的文化傳播力的驕傲。」⓫

美國的易勞逸（Lloyd Eastman）與日本的坂野正高（Masataka Banno）大致支持此一看法。政治虛榮心（包含文化傳播）多於經濟的利益，不像英國以商務推動政治，這是法國對外殖民與英國不同之根本所在。當然，法國也有若干史家持不同的看法。

易勞逸的 *"Throne and Mandarins: China's Search for a Policy during the Sino-French Controversy, 1880~1885"*(Cambridge, Harvard University Press,

---

❿ 《中法戰爭》，第一冊，頁32。
⓫ John F. Cady, *The Roots of French Imperialism in Eastern Asia* (Cornell University Press, 1954), p. 294.

1967)，是其哈佛博士論文的出版，以中法戰爭爲背景，特別探討清議的角色。易氏廣泛引用了中文資料做爲分析的背景，是其特色。

Roger Levy, Guy Lacam & Andrew Roth 合撰的 *French Interests and Policies in the Far East,* (New York, The Institute of Pacific Relations, 1941) 一書，分析一九三〇年代法國與中國的經濟關係、法國在中日戰爭中所取的態度、法國在遠東與東南亞的種種利益等課題。

關於福州船廠，最近有一本新著，那是 Steven A. Leibo 所撰的 *Transferring Technology to China: Prosper Giquel and the Self-Strengthening Movement* (Berkeley, University of California, 1985)。作者充分利用法國海軍部檔案與日意格的個人資料和著作，對日意格幫助中國創設福州船廠及其經營過程和成敗，做了前人所未曾做的完整探索。作者雖以法國的技術轉移和中國自強運動的成敗，做爲立論的重點，但亦涉及中法兩國關係的強化問題。日意格如何在其有生之年，成功的調和「雙重忠誠」 (dual loyalities) 的問題，也是本書所要展現的中心課題。

在中國方面，束世澂的《中法外交史》（上海商務印書館，民國17年 6 月初版），可以稱之爲開山之作。著者爲安徽蕪湖人，國立東南大學畢業，曾任金陵大學講師、四川大學教授。該書自中法最早交通關係敍起，止於民國十四年的金佛郎案協定，而以法國對安南之侵奪，對華之政治侵略和經濟侵略爲主，參閱中西文資料而成，內容簡明扼要。

國人研究中法越南關係，最有成就者當首推邵循正，其於民國二十四年出版的清華大學研究院畢業論文《中法越南關係

始末》，曾充分利用法國檔案與法文資料，至今仍被推爲難得一見，深具功力的佳作。

李恩涵因參加《中法越南交涉檔》編輯之便，撰《曾紀澤的外交》一書，民國五十五年出版，列爲中央研究院近代史研究所的專刊之十五。該書共分六章，其中第四章涉及中法越南交涉，作者所用中文資料較多，頗有獨到之見。劉伯奎編著之《中法越南交涉史》，由臺灣學生書局於民國六十九年一月初版。作者係砂勝越華僑，初稿於抗戰期間在重慶南洋研究所時所撰，一九四九年夏，作者重返居留地馬來西亞砂勝越後，復收集有關資料，始將原稿重加整理出版。本書共分七章，以中法之役爲中心，說明此役之原委，及探討當時中國交涉之得失。主要參考《清季外交史料》及《中法交涉史料》，未曾引用法方檔案或著作，不逮邵循正與李恩涵兩書遠甚!

除上述以中法越南交涉爲主題的論著外，撰〈華工與歐戰〉，充分利用近史所所藏的惠民等公司招工檔、國史館所藏的「救濟留法參戰華工檔」及法國外交部、陸軍部、國家檔案館等有關檔案和資料寫成，於華工招募赴歐工作之情形及對歐戰之貢獻，有完整而有系統之論述。

王正華著《抗戰時期外國對華軍事援助》（臺北環球書局，民國76年出版）一書，雖非專以中法關係爲探討對象，但書中論及戰時中國與法國間的軍事關係及軍援情形。

林崇鏞著《沈葆楨與福州船廠》（聯經出版公司，民國76年出版）一書，雖專門論述沈葆楨經營福州船廠的成就及其遭遇的困難，但因福州船廠係中法技術合作的成果之一，自亦可列入中法關係的一環看待。

大陸史學界最近也開始重視對外關係的研究，但專著似尚

不多。

　　茲就所知，列出下列兩種:

(1)《中法戰爭》，《中國近代史叢書》編寫組編，上海人民出版社，一九七二年六月出版。這是爲「適應廣大工農兵和知識青年需要」，介紹近代史基本知識，所編的一種小册子型教材，內容充滿敎條，談不上學術價值。

(2)《中法戰爭論文集》，第一集，中法戰爭史研究會編，廣西人民出版社一九八六年二月出版。

　　這是爲紀念中法戰爭一百週年所蒐集的二十九篇論文的結集，並附有中法戰爭論著目錄(1949～1983.4)。由書目可以窺知，「大陸長期以來對這次戰爭的研究很不夠，迄今幾乎沒有什麼專著，連論文也寥寥可數，成爲中國近代史研究中的薄弱環節之一。」[⑫]

2.論　文

　　中外已發表的相關論文，當然不在少數，若全部加以書目式的縷列，事實上不可能，也非筆者力所能及。以下所列，僅係遷就個人方便，遺珠之憾，在所難免。而且限於篇幅，也不擬多加說明。

(1) Bastid, Marianne, "La Diplomatie Française et la Revolution Chinoise de 1911," *Revue d'Histoire Moderne et Contemporaine,* Tome XVI, avril-juin 1969.

(2) _____, "The Influence of the French Revolution on the 1911 Revolution", 第二屆國際漢學會議論文，臺北，中央研究院，1986。

[⑫] 丁名楠，＜關於中法戰爭幾個問題的初步探索（代序）──紀念中法戰爭一百週年＞，《中法戰爭論文集》，第一集（廣西，人民出版社，1986)，頁1。

(3) ＿＿＿＿＿，〈法國的影響及各國共和主義者團結一致 ——
論孫中山在法國政界的關係〉，孫中山研究國際學術討論會論
文，廣州，1986。

(4) Bergère, Marie-Claire, 〈本世紀初孫中山先生在華南的革
命活動與法國當局〉，孫中山研究國際學術討論會論文，廣州，
1986。

(5) Bruguière, Michel, "Le Chemin de Fer du Yunnan,
Paul Doumer et la Politique d'Intervention Française
en Chine (1889~1902)", *Revue d'Histoire Diplomatique,*
janvier-mars 1963 et Suite.

(6) Boell, Paul, *Le Protectorat des Missions Catholiques
en Chine et la Politique de la France en Extrême-
Orient,* 1899.

(7) Cordier, Henri, "La France et l'Angleterre en Indo-
Chine et en Chine Sous le Premier Empire", *T'oung-
pao,* Série II, Vol. IV, 1903.

(8) Valette, Jacques, "L'expédition de Francis Garnier au
Tonkin, à travers quelques journaux contemporains",
Revue d'Histoire Moderne et Contemporaine, Tome
XVI, avril-juin 1969.

(9) Kim Munholland J. "The French Connection that
Failed: France and Sun Yat-Sen, 1900~1908," *Journal
of Asian Studies,* Nov. 1972.

(10) 呂士朋，〈清光緒朝之中越關係〉，《東海學報》，第十六卷，
1975。

(11) ＿＿＿＿＿，〈中法越南交涉期間清廷大臣的外交見識〉，清季

自強運動研討會論文，臺北，1987。

(12) 蔣永敬，〈抗戰期間中法在越南的關係〉，中國現代史專題報告，第一輯，1971。

(13) 吳圳義，〈從假道越南運輸問題看抗日時期的中法關係〉，《近代中國》，第四十期，1984。

(14) 張玉法，〈外人與辛亥革命〉，《中央研究院近代史研究所集刊》，第三期，上冊，1972。

(15) 王曾才，〈歐洲列強對辛亥革命的反應〉，《國立臺灣大學文史哲學報》，第三十期。

(16) 陳驥，〈辛亥革命期間列強對華外交之研究〉，《中國歷史學會史學集刊》，第五期，1973。

(17) 陳三井，〈上海法租界的設立及其反響〉，《中國歷史學會史學集刊》，第十四期，1982。

(18) _____，〈上海租界華人的參政運動〉，《近代中國區域史研討會論文集》，下冊，臺北，1986。

(19) _____，〈安鄴與中國〉。

(20) _____，〈十九世紀的法國殖民主張〉。

(21) _____，〈茹費理的殖民思想及其對華政策〉。

(22) _____，〈法國與辛亥革命〉。

(23) _____，〈法文資料中所見的孫中山先生〉。

(24) _____，〈華工參加歐戰之經緯及其貢獻〉，《中央研究院近代史研究所集刊》，第四期，1973。

(25) _____，〈歐戰期間之華工〉。

(26) _____，〈陸徵祥與巴黎和會〉。

(27) _____，〈中國派兵參加歐戰之交涉〉。

(28) _____，〈抗戰初期中法交涉初探〉。

(29) 鄭彥棻，〈國父與法國〉，《近代中國》，第四十四期,臺北，1984。

(30) 楊邁道，〈中法戰爭失敗的原因〉,收入《中法戰爭論文集》，第一集（以下同）。

(31) 梁巨祥、邱心田，〈中法戰爭的結局與戰爭指導淺析〉。

(32) 馬洪林，〈論中法戰爭前夜清政府對西南邊疆危機的態度〉。

(33) 熊志勇，〈對英德兩國關於中法戰爭態度的考察〉。

(34) 牟安世，〈論黑旗軍援越抗法戰爭的歷史功績〉。

(35) 蕭德浩，〈試論黑旗軍在援越抗法中的作用〉。

(36) 黃錚，〈黑旗軍「紙橋大捷」及其深遠影響〉。

(37) 李峰，〈黑旗軍支撐越南北圻抗法戰局的原因〉。

(38) 龍永行，〈中法戰爭中的滇軍〉。

(39) 林其泉，〈臺灣保衛戰勝利的原因〉。

(40) 黃政、鄧華祥，〈中法馬江戰役述評〉。

(41) 楊立冰，〈紙橋大捷戰例剖析〉。

(42) 馬鼎盛，〈鎮南關大捷初探〉。

(43) 張振鵾，〈劉永福與中法戰爭〉。

(44) 陳匡時，〈劉永福與紙橋之戰〉。

(45) 梁志明，〈劉永福黑旗軍與中越人民的戰鬥友誼〉。

(46) 楊萬秀，〈評劉永福入越抗法的幾個問題〉。

(47) 范宏貴，〈劉永福的反帝思想〉。

(48) 周愛平，〈論中法戰爭中的唐景崧〉。

(49) 王承仁、劉鐵君，〈李鴻章與中法戰爭〉。

(50) 孔祥祚，〈中法戰爭前後法國侵略雲南的罪行〉。

(51) 徐善福，〈劉永福援越抗法的光輝歷程〉。

(52) 吳乾兌，〈1911～1913年間的法國政府與孫中山〉，孫中山研

究國際學術討論會論文，廣州，1986。

3.博、碩士論文

關於西文的博士論文，有現成的兩本書目可以參考，一是Leonard H. D. Gordon 與 Frank J. Shulman 合編的《關於中國之博士論文: 西方語言之參考書錄》(*Doctoral Dissertations on China: A Bibliography of Studies in Western Languages*, 1945~1970); 一是 Frank J. Shulman所編的《關於中國之博士論文: 西方語言之參考書錄續編》(1971~1975)。茲據該二書，並參酌袁同禮書目❸，依事件時間先後，列舉如下:

關於鴉片戰爭前中法關係有:

(1) Liu I-Kwang, *"Doctrines et Pratiques de la Chin dans ses Relations avec les Puissances Occidentale depuis 1517 Jusqu'au Traité de Nankin 1842"*, Paris, 1947, 599 p.

關於早期中法技術合作有:

(2) Joseph Dehergne, *"Les Deux Chinois de Bertin: L'Enquête Industrielle de 1764 et les Débuts de la Collaboration Technique Franco-Chinoise,"* Paris, 1965, 410 p.

關於貿易關係有:

(3) Tcheng Tse-Sio (鄭子修), *"Les Relations de Lyon avec la Chine,"* Paris, 1937, 182 p.

---

❸ Yuan Tung-Li, *A Guide to Doctoral Dissertations by Chinese Students in Continental Europe*, 1907~1962 (Reprinted From Chinese Culture Quarterly).

(4) Tang Kien-Wen, *"Régime des Relations économiques entre la France et la Chine"*, Lyon, 1945.

(5) Hou Ts'uen-Chou, *"Les Relations Commerciales Franco-Chinoises"*, Paris, 1965, 217 p.

關於對太平天國政策有:

(6) Tong Ling-Tch'ouang (董寧川), *"La Politique Française en Chine Pendant les Guerres des Taipings"*, Paris, 1950.

(7) Uhalley, Stephen Jr. *"The Foreign Relations of the Taiping Revolution,"* California (Berkeley), 1967, 232 p.

關於早期中法關係有:

(8) Angelus Grosse-Aschhoff, *"The Negotiations between Ch'iying and Lagrené, 1844~1846"*, Columbia, 1951, 196 p.

(9) English, Christopher John Basil, *"Napoléan III's Intervention in China, 1856~1861: A Study of Policy, Press and Public Opinion"*, Toronto, 1972.

關於在中國的保教政策有:

(10) Wei Tsing-Sing Louis (衛青心), *"La Politique Missionnaire de la France en Chine 1842~1856"*, Paris, 1957, 555 p.

關於中法戰爭者有:

(11) Eastman, Lloyd E. *"Reaction of Chinese Officials to Foreign Aggression: A Study of the Sino-French Controversy, 1880~1885,"* Harvard, 1963, 370 p.

(12) Hsieh Pei-Chih (謝培智), *"Diplomacy of the Sino-French War, 1883~1885"*, Pennsylvania, 1968, 374 p.

(13) Chen San-Ching (陳三井), *"L'Attitude de la France à l'égarde de la Chine pendant le Conflit Franco-Chinois"*, Paris, 1968, 261 p.

關於甲午戰爭期間及其後之政策有:

(14) Metzgar, Harold Dart, Jr., *"Foreign Penetration and the Rise of Nationalism in Yünnan, 1895~1903"*, Harvard, 1973.

(15) Lima, Jude M. de., *"La question d'Extrême-Orient vue par la Diplomatie Française (1894~1904)"*, Paris, 1975, 236 p.

(16) Lung Chang (龍章), *"La Chine à l'Aube du xxᵉ siècle: Les Relations Diplomatiques de Chine avec les Puissances depuis la guerre Sino-Japonaise jusqu' à la guerre russo-japonaise"*, Fribourg, Switzerland, 1952.

關於辛亥革命前後者有:

(17) Sinclair, Michael Loy, *"The French Settlement of Shanghai on the Eve of the Revolution of 1911"*, Stanford, 1973, 423 p.

(18) Chan Rose Pik-Siu, *"The Great Powers and the Chinese Revolution, 1911~1913"*, Fordham, 1971, 359 p.

(19) Chang Fu-Jui (張馥蕊) *"L'Opinion Publique en France et la Revolution Chinoise de 1911,"*, Paris, 1951 269 p.

關於歐戰時期政策有:

(20) Messant, David(雲中君), *"La Diplomatie Française en Chine* (1916~1919)", Paris, 1985.

　關於國內的博碩士論文題目，中央研究院近代史研究所刊行的「近代中國史研究通訊」，曾依校別（包括香港）作過較有系統的搜集，惟截至目前爲止，博士論文尚無以中法關係爲題者，碩士論文則集中在中法越南交涉或中法戰爭上，這主要與資料的整理和大量刊布有關。茲依事件發生先後，續列如下：

(1) 龔政定，《法國在華之保教權》，國立政治大學外交所，1962.12。

(2) 黃軍育，《諒山事件及其後之中法越南交涉》，國立政治大學外交所，1961.5。

(3) 林繁南，《1881 年至 1885 年李鴻章與法國有關越南問題之交涉》，國立政治大學外交所，1971.7。

(4) 向立綱，《曾紀澤與中法越南交涉 (1882~1885) 》，國立政治大學外交所，1982.6。

(5) 王景宜，《中法越南之交涉 (1882~1885) 》，淡江大學歐研所，1981.5。

(6) 吳映華，《黑旗軍與中法越南之爭執》，國立師範大學歷史所，1983.1。

(7) 林珪美，《李鴻章與中法戰爭》，東海大學歷史所，1977.4。

(8) 王珂，《中法戰爭與臺灣》，文化大學史研所，1966.6。

(9) 葉國雄，《福州船廠初期之發展及其與中法戰爭之關係》，香港中文大學，1975。

(10) 劉傑泉，《李鴻章對中法越南關係的外交認識及其運用》，香港中文大學，1983。

(11) 王鳳眞，《顧維鈞與巴黎和會》，東海大學歷史所，1981.6。

四、結　語

　　論六十年來中法關係的研究成果，當然不以上列專書和論文爲限❶，但無疑可透過這些主要的成品略窺其梗概。如果將上述這一百種專書與論文，和學術著作的總產量作一比較，無異恆河中的幾粒細砂而已，不禁令人有「輕、薄、短、小」之嘆！

　　國人研究中法關係所以不盛，除了前述資料的困難和語言的障礙外，還有一層風氣問題。在美雨壓倒歐風，在「去去去，去美國」的浪潮衝擊下，大家開口所談，下筆所寫，自然趣向於以美國問題爲熱門，以美國文化爲師了！

　　爲了矯正這種偏頗的學風，人才的培養應是當務之急！回顧中法關係的研究，可以開闢的領域尚多，可以拓展的視野仍不在少，但一切應先從加強法國檔案資料的蒐集和法文著作（包括其他外文談中法關係者）的介紹和譯述工作開始。

　　　　　　　　　原載《六十年來的中國近代史研究》（民國七十七年六月）

---

❶　例如關於孫中山與法國的關係，尚有 Jeffrey G. Barlow 的重要專著，*Sun yat-sen and the French*, 1900～1908 (Institute of East Asian Studies, Center for Chinese Studies, University of California, Berkeley, 1979)。

三民大專用書書目——國父遺教

三民主義	孫　文	著	
三民主義要論	周世輔	編著	前政治大學
大專聯考三民主義復習指要	涂子麟	著	中山大學
建國方略建國大綱	孫　文	著	
民權初步	孫　文	著	
國父思想	涂子麟	著	中山大學
國父思想	周世輔	著	前政治大學
國父思想新論	周世輔	著	前政治大學
國父思想要義	周世輔	著	前政治大學
國父思想綱要	周世輔	著	前政治大學
中山思想新詮 ——總論與民族主義	周世輔、周陽山	著	政治大學
中山思想新詮 ——民權主義與中華民國憲法	周世輔、周陽山	著	政治大學
國父思想概要	張鐵君	著	
國父遺教概要	張鐵君	著	
國父遺教表解	尹讓轍	著	
三民主義要義	涂子麟	著	中山大學

三民大專用書書目——歷史・地理

書名	著者	服務機關
隋唐風雲人物	惜秋 撰	
宋初風雲人物	惜秋 撰	
民初風雲人物（上）（下）	惜秋 撰	
世界通史	王曾才 著	臺灣大學
西洋上古史	吳圳義 著	臺灣師範大學
世界近代史	李方晨 著	臺灣師範大學
世界現代史（上）（下）	王曾才 著	臺灣大學
西洋現代史	李邁先 著	臺灣大學
東歐諸國史	李邁先 著	臺灣大學
英國史綱	許介鱗 著	臺灣大學
德意志帝國史話	郭恒鈺 著	柏林自由大學
印度史	吳俊才 著	政治大學
日本史	林明德 著	臺灣師範大學
日本信史的開始——問題初探	陶天翼 著	臺灣師範大學
日本現代史	許介鱗 著	臺灣大學
臺灣史綱	黃大受 著	臺灣師範大學
近代中日關係史	林明德 著	臺灣師範大學
美洲地理	劉鴻喜 著	臺灣師範大學
非洲地理	劉鴻喜 著	臺灣師範大學
自然地理學	劉鴻喜 著	臺灣師範大學
地形學綱要	胡振洲 著	中興大學
聚落地理學	胡振洲 著	中興大學
海事地理學	陳伯中 著	臺灣師範大學
經濟地理	胡振洲 著	中興大學
經濟地理	陳伯中 著	臺中前臺灣大學
都市地理學	陳伯中 著	臺中前臺灣大學
中國地理（上）（下）（合）	任德庚 著	臺灣師範大學

三民大專用書書目——社會

三民大專用書書目──美術‧廣告

三民大專用書書目——政治・外交

— 7 —

三民大專用書書目——法律

商事法論（緒論、商業登記法、公司法、票據法）（修訂版）	張 國 鍵 著	前臺灣大學
商事法論（保險法）	張 國 鍵 著	前臺灣大學
商事法要論	梁 宇 賢 著	中 興 大 學
商事法概要	張國鍵著、梁宇賢修訂	臺灣大學等
商事法概要（修訂版）	蔡蔭恩著、梁宇賢修訂	中 興 大 學
公司法	鄭 玉 波 著	前臺灣大學
公司法論（增訂版）	柯 芳 枝 著	臺 灣 大 學
公司法論	梁 宇 賢 著	中 興 大 學
票據法	鄭 玉 波 著	前臺灣大學
海商法	鄭 玉 波 著	前臺灣大學
海商法論	梁 宇 賢 著	中 興 大 學
保險法論（增訂版）	鄭 玉 波 著	前臺灣大學
保險法規（增訂版）	陳 俊 郎 著	成 功 大 學
合作社法論	李 錫 勛 著	前政治大學
民事訴訟法概要	莊 柏 林 著	律 師
民事訴訟法釋義	石志泉原著、楊建華修訂	司法院大法官
破產法	陳 榮 宗 著	臺 灣 大 學
破產法	陳 計 男 著	行 政 法 院
刑法總整理	曾 榮 振 著	律 師
刑法總論	蔡 墩 銘 著	臺 灣 大 學
刑法各論	蔡 墩 銘 著	臺 灣 大 學
刑法特論（上）（下）	林 山 田 著	政 治 大 學
刑法概要	周 冶 平 著	前臺灣大學
刑法概要	蔡 墩 銘 著	臺 灣 大 學
刑法之理論與實際	陶 龍 生 著	律 師
刑事政策	張 甘 妹 著	臺 灣 大 學
刑事訴訟法論	黃 東 熊 著	中 興 大 學
刑事訴訟法論	胡 開 誠 著	臺 灣 大 學
刑事訴訟法概要	蔡 墩 銘 著	臺 灣 大 學
行政法	林 紀 東 著	前臺灣大學
行政法	張 家 洋 著	政 治 大 學
行政法概要	管 歐 著	東 吳 大 學
行政法概要	左 潞 生 著	前中興大學
行政法之基礎理論	城 仲 模 著	中 興 大 學
少年事件處理法（修訂版）	劉 作 揖 著	臺南縣教育局